사람의 향기

사서삼경에서 건져 올린 천년의 내공

사람의 향기

© 조윤제 2025

1판 1쇄 2025년 1월 23일
1판 5쇄 2025년 2월 21일

지은이 조윤제
펴낸이 유경민 노종한
책임편집 조혜진
기획편집 유노북스 이현정 조혜진 권혜지 정현석 **유노라이프** 구혜진 **유노책주** 김세민 이지윤
기획마케팅 1팀 우현권 이상운 **2팀** 이선영 최예은 전예원
디자인 남다희 홍진기 허정수
기획관리 차은영
펴낸곳 유노콘텐츠그룹 주식회사
법인등록번호 110111-8138128
주소 서울시 마포구 월드컵로20길 5, 4층
전화 02-323-7763 **팩스** 02-323-7764 **이메일** info@uknowbooks.com

ISBN 979-11-7183-082-4 (03140)

사서삼경에서 건져 올린 천년의 내공

사람의 향기

조윤제 지음

유노
북스

품격 있는 사람의 향기는
사라지지 않는다

"난초는 깊은 숲에서 자라지만, 찾는 사람이 없다고 해서 향기를 뿜지 않는 것은 아니다."

《순자》, 〈유좌〉편에 실린 글로 군자의 삶을 난초에 비유했다. 난초가 어느 때, 어느 상황에서도 은은한 향기를 내뿜듯이 군자 역시 때를 잘 만나든 못 만나든, 사람들이 알아주든 알아주지 않든 묵묵히 자기 길을 간다는 것이다.

"선한 사람과 있으면 난초가 있는 방에 들어간 것처럼 시간이 지나면 그 향을 맡지 못하니 이는 동화된 것이다."

《설원》, 〈잡언〉편에 실린 공자의 말로, 역시 군자의 모습을 말해 준다. 난초의 향기가 은은할 뿐 진하지 않듯이 군자 역시 특출난 무언가가 아니라 삶에서 은근하게 그 품격이 드러난다. 이 글의 뒤에 이어지는 글은 품격 있는 사람과 대비해 속된 사람의 모습을 말해준다.

"속된 사람과 함께 있으면 마치 생선 가게에 들어간 것 같아서 시간이 지나면 그 냄새를 맡지 못하고 역시 동화된다."

이 두 문장에서 말하는 것은 사람의 품격에 관한 이야기다. 사람의 품격은 특별한 수련이나 배움이 아니라 삶에서 쌓아 가는 것이고, 특출난 어떤 자질이 아니라 삶에서 은근히 드러나는 것이다. 분명한 뜻을 가지고 충실한 일상을 살아갈 때 사람의 도량(度量)이 쌓여 간다. 그리고 도량이 삶에서 드러날 때 그 사람의 품격이 된다.

사서삼경, 사람답게 사는 삶의 기준과 방향을 제시하다

품격이란 한 사람의 품성과 인격을 말한다. 바로 '사람됨'이라고 할 수 있겠다. 좀 더 세세히 말하면 그 사람이 인생에서 추구하는 의미와 가치관이다.

'무엇을 위해 사는가?'
'그것을 이루기 위해 어떤 삶을 살아가는가?'
'삶에서 드러나는 모습은 어떠한가?'

이것이 사람의 품격을 말해 준다. 높은 지위나 학식, 부, 예술적 소양 등이 그 사람을 말해 주지는 않는다. 능력은 있을지 몰라도 반드시 품격 있는 사람은 아닌 것이다. 진정한 사람됨은 자신이 가진 것으로 어떻게 살아가느냐에 달려 있다.

예를 들면 더 부자가 되려고 탐욕을 부리는 부자보다 가진 것이 적어도 나누며 살아가는 사람이 더욱 사람다운 사람이다. 높은 지위에 올랐지만, 자리가 주는 권위가 아니라 배려와 사랑의 마음으로 사람을 대하는 사람이 품격 있는 사람이다.

많은 고전에서 품격 있는 사람이 살아가는 자세와 그 모습에 대해 말하지만, 단 한마디로 집약하면 《논어》, 〈헌문〉편에 나오는 글이라고 생각한다.

"일상의 배움에서 높은 이치에 도달할 수 있다."

원문으로는 '下學而上達(하학이상달)'이다. 학문의 가장 높은 이치와 수양의 가장 높은 경지는 고차원의 배움이 아니라 일상의 배움에서 비롯된다는 말이다. '하학이상달'을 행하는 사람은 삶에서 겪는 모든 일이 배움의 대상이 된다. 가까이 있는 사람, 우연히 지나치는 사람, 심지어 모든 사물과 자연 현상에서도 배움을 얻는다. 일상의 배움을 통해 나날이 성장하고, 자기 삶을 성찰하고, 자신이 소중한 만큼 다른 사람을 배려하는 삶을 살아간다. 그 노력이 쌓여갈 때 비로소 높은 경지에 도달할 수 있다. 여기에 하나만 덧붙이고 싶은 문장이 있는데, 바로 《공자가어》에 실린 문장이다.

"지혜로운 사람은 자신을 알고, 인한 사람은 자신을 사랑한다."

자신을 아는 것은 하늘로부터 부여받은 자신의 존귀함을 아는 것이다. '삼재사상(三才思想)'이 말하듯이 하늘과 땅 그리고 사람, 이 셋이 천하를 이루는 근본임을 아는 것이다.

자신을 사랑하는 것은 자신의 존엄성에 합당하게 살아가는 것을 말한다. 자신이 존엄한 만큼 다른 사람의 존엄성을 인정할 때 조화로운 세상을 만들 수 있다. 자신의 존엄성을 아는 사람은 자기 삶을 소중히 여긴다. 인생에서 자신이 이룰 꿈과 이상을 위해 노력을 게을리하지 않는다. 쓸데없는 자존심으로 인생을 망치지 않고, 근거 없는 자부심으로 허망한 삶을 살지도 않는다. 자신이 소중한 만큼 자기 인생의 의미와 가치를 소중히 여기고, 자기가 이룰 이상을 위해 하루하루를 겸손하고 신중하게 여기며 살아가는 사람이 진정으로 품격 있는 사람이다.

"속됨을 고치는 데는 책만 한 것이 없다."

조선 실학자들이 가장 좋아했던 책, 《학산당인보》에 실린 글이다. 옛 선비들은 속됨을 벗어 버리고 품격 있는 삶, 사람다운 삶을 살기 위한 공부와 수양을 그들의 업으로 삼았다. 그들이 공부했던 교과서가 바로 고전 중의 고전 '사서삼경(四書三經)'이었다. 흔히 사람들은 사서삼경은 고리타분한 책, 실용성이 전혀 없는 책으로 인식한다. 하지만 사서삼경은 동양 철학 사상의 근본이자 동양의 문화적인 뿌리가 되는 책이다. 오늘날의 현실에도 적용할 수 있는 인간에 대한 통찰과 지혜가 담긴 가장 실용적인 책이다. 무엇보다도 사람답게 사는 삶, 품격 있는 삶에 대한 해답이 실려 있다.

사서삼경을 통해 깊이 지혜를 쌓은 사람의 품성과 덕성은 자연스럽게 삶에서 드러난다. 꾸미지 않아도 드러나는 인격, 일상을 살아가는 모습에서 보이는 품위, 사람을 대하는 존중과 배려의 마음, 이 모든 것은 마치 아름다운 꽃이 그 자태만이 아닌 향기로 자신을 드러내는 것과 같다.

"꽃의 향기는 백 리를 가지만 사람의 향기는 만 리를 간다."

이처럼 사람의 품격은 꽃의 향기로 비유된다. 마치 꽃의 향기처럼 은은하면서도 자연스럽게 퍼져 나가는 것이다. 하지만 둘 사이에는 다름이 있다. 사람의 향기는 바로 곁의 사람만을 기쁘게 하는 꽃의 향기보다 멀리 퍼져 나간다. 품격과 덕성의 사람은 주위의 사람에게 선한 영향을 끼치고, 그 선한 영향은 사람을 통해 저 멀리 만 리 밖의 사람에게까지 퍼져 나가는 것이다. 또 한 가지 차이는 꽃은 시들면 향기도 함께 사그라지지만, 사람의 향기는 평생을 두고 계속된다. 일상에서 배우고 실천하고 성찰하는 사람의 향기는 날이 갈수록 더욱더 짙어져 간다.

지금 우리 세상을 한마디로 정의하자면 '품격 없는 세상'이라고 할 수 있을 것이다. 부와 명예 그리고 오직 성공을 지상 최고로 삼는 가치관이 세상을 지배하고 있다. 이러한 물질주의 속에 살면서 개개인 역시 극단적 이기주의에 물들어 살고 있다고 해도 과언이 아니다. 마치 생선 가게에 오래 머물러 비린내가 몸에 밴 것과도 같다.

눈앞의 이익을 좇아 앞날을 내다보지도, 주변에 눈을 돌리지도 못한다. 불투명한 미래 때문에 불안하고, 다른 사람과 자신을 비교하며 초라함을 느낀다. 함께 살아가는 사람들을 오직 경쟁 상대로 여기기에 적대심을 느끼고 분노와 감정을 절제하지 못한다.

이제 우리는 본연의 자신을 찾아야 할 때다. 몸에 젖어 버린 속됨을 벗고, 하늘이 준 선한 본성을 회복해야 할 때다. 그것을 위해 필요한 것이 바로 '멈춤'이다. 지금껏 하던 일을 잠시 그치고 진정한 사람의 가치와 인생의 의미를 생각할 시간을 가져야 한다. 나는 이러한 때에 옛 선비들의 학문과 수양의 교과서인 '사서삼경'이 큰 도움이 될 것이라고 생각했다. 옛 선비들이 평생을 두고 찾고자 했던 품격 있는 삶의 근본이 담겨 있기 때문이다.

책을 통해 어딘지도 모르게 가고 있는 내 인생의 길과 내 삶에서 꼭 이루어야 할 뜻을 되새겨 보는 계기가 되었으면 한다. 먼저 나 자신이 변하면 세상이 변한다.

조윤제

1장

지금부터는 어느 방향으로
걸어가야 하는가

《시경》에서 찾은 사람됨의 도리

2장

내일은 오늘보다
얼마나 나아질 것인가

《서경》에서 찾은 시대를 읽는 통찰력

3장

주어진 조건을 넘어
어떻게 변화할 것인가

《역경》에서 찾은 운명에 대처하는 법

4장

사람을 사람답게
만드는 것은 무엇인가

《논어》에서 찾은 삶의 기본 자세

5장

고난을 이겨 내는 사람은
위기에서 무엇을 찾는가

《맹자》에서 찾은 난세를 돌파하는 힘

6장

즐기면서 성장하는 사람은
무엇이 다른가

《대학》에서 찾은 어른의 공부법

7장

왜 지나치지도
모자라지도 않아야 하는가

《중용》에서 찾은 균형의 힘

지금부터는 어느 방향으로
걸어가야 하는가

《시경》에서 찾은 사람됨의 도리

시를 통해
세상을 배우다

《시경》의 시는 원래 시중에 떠돌던 총 3,000여 편에 달하는 시를 공자가 약 300여편으로 정리하여 편찬했다고 알려져 있다. 그 당시의 시는 세태를 풍자하고 현실에 대한 한과 불만을 은유적으로 빚어낸 결정체라고 할 수 있다. 지식층은 시를 지어 위정자에 대한 불만을 표했고, 평범한 사람들 역시 그 시를 읽고 인용함으로써 마음속의 한을 표현하는 경우가 많았다. 또한 노래로 만들어 마음껏 썩은 세상과 가진 자들의 횡포를 비웃기도 했다. 실제로 권력과 부의 탐욕에 젖은 인사들은 자신의 면전에서 시를 읊으며 비웃어도 그것이 자신을 두고 한 뼈 있는 말이라는 것을 모르는 경우가 많았다.

《사기》의 저자 사마천은 "시 300편은 거의가 옛 성인들과 현인들의 한에서 비롯된 것이다"라고 했다. 《시경》의 시 300편은 단지 아름다운 서정에 그치지 않고, 거의 모두가 현실과 세태를 반영한 현실 참여의 한 방편으로 지어졌다. 그래서 시는 '시대의 울음'으로 불리고, '시는 무력하기에 위대하다'고 말하기도 한다.

공자는 시를 좋아하여 시를 외워 인용하기를 좋아했으며 제자들에게도 시를 배우도록 가르쳤다. 《논어》에서 공자가 언급했던 구절들을 보면 공자의 철학에서 '시'가 어떤 비중을 차지하고 있는지를 잘 알 수 있다.

"시경의 시 300편을 한마디로 말하면 생각에 거짓됨이 없다."

"시를 통해 순수한 감성을 불러일으키고, 예를 통해 도리에 맞게 살아가며, 음악을 통해 인격을 완성한다."

"사람으로서 《시경》의 〈주남〉과 〈소남〉을 공부하지 않으면, 담 벼락을 마주하고 서 있는 것과 같다."

"시를 배우면 감흥을 불러일으킬 수 있고, 상황을 잘 살필 수 있으며, 사람들과 잘 어울릴 수 있고, 사리에 맞게 원망할 수 있다. 가까이는 어버이를 잘 섬기고, 멀리는 임금을 잘 섬기며, 새와 짐승과 풀과 나무의 이름에 대해서도 많이 알게 된다."

공자는 단순한 철학적 관점만이 아니라 사람으로서 기본적으로 가져야 할 소양을 갖추기 위해서 반드시 시를 공부해야 한다고 강조한다. 바른 생각을 가지게 하고, 순수한 감성과 감흥을 불러일으키고, 사리 판단을 잘하게 되고, 풍부한 언어의 능력을 가지게 되고, 세상을 보는 시야가 넓어지고, 공감과 공존의 자세를 갖추게 되고, 무엇보다도 사람의 도리를 다할 수 있다는 점에서 공자는 '시'의 가치를 높이 평가하고 중요시했다.

따라서 반드시 깊은 차원의 공부가 아니더라도 순수한 취미로 시를 가까이하면 좋다. 복잡하고 치열한 현실에서 삶의 귀중한 여유와 마음의 평안을 누릴 수 있을 것이다. 시는 반드시 삶의 큰 무기가 된다.

01
중요한 기회보다
올바른 도리를 먼저 생각하라

"박에는 쓴 잎사귀 있고 나루에는 깊은 곳 있다. 깊으면 옷을 벗고 건너고, 얕으면 옷을 걷고 건넌다."

匏有苦葉 濟有深涉 深則厲 淺則揭
포유고엽 제유심섭 심즉려 천즉게

《시경》, 〈국풍〉, 〈패풍〉편

공자는 《논어》, 〈태백〉편에서 이렇게 말했다.

"시를 통해 일어나고, 예를 통해 바로 서며, 음악을 통해 완성한다."

시가 예와 음악과 더불어 덕을 완성하는 소중한 덕목이 된다는 것이다. 공자는 그 당시 떠돌던 시 300편을 모아 《시경》을 편찬했고, 제자들에게 선비는 반드시 읽고 공부해야 한다고 가르쳤다. 《시경》의 시 300편이 단지 아름다운 서정에 그치지 않고, 거의 모두가 현실 참여의 한 방편으로 현실과 세태를 반영했다는 이유에서다.

시는 공자가 이상적인 국가로 인정한 주나라 초기부터 공자가 활동하던 춘추 시대에 이르기까지 민간에서 유행하던 시가였다. 당시 군주의 명에 따라 민간을 순회하며 시가를 채집하던 사람들을 '채풍관(采風官)' 혹은 '채시관(采詩官)'이라고 불렀다. 위정자들은 이들이 모아 온 시를 백성의 여론과 불만을 듣는 수단으로 여겼으며, 나라를 통치하는 데 소중한 자료로 삼았다. 하지만 그중에는 위정자들이 듣기에 거북한 것도 많았다. 그래서 '언자무죄 문자족계(言者無罪 聞者足戒)', 즉 '말하는 사람은 죄가 없으니 듣는 사람이 경계로 삼으면 충분하다'는 말을 구호로 삼았다.

"윗사람은 풍(風)으로 아랫사람을 교화하고, 아랫사람은 풍으로 윗사람을 풍자한다. 완곡하게 간하면 말한 사람은 죄가 없고 듣는 사람은 경계로 삼으면 족하니, 그래서 풍이라고 했다."

《시경》, 관저〉

자신의 입신을 위해
백성을 버릴 수 없었던 공자

박에는 쓴 잎사귀 있고 나루에는 깊은 곳이 있다.
깊으면 옷을 벗고 건너고 얕으면 옷을 걷고 건넌다네.

나루터에는 물이 울렁거리고 까투리는 울어 댄다.
물이 출렁대도 수레는 젖지 않고 까투리는 울며 장끼를 찾네.

기럭기럭 기러기는 울어 대고 해가 떠오르며 아침이 시작된다.
사내가 아내를 데려오려면 얼음이 얼기 전에 시작해야 한다네.

뱃사공은 어서 오라 손짓을 하고 남들은 타는데 나는 타지 않네.
오직 내 아내를 기다려야 하기 때문에.

《시경》, <포유고엽>

위 시는 사랑 노래의 형식을 띠고 있지만, 위나라 선공과 그 부인의 음란함을 비웃는 풍자의 뜻이 담겨 있다. 시의 맨 앞머리에 실린 문장은 때와 상황에 맞게 처신을 해야 한다는 가르침이 담겨 있다. 박은 그 열매로 바가지를 만드는 덩굴풀이다. 용도가 많은 식물이지만 어릴 때는 사용할 수가 없다. 잎이 쓴 것은 박이 다 자라지 않았기 때문이다. 따라서 박이 익을 때까지 기다려야 한다. 강나루를 건널 때도 마찬가지다. 강에는 깊은 곳도 있고 얕은 곳도 있기 마련이다. 물이 깊다면 하의를 벗고 건너야 옷을 버리지 않고, 얕은 곳이라면 하의를 걷어 올리고 건너면 된다. 하지만 시에는 이보다 더 깊은 의미가 담겨 있다.

《논어》의 <헌문>편을 보면 위 시를 인용한 고사가 나온다.

공자가 위나라에서 경쇠(옥으로 만든 타악기)를 두드리며 연주하고 있었는데, 삼태기를 메고 공자의 집 문 앞을 지나던 어떤 사람이 말했다.

"마음에 미련이 남아 있구나. 경쇠를 두드리는 모습이여."

그리고 이어서 말했다.

"비루하구나. 땡땡거리는 소리여. 자기를 알아주지 않으면 그만 둘 뿐이다. 물이 깊으면 아래 옷을 벗고 건너고 물이 얕으면 옷을 걷어 올리고 건널 일이다."

그 말을 듣고 공자가 말했다.

"세상을 버리는 일은 과감해야 하지만, 그것은 어려울 게 없다."

당시 공자가 14년간 유랑을 하던 시절로, 그의 인생에서 가장 비참한 처지에 있었다고 해도 과언이 아니다. 공자의 집 앞을 지나던 사람은 경쇠 소리를 듣고 공자의 처신을 비난하고 비웃었다. 세상이 험난한데 천하를 방랑하며 자신을 등용할 나라를 찾는 모습을 집착이자 미련으로 본 것이다.

하지만 공자의 뜻은 달랐다. 세상이 어지럽고 백성의 삶은 어려웠기 때문에 공자는 바른 정치를 통해 그들에게 좋은 세상을 주고 싶었다. 입신을 하고 높은 자리에 오르는 것이 목적이 아니라 좋은 세상을 만들고 싶은 것이 공자의 뜻이었다.

시의 마지막 부분인 '뱃사공은 어서 오라 손짓을 하고 남들은 타는데 나는 타지 않네'가 공자의 생각이라고 할 수 있다. 화자가 아내를 두고 떠날 수 없듯이 공자도 백성을 두고 혼자만 세상을 버리고 떠날 수 없었던 것이다.

어려운 시기에 좋은 기회가 오면 누구나 그 기회를 붙잡고 싶다. 때와 상황에 맞게 처신해야 하지만 그보다 더 중요한 것이 있다. 바로 사람이라면 지켜야 하는 올바른 도리다. 공자는 어떤 상황에서도 올바른 도리와 사랑을 최우선에 두었다. 아무리 좋은 기회라고 해도 올바르지 않다면 그 기회는 붙잡아서는 안 된다. 내 삶의 의미와 가치를 부정하는 것이기 때문이다.

인생은 순탄하지 않다. 아무리 평탄한 삶을 사는 사람도 마찬가지다. 사람은 어려움에 처할 때 자신의 처지를 원망하고 한탄한다. 부귀를 누리며 성공을 구가할 때도 인생이 허망한 것은 마찬가지다. 허전하고 빈 듯한 마음 때문에 허깨비 같은 삶을 살아가는 사람도 많다. 그때 해야 할 것이 바로 내 인생의 뜻과 의미를 아는 것이다. 우리는 비록 자신의 의도와는 전혀 관계없이 세상에 던져진 피투성(被投性) 같은 존재지만 그 안에서 내 삶을 의미 있게 만드는 것은 바로 나 자신이다.

삶의 의미와 내 삶의 올바른 뜻을 항상 생각하는 사람만이 그 어떤 상황에서도 무너지지 않는다.

02

삶이 뜻대로 되지 않아도
담대함과 세심함을 잃지 말라

"물고기를 잡는 그물에 기러기가 잡힌다."

漁網之設 鴻則離之

어망지설 홍즉리지

《시경》, 〈국풍〉, 〈패풍〉편

예문은 〈새로 지은 누각〉이라는 시의 한 구절이다. 황하의 멋진 풍광을 노래하는 시처럼 보이지만 실상은 의도대로 되지 않는 순탄치 못한 인생을 노래했다. 도입의 예문은 이렇게 이어진다.

"멋진 젊은이를 구했는데, 나이 든 곱사등이를 얻었다네."

嬿婉之求 得此戚施

연완지구 득차척이

위나라 선공이 아들 급을 제나라로 장가를 보내려 했으나 그 여인이 아름답다는 말을 듣고 마음이 바뀌었다. 자신이 여인을 취하기 위해 아름다운 풍광의 누대를 지었다. 그 이야기를 듣고 한 시인이 여인의 심정을 대변하여 이 시를 지었다. 여인의 입장에서는 멋진 젊은이와 결혼할 줄 알고 먼 나라로 왔는데, 정작 기다리고 있는 사람이 늙은 왕이었으니 그 황당함은 이루 말할 수 없었을 것이다. 설사 자신을 위해 아름다운 누각을 지었다고 해도 아무런 위로가 되지 않았으리라.

이처럼 한시에는 당시의 세태를 비난하는 이야기가 담겨 있다. 정의롭고 공정한 세상을 원하지만, 권력자들을 함부로 비난할 수 없기에 맑고 서정적인 시로 풍자한 것이다. 공자는 이를 두고 다음과 같이 말했다.

"시 300수를 한마디로 말하면 사사로움이 없다."

시에는 사사로움을 거부하는 올바름이 담겨 있다는 것이다. 조선의 실학자 다산 정약용도 이렇게 말하며 큰아들 학연을 가르쳤다.

"시대를 상심하고 세태를 안타까워하지 않는 것은 시가 아니다. 찬미하고 풍자하고 권면하고 경계하는 뜻이 없다면 시가 아니다.

뜻이 서지 않고 배움이 순수하지 않으면 큰 도를 듣지 못하니, 임금에게 미치고 백성을 윤택하게 할 마음을 지니지 못한 자는 능히 시를 지을 수가 없다."

다산이 말하고자 했던 시의 의미는 '뜻(志)'이다. 분명한 뜻이 세워지지 않고, 그 뜻이 담기지 않은 시는 진정한 시라고 할 수 없다는 가르침이다.

예문이 실린 〈새로 지은 누각〉도 마찬가지로, 함정과 계략으로 가득 찬 세상을 풍자했다. 《채근담》에도 비슷한 말이 실려 있다.

"물고기 그물에는 큰 기러기가 걸리고, 먹이를 노리는 사마귀 뒤에는 참새가 있다."
漁網之設 鴻則罹其中 螳螂之貪 雀又乘其後
어망지설 홍즉이기중 당랑지탐 작우승기후

물고기를 잡기 위해 쳐 놓은 그물에 기러기가 걸리는 것은 이변이라고 할 수 있고, 먹이를 노리는 사마귀 뒤에 참새가 있는 것은 함정이라고 할 수 있다. 이처럼 세상일은 정해진 대로 되지 않는 경우가 많다. 뜻하지 않은 위기에 봉착하기도 하고, 함정에 빠지기도 한다. 나 혼자 열심히 한다고 해서 언제나 좋은 결과를 바랄 수도 없다. 많은 변수와 변화가 일을 방해하기 때문이다. 그렇다면 이변과 모략이 가득한 세상을 어떻게 살아가야 할까?

이변과 함정이 가득한
세상에서 살아가는 법

인생의 위험에 빠지기 전에 두 가지를 명심할 필요가 있다.

첫째, 신중한 처신이다.

다산 정약용이 자신의 당호를 여유당(與猶堂)으로 지은 데서 그 연유를 알 수 있다. 다산의 삶은 험난했다. 젊은 나이에 정조의 총애를 받으며 승승장구했지만 사람들의 시기를 받고 당쟁에 휘말려 목숨을 빼앗길 위험에 처하기도 했다. 다행히 목숨을 건졌으나 긴 유배 생활을 해야 했다.

그는 의로움을 좇았고, 스스로 부끄럽지 않은 삶을 살기 위해 노력했지만, 자신을 지키지 못했던 회한이 없지 않았을 것이다. 다산의 당호인 여유당은 이러한 삶에 대한 성찰에서 나왔다. 다산은 《도덕경》, 〈제15장〉에 실려 있는 글에서 자신의 삶을 돌아보았다. 다산은 다음의 구절에서 앞의 두 글자를 따서 당호로 삼았다.

"신중하라, 한겨울에 내를 건너듯이. 두려워하라, 사방에서 에워싼 듯이."

與兮 若冬涉川 猶兮 若畏四隣

여혜 약동섭천 유혜 약외사린

두려움 없이 당당하게 삶을 살아가는 자세는 당연히 필요하다. 굳건한 마음이 없으면 일을 이루기 힘들다. 하지만 천명을 마음대로 할 수 없듯이 삶 자체도 언제나 순탄하지만은 않다. 법과 원칙대로만 이루어지지 않을 때도 많고, 정의롭다고 해서 반드시 승리하는 것도 아니다. 바른길을 따라 올바른 삶을 살려는 사람에게는 억울한 일이 아닐 수 없다. 다산은《주역사전》을 쓴 후에 그 소감을 이렇게 썼다.

"화와 복의 이치에 대해서는 옛날 사람들도 의심해 온 지 오래되었다. 충효를 행한 사람이라고 해서 반드시 화를 면하는 것도 아니고, 음란하고 방탕한 자라고 하여 반드시 박복한 것도 아니다. 그러나 선을 행하는 것이 복을 받는 도가 되므로 군자는 부지런히 선을 행할 뿐이다."

비록 세상일이 뜻한 대로 되지 않더라도 선한 삶을 포기해서는 안 된다는 다짐이다.

둘째, 눈앞의 현상을 읽을 수 있는 통찰력을 지니는 것이다.
통찰력은 '사물이나 현상의 겉모습이 아닌 내면에 감추어진 본질을 보는 힘'으로 정의할 수 있다. 이러한 능력은 인문 고전에서 얻을 수 있다. 다음 공자의 말을 보자.

"그 사람이 하는 것을 보고, 그 동기를 살피고, 그가 편안하게 여기는 것을 잘 관찰해 보아라. 사람이 어떻게 자신을 속이겠는가? 사람이 어떻게 자신을 속이겠는가?"

《논어》, 〈위정〉편

그 원문을 살펴보면 '하는 것을 보는 것'은 '시기소이(視其所以)'다. '동기를 살피는 것'은 '관기소유(觀其所由)'다. 그리고 '편안하게 여기는 것을 관찰하는 것'은 '찰기소안(察其所安)'이다. 즉 잘 보고 [視], 잘 살피고[觀], 잘 관찰하면[察] 그 사람에 대해 속속들이 알게 된다. 이것을 강조하기 위해 공자는 '사람이 자신을 속일 수 없다'는 말을 두 번씩이나 한 것이다. 사람을 잘 관찰하는 능력을 가지면 사람의 본성과 속마음을 읽는 통찰력을 가지게 되고, 누구도 그 앞에서 본심을 감추고 속일 수 없게 된다.

물론 우리는 그 깊이를 알 수 없을 정도로 철학적으로 완성된 사람의 능력을 섣불리 판단할 수는 없다. 하지만 우리는 공자의 능력이 모두 그가 공부했던 책에서 왔음을 짐작할 수 있다. 책을 묶었던 끈이 끊어질 정도로 읽었던 《역경》도 사람을 읽고 미래를 예측하는 능력에 큰 힘이 되었을 것이다. 미루어 보면 이러한 공자의 통찰력은 눈앞의 현상을 세세히 관찰하는 능력을 기르고 평생을 두고 인문 고전의 공부를 계속했기 때문에 얻을 수 있었다고 집약할 수 있다. 그는 이 능력으로 험난한 전국 시대를 헤쳐 나갈 힘을 얻었을 것이다. 그 핵심이 되는 책이 공자 이전의 고전 '삼경'이다.

비록 세상일이 뜻한 대로 되지 않아도 소신과 믿음을 함부로 굽혀서는 안 된다. 또한 과감한 결단과 함께 자신을 지키는 세심함도 있어야 한다. '담대심소(膽大心小)', 담대하면서도 세심하게 주위를 살피는 삶의 자세가 필요하다. 이를 가능하게 하는 힘이 바로 지식으로 바탕을 굳건하게 하는 것이다.

사람의 진면목은 뜻하지 않은 위기에 처했을 때 드러난다. 평상시에는 자신을 드러내지 않다가도 모든 사람이 당황하고 불안해할 때 당황하지 않고 위기에 대처하는 사람, 이러한 사람이 내공이 깊은 사람이다. 그들은 주위 사람들에게 믿음과 의지를 얻는다. 그리고 함께 큰일을 이룬다.

03
돌을 다듬어 옥을 만들 듯
스스로를 갈고닦아라

"칼로 잘라 낸 듯, 줄로 갈아 낸 듯, 정으로 쪼아 낸 듯, 숫돌로 광을 낸 듯하다."

如切如磋 如琢如摩
여절여차 여탁여마

《시경》, 〈국풍〉, 〈위풍〉편

《시경》의 〈위풍〉편에 실려 있는 구절로 위나라의 뛰어난 군주였던 무공을 찬송하는 시다. 그러나 단순히 찬양하는 데 그치지 않고 무공이 어떤 노력으로 군주의 위치에 오르게 되었는지를 잘 말해 준다. 위나라 무공은 《시경》의 〈억〉이라는 시에서도 그 됨됨이가 잘 드러나 있다. 그는 능력이 탁월하고 덕이 뛰어나 나라를 잘 다스렸고, 아흔이 넘은 나이에도 스스로 경계하기 위해 시를 지어 곁의 사람에게 항상 외우게 했던 인물이다. 이처럼 사람의 본모습은 큰 성공을 거두었을 때 잘 알 수 있다. 무공은 이미 큰일을 이루었어도 성공에 도취해 교만하지 않았다. 이처럼 자신을 다듬고 스스로를 경계하는 사람이야말로 완성에 가까운 사람이라고 해도 과언이 아닐 것이다.

무공이 자신을 끊임없이 가다듬었던 젊은 시절의 자세는 도입부 예문의 '切磋琢磨(절차탁마)'가 잘 말해 준다. 시의 첫머리는 이렇게 시작한다.

"저 기수의 물굽이는 푸른 대나무가 무성하구나. 저 문채 나는 군자여! 칼로 잘라 낸 듯, 줄로 갈아 낸 듯, 정으로 쪼아 낸 듯, 숫돌로 광을 낸 듯하구나. 장중하고 당당하며 빛나고 의젓하네. 결코 잊을 수가 없구나."

瞻彼淇奧 綠竹猗猗 有斐君子 如切如磋 如琢如摩 瑟兮僩兮 赫兮喧兮 有斐君子 終不可諼兮

첨피기오 녹죽의의 유비군자 여절여차 여탁여마 슬혜한혜 혁혜훤혜 유비군자 종불가훤혜

이는 〈용비어천가〉같이 지도자를 향한 극찬을 담은 시라고 할 수 있다. 물론 어렵고 힘든 시기에 나라를 잘 다스려 백성을 평안하게 살게 해 준 군주에 대한 마음은 이보다 더 지극할 것이다. 무엇

보다도 이미 최고의 자리에 오른 사람이 치열하게 자신을 수양하는 자세는 백성의 귀감이 되기에 충분하다.

위의 시는 학식과 수양이 뛰어난 군자가 되기 위한 노력을 보석 세공사가 거친 돌을 다듬어 귀한 보석을 만들어 내는 과정에 비유했다. 자르고, 갈고, 쪼아 내고, 광을 내는 노력을 거쳐 비로소 '장중하고 당당하며 빛나고 의젓한 군자'가 될 수 있는 것이다.

평범한 사람과 괜찮은 사람 그리고 품격 있는 사람

서두의 시 〈기오〉는 《논어》, 〈학이〉편에도 인용되어 있다.

자공이 말했다.

"가난하면서도 남에게 아첨하지 않고, 부유하면서도 다른 사람에게 교만하지 않는다면 어떻습니까?"

공자가 말했다.

"그 정도면 괜찮은 사람이다. 그러나 가난하면서도 즐겁게 살고 부유하면서도 예의를 좋아하는 것만은 못하다."

자공이 말했다.

"《시경》에 말하기를 '칼로 자르는 듯, 줄로 가는 듯, 정으로 쪼는 듯, 숫돌로 광을 내는 듯하다'고 했는데, 이를 말씀하시는 것입니까?"

공자가 말했다.

"사(자공)야, 비로소 더불어 시를 이야기할 만하구나. 지나간 일을 말해 주니 알려 주지 않은 것까지 아는구나."

자공은 먼저 부의 관점에서 군자의 자세를 묻는다. 가난하면서도 비굴하지 않고, 부유하면서 겸손하게 처신할 수 있는 자세는 보통 사람의 경지를 벗어난 것이다. 하지만 공자는 더 높은 차원을 요구한다. 단순히 아첨하지 않고 교만하지 않는 것은 나쁜 처신을 하지 않는 것에 그친다. 하지만 진정한 군자라면 부와 가난이라는 상황에서 좀 더 적극적인 선을 행해야 한다는 것이다.

공자가 원하는 더 높은 차원인 '빈이락(貧而樂)'과 '부이호례(富而好禮)'는 적극적으로 선을 실천하는 자세다. '가난이라는 상황에 매몰되지 않았기에 즐거울 수 있고, 부자라는 상황에 젖어 들지 않았기에 예를 지켜 타인을 배려하는 것을 좋아함'이다. 시에서 말하는 '탁마'는 정교하게 다듬어진 상태라고 할 수 있다. '안빈낙도(安貧樂道)'의 삶을 말하는데, 도덕과 수양을 최선의 가치로 사는 삶의 모습이다.

자공은 공자의 뜻을 정확히 파악해서 《시경》의 시를 인용해서 대화를 이어 간다. 공자는 자공의 시를 인용한 대답을 마음에 쏙 들어 했다. 공자는 시에 담겨 있는 올바른 뜻을 인용하는 것이 품격 있는 대화의 방법이라고 항상 강조해 왔기 때문이다.

하지만 여기서 공자가 자공을 칭찬했던 진정한 이유는 따로 있다. 그들이 부에 대해 말하고 있었지만, 그것을 도의 차원으로 승화시킨 것은 탁월한 통찰이 아니면 어렵다. 그리고 시를 자연스럽게 인용한 것은 대화의 품격을 높여 준다. 자공의 이러한 통찰은 폭넓은 공부와 깊은 생각이 뒷받침하지 않으면 갖기 어렵다.

자공은 〈기오〉의 앞부분을 인용했지만, 시에는 훌륭한 군자가 되기 위한 몇 가지가 더 실려 있다. 먼저 군자의 외양이다.

"귀막이 옥돌로 하고 두건의 고깔과 어울려 별과 같구나."

　진정한 군자라면 내면의 충실함에 그치지 않고 반드시 그 기품이 외양으로 드러나야 한다. 내면만 갖추면 거칠어지고, 외양만 갖추면 겉치레가 되기 때문이다.

"너그럽고 여유롭게 수레 위에 기대셨네. 농담도 잘하지만 지나치지는 않다네."

　진정한 군자라면 여유와 관용의 자세가 반드시 필요하다. 목표에 쫓기는 삶이 아니라 삶을 즐기는 모습이다. 그리고 지나치지 않은 농담으로 사람들에게도 그러한 삶의 자세를 보여 줄 수 있어야 한다. 자신이 즐겁게 사는 만큼 주위의 다른 사람에게도 그 즐거움을 전하는 것은 농담이 할 수 있는 큰 역할이다.
　절차탁마의 정신으로 날마다 성장하고, 내면의 깊이가 자연스럽게 겉으로 드러나는 사람, 타인을 배려와 사랑으로 대하는 사람만이 이성과 감성 그리고 지성이 어우러진 존경받는 어른이자 품격을 지닌 사람이다.

04

도움을 주고 바라지 않고, 도움을 받고 감사할 줄 안다

"나에게 모과를 던져 주시니 패옥 구슬로 보답했네. 단순히 답례가 아니라 길이길이 사모하려 함이네."

投我以木瓜 報之以瓊琚 匪報也 永以爲好也
투아이목과 보지이경거 비보야 영이위호야

《시경》, 〈국풍〉, 〈위풍〉편

이 시는 위나라가 오랑캐에 쫓겨 곤궁에 빠졌을 때 도움을 준 제나라 환공에게 고마움을 표현한 시다. 고마움을 직접적으로 드러내지 않고 남녀 간의 사랑에 빗대어 표현하였다. 예문의 앞 구절은 상황을 설명하는 시의 첫 번째 단락이고, "단순히 답례가 아니라 길이길이 사모하려 함이네"는 후렴으로, 모든 단락의 말미에 공통으로 들어간다. 그리고 각 단락의 첫 구절은 예문과 동일한 형식으로 이어진다.

"나에게 복숭아를 던져 주시니 아름다운 옥구슬로 보답했네."

投我以木桃 報之以瓊瑤

투아이목도 보지이경요

"나에게 오얏을 던져 주시니 아름다운 옥돌로 보답했네."

報之以瓊李 報之以瓊玖

투아이목리 보지이경구

어려움에 빠진 사람을 보았을 때 도움을 주는 것은 귀한 일이다. 사람은 작은 도움만으로도 어려움을 이겨 낼 수 있고, 정신적으로도 재기할 수 있는 힘을 얻는다. 하지만 도움에 다른 의도가 있어서는 안 된다. 보답을 바라지 않고 오로지 순수한 마음으로 해야 의미가 있다. 그럴 때 진정한 도움을 줄 수 있다.

《맹자》의 〈이루하〉편에는 은혜를 이렇게 정의하고 있다.

"받을 수도 있고 받지 않을 수도 있는데 받으면 청렴함을 해친다. 도움을 줄 수도 있고 안 줄 수도 있는데 주는 것은 은혜에 상처를 입힌다. 죽을 수도 있고 죽지 않을 수도 있는데 죽는 것은 용감함에 상처를 입힌다."

可以取 可以無取 取傷廉 可以與 可以無與 與傷惠 可以死 可以無
死 死傷勇

가이취 가이무취 취상렴 가이여 가이무여 여상혜 가이사 가이무
사 사상용

　위 구절은 도움을 주고받는 것뿐 아니라 인생에 임하는 올바른
자세에 대해 말한다. 특히 은혜를 받는 사람과 베푸는 사람의 마음
이 어때야 하는지 핵심을 찌른다. 도움을 받을 수도 있고 받지 않을
수도 있다는 것은 스스로 이겨 낼 힘이 있는 것이다. 그래서 스스
로 견딜 수 있을 때 도움을 받으면 오히려 나태에 빠질 수 있다. 스
스로 일어서지 못하고 언제나 다른 사람의 도움을 바라는 의존적인
사람이 될 수도 있는 것이다.

　줄 수도 있고 안 줄 수도 있을 때 주는 것은 자신을 내세우려는
가식이 이면에 숨어 있다. 오늘날 명절이면 어려운 사람들을 찾아
서 자선 활동을 하면서도 사진을 찍고 자신을 홍보하는 데에만 열
중하는 사람이 바로 그 예다. 특히 유명인들, 정치인들에게서 많이
보이는 모습이다. 이러한 사람에게는 진정한 긍휼의 마음이 없다.
이들의 목적은 오직 자신을 홍보하고 이익을 얻으려는 데 있다. 도
움은 순수해야 한다. 《성경》에서 말하는 "오른손이 하는 일을 왼손
이 모르게 하라"라는 말이 진리인 것이다.

　죽을 수도 있고 죽지 않을 수도 있을 때 죽는 것은 만용이다. 속
된 말로 개죽음이라고 할 수 있다. 공자는 완성된 사람에 대해 "나
라가 위태로울 때 목숨을 바치는 것"이라고 말했다. 이처럼 가치 있

는 일에 목숨을 바쳐야 의미 있는 일이 되고, 비로소 완성된 사람이 될 수 있다.

세상을 움직이는 것은 돈이 아니라 사랑이다

청렴과 은혜 그리고 용기는 인생의 소중한 가치다. 이러한 가치를 함부로 쓰는 것은 오히려 그 가치를 떨어뜨리는 일이 되고 만다. 삶을 살아가면서 남의 도움을 받는 사람이 아닌, 도움을 줄 수 있는 사람이 되는 것은 누구나 바라는 일이다.

하지만 인생을 살다 보면 누구나 어려움을 겪는 순간이 온다. 그때 자존심 때문에 혹은 본능적으로 남에게 도움을 받는 것이 싫어서 도움을 거부하는 것은 바람직하지 않다. 순수한 마음으로 주는 도움은 기꺼이 받을 줄 알아야 한다. 받은 도움을 바탕으로 더 많은 사람에게 도움을 줄 수 있는 사람으로 성장할 수 있다면 은혜의 선순환이 이루어진다.

도움을 준 사람에게 더 귀한 것으로 갚는 것도 충분히 의미가 있다. 물론 아무런 의도 없이, 순수하고 선한 마음으로 도움을 준 사람이라면 그 보답을 바라지는 않을 것이다. "나에게 보답하기보다 더 어려운 사람에게 도움을 주어라!"라는 말처럼 이들이 진정으로 바라는 것은 자신의 작은 도움이 널리 퍼져 아름다운 세상을 만드는 것이다.

우리는 알게 모르게 수많은 도움을 받으며 오늘에 이르렀다. 전쟁은 수천 년 전부터 끊임없이 계속되어 왔고, 지금도 지구상에서는 여기저기서 전쟁이 그치지 않고 있다. 사람의 탐욕 때문에 빚어지는 이러한 전쟁 속에서 오늘날 우리가 편안한 삶을 누릴 수 있는 것은 바로 '사랑' 때문이다. 탐욕에 맞서 인류의 평화를 위해 희생한 사람들 덕분에 우리는 평안을 누릴 수 있는 것이다. 우리 같은 평범한 사람들이 인류의 평안을 위해 해야 할 대단한 일은 없을지도 모른다. 하지만 이럴 때일수록 우리가 가져야 할 것은 '감사하는 마음'이다. 그 시작은 우리의 일상을 지켜 주는 모든 아름다운 것들에 감사할 줄 아는 것이다.

김수환 추기경은 〈나는 행복합니다〉라는 시에서 '감사함'에 대한 가르침을 준다.

"아침이면 태양을 볼 수 있고 저녁이면 별을 볼 수 있는 나는 행복합니다.
잠이 들면 다음 날 아침 깨어날 수 있는 나는 행복합니다.
꽃이랑 보고 싶은 사람을 볼 수 있는 눈,
아이의 옹알거림과 자연의 모든 소리를 들을 수 있는 귀,
사랑한다는 말을 할 수 있는 입,
기쁨과 슬픔과 사랑을 느낄 수 있고
남의 아픔을 같이 아파해 줄 수 있는 나는 행복합니다."

우리가 살아간다는 것 자체가 은혜이며 감사한 일이다. 그 은혜

를 갚는 길은 바로 곁의 어려운 사람에게 도움의 손길을 주는 것이
다. 세상을 움직이는 것은 돈이 아니다. 사랑이다.

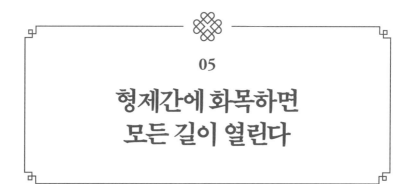

05

형제간에 화목하면
모든 길이 열린다

"산앵두나무 꽃받침이 아름답고 아름답다. 오늘날 사람에게 형제만한 이가 없구나."

常棣之華 鄂不韡韡 凡今之人 莫如兄弟
상체지화 악불위위 범금지인 막여형제

《시경》, 〈소아〉, 〈녹명지십〉편

'본립도생(本立道生)', '근본이 바로 서면 길이 열린다'는 뜻으로 《논어》, 〈학이〉 편에 실려 있다. 여기서 근본이란 부모에 대한 효도와 형제간의 공경을 뜻한다. 사람의 가장 기본적인 도리를 잘 지킬 때 어떤 일을 하든지 충실하게 잘할 수 있다는 말이다. 하지만 사람들은 부모에 대한 효도는 당연히 여기지만 형제간의 우애는 잊는 경우가 많다. 어린 시절 부모의 양육을 받을 때는 아웅다웅하면서도 우애를 잘 지킨다. 하지만 대부분 성인이 되고, 결혼을 하면서 점차 멀어진다.

예문의 시는 형제간의 우애를 회복하라는 가르침이다. 꽃은 꽃받침이 있을 때 더욱 아름다운 것처럼 형제도 이와 같다는 것이다. 시에는 그 이유가 거듭해서 실려 있다.

"죽음의 위험에 있으면 형제들만 크게 걱정한다네. 언덕과 습지에 시체가 쌓여 있으면 형제들만 찾아 나선다네."

"친구에게 위급한 일이 닥치면 좋은 친구라도 탄식만 할 뿐이네."

"안정되고 평안할 때면 형제보다는 친구들을 더 도탑게 여기네."

"좋은 음식과 술을 마셔도 형제가 함께해야만 더 즐겁고 친근해진다네."

"아내와 자식이 화합하면 거문고를 뜯는 것 같아도 형제들끼리 뜻이 맞아야 더 즐길 수 있다네."

"가족의 화목과 처자식의 즐거움은 형제간의 우애가 있어야 가능하다네."

전쟁이나 환란의 상황을 맞으면 형제간의 우애가 가장 깊어진다. 하지만 화평한 시기가 오면 오히려 형제보다 친구나 배우자와 자식을 우선하기에 형제와 멀어진다. 따라서 많은 고전에서는 시의 가르침을 바탕으로 형제간의 우애를 회복해야 한다고 강조하고 있다. 형제간의 우애가 사람 도리의 근본이기 때문이다.

중국 가훈의 대명사 《안씨가훈》에서는 이렇게 말한다.

"사람이 있고 난 후에야 부모가 있고, 부부가 있고 난 후에야 부자가 있으며, 부자가 있고 난 후에야 형제가 있으니 한 집안의 육친은 셋뿐이다. 이로부터 구족(九族)에 이르기까지 모두 이 삼친(三親)을 근본으로 하기에 삼친은 인간관계에서 가장 중요하다. 따라서 그 관계를 돈돈하게 하지 않을 수 없다."

《소학》에서 말하는 "세상에서 가장 얻기 어려운 것이 형제다"라는 말도 역시 같은 뜻이다. 부모 없이는 형제가 있을 수 없기 때문이다. 하지만 형제간의 갈등은 어려서부터 피하기 어렵다. 기독교가 말하는 인류의 역사에서도 사람 간 갈등의 시작은 카인과 아벨, 즉 형제간의 갈등이었다. 또한 야곱(Jacob)과 에서(Esau)의 갈등도 마찬가지다. 이들이 보여 주는 것처럼 부모의 사랑을 더 차지하려는 근본적인 욕망에서부터 갈등이 시작하는 것이다. 하지만 설사 다투고 싸운다고 해도 어린 시절 형제의 갈등은 곧 봉합된다. 부모의 사랑과 훈육이 있고, 근본적으로 서로에 대한 애정이 있기에 소중한 관계가 회복될 수 있다.

재물은 노력하면 구할 수 있지만 피를 나눈 형제는 구할 수 없다

특히 형제간의 사랑은 집안을 벗어나 다른 사람과의 관계에서 큰 역할을 한다. 《석시현문》에는 "남들의 수모를 막아 주기에는 형제만 한 이가 없다"라고 실려 있다. 이 말은 우리의 어린 시절을 돌이켜 보면 그 의미를 잘 알 수 있다. 어릴 적에는 같은 학교에 형이 다니는 것만큼 좋은 일이 없다. 친구나 선배들이 괴롭힐 때 형이 나타나 든든한 의지가 된다. 심지어 형보다 훨씬 나이가 많고 힘이 센 상대라고 해도 형제가 힘을 합쳐 싸우면 당당히 맞설 힘이 생긴다.

하지만 어른이 되면서 각자가 가정을 꾸리고 나면 아무리 우애가 깊은 사이라고 해도 점점 그 사이가 멀어지는 경우가 많다. 서로 다른 성격의 사람을 만나 가정을 이루면 변화를 맞기 마련이다. 자기 가정의 유지와 화목을 우선해야 하기에 예전에 비해 멀어지는 것은 불가피한 일일 것이다. 하지만 형제간의 화목이 깨지면 그 파급력은 크다. 그 자식들도 서로 사랑하지 않게 되고, 친척 간에도 점차 소원해진다. 심해지면 가까운 이웃보다도 훨씬 못한 관계가 될 수도 있다.

형제간에 갈등을 일으키는 또 한 가지는 재산의 문제다. 아마 오늘날 더 심각할 텐데 여기서 고사 하나를 떠올려 볼 수 있다.

북제(北齊) 때 임하 고을에 살던 보명 형제가 전답을 두고 몇 년째 다투고 있었다. 고을 태수인 소경이 그 모습을 보고 이들을 불러 타이른다.

"천하에 가장 얻기 힘든 것이 형제요, 구하기 쉬운 것은 토지다. 설사 토지를 얻었다 한들 형제의 마음을 잃는다면 어떻게 하겠는가?"

이 말을 들은 형제는 부끄럽게 여기고 화해를 하게 되었다.

재물은 누구나 노력하면 구할 수 있다. 하지만 피를 나눈 형제는 자기 뜻대로 구할 수 없다. 물론 형제보다 더 친밀한 관계가 있을 수 있지만, 부모가 나이가 들었거나 타개한 다음이라면 피를 나눈 형제는 구할 수 없는 것이다.

다산 정약용은 폐족이 된 처지에서 두 아들의 우애를 항상 염려하고 가르쳤다. 〈곡산향교에서 효를 권하는 글〉에서 이렇게 썼다.

"지금 부부간에는 의가 좋아서 마치 금슬을 타는 것 같으면서도 형제간에는 우애가 없다. 친구 간에는 서로 어울려 생사를 걸고 자신을 허락하면서도 형제끼리는 길 가는 행인같이 대하니, 성인의 가르침에 합당한가? 성인이 세운 다섯 가지 교훈에는 아내와 친구가 끼어 있지 않다. 다섯 가지 가르침은 곧 부모 형제와 아들이다. 형제는 나와 더불어 부모를 같이하였으니 이 또한 나일 따름이다. 형은 먼저 태어난 나요, 아우는 뒤에 태어난 나다. 다만 얼굴 모양과 나이가 다를 뿐인데, 구태여 둘로 구분하여 서로 우애하지 않으니 이는 나로서 나를 멀리하는 것이다. 이 어찌 잘못된 일이 아니겠는가?"

한 핏줄을 타고난 형제는 마치 한 몸인 것처럼 하나라는 것이다. 따라서 부모는 그 무엇보다 자녀 간의 화목이 가장 소중하고 절실하다. 하지만 자녀가 장성한 후에는 아무리 부모라고 해도 그들의 화목에 깊이 관여하기는 어렵다. 모두 각자의 몫인 것이다. 따라서 한 가정의 품격은 형제간의 화목으로 가늠할 수 있다. 오늘날 재산

다툼으로 혹은 다른 여러 가지 이유로 형제간에 반목한다면 아무리 재산이 많아도, 아무리 지위가 높아도 부끄러운 일일 따름이다.

부모에 대한 효도 못지않게 형제간의 화목도 사람됨의 근본이다. 근본이 바로 서면 모든 길이 열린다. 설사 큰 성공을 거두지는 못하더라도 행복한 삶을 살 수 있다.

06

지혜로운 사람은
돌에서도 쓸모를 본다

"다른 산의 돌로도 숫돌이 될 수 있다."

他山之石 可以爲錯

타산지석 가이위착

《시경》, 〈소아〉, 〈동궁지십〉편

다음은 《장자》에 실린 이야기다.

공자가 초나라를 향해 길을 가다가 웬 꼽추가 매미를 잡고 있는
것을 보았다. 마치 길에 떨어진 물건을 줍듯이 매미를 거두어들이
는 모습을 보고 공자가 감탄해 물었다.

"당신 재주가 참 놀랍구려! 거기에도 혹시 무슨 도(道) 같은 게

있소?"

꼽추가 대답했다.

"물론 있습니다. 처음 대여섯 달 동안은 매미채 꼭대기에다 알을 두 개 포개어 올려놓고 떨어뜨리지 않는 연습을 해 두면 매미 잡을 때 실패할 확률이 많이 줄어듭니다. 그다음 알을 세 개 포개어 올려놓고도 떨어뜨리지 않는 정도면 실패할 확률이 열에 한 번 정도입니다. 만약 알을 다섯 개 정도 올려놓고도 떨어뜨리지 않을 정도가 되면 땅에 있는 물건 줍듯이 매미를 잡을 수 있습니다."

그리고 노인은 말을 잇는다.

"매미를 잡을 때 내 몸은 마치 잘린 나뭇등걸처럼 움직이지 않고 팔은 마른 나뭇가지를 든 것처럼 가볍습니다. 천지의 광대함도 만물의 다양함도 아랑곳하지 않고 오직 매미의 날갯짓에만 집중합니다. 내 머리와 신체는 정지해 조금도 움직이지 않으며 매미의 날개 이외에는 마음을 팔지 않습니다. 그러니 어찌 실패하겠습니까?"

그 말을 듣고 공자가 제자들을 돌아보며 말했다.

"마음을 하나에 집중한다면 그 기술이 신의 경지에 이를 수 있는데 이 노인은 이미 그 경지에 이르렀다."

이 고사는 한 가지에 집중하는 것, 곧 마음을 다하면 반드시 뜻을 이룬다는 '전심치지(專心致知)'를 말해 주는 일화로 널리 알려져 있다. 여기서 한 가지 더 생각해 볼 점이 있는데, 바로 공자가 보인 배움의 자세다. 공자는 이미 당대 최고의 학자로, 가장 높은 수양의 경지에 올라 그 당시에도 성인으로 추앙받았다. 수천 명의 제자를 두었고, 그들을 혼란의 춘추 전국 시대를 이끌어 나갈 지도자들로 키워 내었다. 하지만 공자는 매미 잡는 꼽추, 가장 천한 직업을 가진 사람에게조차 배움을 얻었다. 공자에게는 주위에 있는 사람, 접하는 모든 사물이 스승이었던 것이다. 이것이 그를 가장 위대한 학자로 만든 비결이었다.

여기서 공자가 말하고자 하는 핵심은 내가 만나는 모든 사람을 통해 배울 수 있다는 것이다. 공자는 나보다 더 뛰어난 사람을 만날 때는 그들의 좋은 점을 따라서 배우고, 나보다 못한 이를 만나도 그들만의 능력과 장점을 찾아서 배워야 한다고 가르쳤다. 여기서 우리가 가진 배움에 대한 잘못된 생각을 짚어 볼 수 있다.

우리는 흔히 사람의 외양과 조건을 보고 "저 사람에게는 배울 점이 없어!"라는 말을 많이 쓴다. 물론 우리가 보기에 형편없이 부족해 보이는 사람도 있다. 하지만 그에게 우리가 모르는 배울 점이 있을 수 있다. 만약 장점을 도저히 찾을 수 없는 사람인데다가 그의 잘못이 지극히 심한 경우여도 마찬가지다. '나는 저렇게 하지 말아야지!' 하고 생각하며 그의 나쁜 점을 되풀이하지 않겠다는 결심으로 스스로를 가다듬을 수 있다.

선한 자는 선하지 않은 자에게서도 배우고
능력 있는 지도자는 숨은 인재도 찾아낸다

도입의 예문은 《시경》의 〈학이 울다〉라는 시에 실린 구절인데, '학이 울다'라는 제목은 시의 첫머리 글 "높은 언덕에서 학이 우니 그 소리 들판에 울려 퍼진다"에서 따온 것이다. 이 시에는 우리가 흔히 쓰는 '타산지석(他山之石)'이 실려 있다. 여기에서 두 가지의 의미를 찾을 수 있다.

먼저 우리에게 익숙한 타산지석의 뜻으로, 누구에게나 배움을 얻을 수 있어야 한다는 것이다. 상대가 부족한 사람이라고 해도 얼마든지 나의 성장을 돕는 배움의 원천이 될 수 있다. 그러니 우리는 내 눈앞에 있는 사람을 함부로 판단하지 않는 태도를 가져야 한다. 사람을 선입견과 편견을 가지고 대하는 것은 사람을 대하는 올바른 태도가 될 수 없다. 또한 그 사람에게 얻을 수 있는 배움을 포기하는 것과 같다. 《도덕경》에는 다음과 같은 말이 실려 있다.

"선한 사람은 선하지 않은 사람의 스승이요, 선하지 않은 사람은 선한 사람의 거울이다."
善人者 不善人之師 不善人者 善人之資
선인자 불선인지사 불선인자 선인지자

즉 세상 사람들은 모두 배움을 줄 수 있는 사람이고, 그것을 받아들이거나 받아들이지 않는 것은 모두 나에게 달려 있다는 말이다.

또 한 가지 배울 점은 인재를 찾는 방법이다. 많은 지도자가 "쓸 만한 인재가 없다!"라는 말을 자주 한다. 혹은 능력 없는 사람을 쓰는 지도자를 보고 "저렇게 사람을 쓸 줄 모르나?"라고 한탄하기도 한다. 하지만 이 시가 말해 주듯이 쓸 만한 사람이 없는 것이 아니라 쓸 만한 사람을 찾지 못하거나 노력이 부족한 것이다. 세상은 넓고 인재는 많다. 능력 있는 사람을 구해서 쓰고자 하는 마음만 있다면 얼마든지 찾을 수 있다. 단지 찾으려고 하지 않을 뿐이다. 학이 울 듯이 애타게 인재를 구하면 숨어 있는 인재가 나타날 것이다.

돌은 가장 흔한 물건이지만 특별한 쓸모가 없다. 특히 가까이 있는 돌이 아니라 먼 산에 있는 돌이라면 나에게는 더더욱 쓸모가 없다. 하지만 다른 산에 있는 거친 돌이라고 해도 옥을 가는 데 유용하게 쓰일 수 있다면 반드시 구해서 활용해야 한다. 이것은 배움에 있어서 가장 절실한 태도다. 나의 공부와 인격을 연마하는 데 도움을 받을 수 있다면 어떤 사람이라도 보고 배워야 한다. 돌은 평범한 사람, 옥은 뛰어난 인재를 뜻한다. 설사 평범한 사람이라고 해도 나를 옥으로 만들기 위해서는 그의 장점을 배워야 한다.

무엇에도 배움을 얻는 사람은 지혜로운 사람이며, 인생을 살아가는 데 귀감이 되는 사람이다. 이러한 사람 곁에 있으면 올바른 배움의 이치와 삶의 자세를 배울 수 있다.

07

가장 평안할 때가
위기를 대비할 때다

"두려워하고 조심하기를 깊은 연못에 임한 듯하고, 살얼음 밟듯이 해야 한다."

戰戰兢兢 如臨深淵 如履薄氷
전전긍긍 여림심연 여리박빙

《시경》, 〈소아〉, 〈소민지십〉편

'유비무환(有備無患)', '미리 준비되어 있으면 근심할 일이 없다'는 뜻으로 《서경》, 《좌전》 등의 고전에 실려 있다. 《서경》에서는 노예 출신의 부열이 고종에게 했던 진언 중에 등장한다. '겸손하게 처신하고, 철저한 준비로 나라를 다스려야 재앙이 없다'는 가르침을 준다. 《좌전》에서는 진나라의 명신 사마 위강이 나라에 큰 공을 세운

후 군주인 도공에게 진언하며 나온다. 유비무환은 흔히 위기에 대비하는 가르침으로 잘 알려져 있다. 하지만 도공이 말했던 문장의 의미를 살펴보면 위기에 대비하기 시작해야 할 때는 오히려 평안할 때이다.

"편안할 때 위기를 생각하면 그 위기에 대비할 수 있고, 어떠한 화도 피할 수 있다."

아무런 위기도 의식할 수 없는 가장 평안할 때가 바로 위기를 생각하고 대비할 때인 것이다.

깊은 연못을 옆에 둔 듯
살얼음 위를 걷는 듯 신중하라

도입의 예문이 실린 〈소민〉은 유비무환을 하지 못하는 조정의 무능을 한탄하는 시다. 《시경》의 시들은 대부분 비유와 풍자로 세태를 비판하지만, 이 시는 직접적이고 신랄하다. 나라가 위기에 대응하지 않는 정도가 아니라 잘못된 계책과 방법으로 정치를 하니 오히려 백성은 괴롭고 힘들 수밖에 없다.

특히 나라를 진심으로 위하는 충신이 아닌, 자신의 안위와 사익만을 추구하는 간신들의 계책을 따르면 나라가 어떻게 될지 충분히 짐작할 수 있다. 간신이 아니더라도 지도자가 어리석어서 자신과 가까운 자와 자신의 마음에 흡족한 자들이 말하는 것만 들으면 조정은 시끄럽기만 할 뿐 좋은 대책을 세울 수 없다. 자신들은 일을 많이 한다고 여겨 흡족할 수 있으나 정작 나라는 엉뚱한 곳으로 흘러간다. 이러한 상황을 시에서는 이렇게 표현한다.

"마치 길 가는 사람을 붙잡고 집을 짓는 계책을 묻는 것과 같으니 어찌 집을 완성할 수 있을까."
如彼築室於道謀 是用不潰於成
여피축실어도모 시용불궤어성

어떤 일을 하기 위해 조언이 필요할 때는 반드시 전문가의 말을 들어야 한다. 집을 짓는 것 같은 중요한 일을 할 때는 더욱 그렇다. 무책임한 사람들은 쉽게 말하기 때문이다. 가까이 있는 사람, 친한 사람, 길을 가는 사람의 의견만 들으면 집은 곧 무너지고 만다. 그 일에 아무런 전문성도, 책임감도 없기 때문이다. 하물며 나라를 다스리는 중요한 일이라면 더욱 문제가 된다.

"좋은 계책은 따르지 않고, 좋지 아니한 것을 쓴다. 내가 조정의 계책과 방법을 보아하니 이 또한 백성을 괴롭게 할 뿐이구나. 조정은 소인들이 서로 헐뜯으니 이 또한 슬픈 일이라네. 계책 중에 좋은 것은 모두 어기고, 좋지 않은 것만 모두 따르는구나. 내가 조정의 계책과 방법을 보아하니 이것이 어디로 갈지 알 수 없구나."

나라가 어렵고 백성이 괴로운 것은 좋은 계책이 없어서 혹은 좋은 계책을 내는 사람이 없기 때문도 아니다. 조정을 차지한 소인들이 자기 이익만 챙기고, 자기 계파의 이익만 따지기에 설사 좋은 계책이 있어도 쓰지 않기 때문이다. 이럴 때는 나라의 안위를 걱정하며 탄식할 수밖에 없다. 그래서 시의 작자는 이렇게 제안한다.

"감히 범을 맨손으로 때려잡으려 하지 않고, 감히 황하를 걸어서 건널 수 없으니 사람들은 하나만 알고 다른 것은 알지 못하네. 마치 깊은 연못 옆에 있듯이, 살얼음 위를 걷듯이 해야 한다네."

不敢暴虎 不敢憑河 人之其一 莫知其他 戰戰兢兢 如臨深淵 如履薄氷

불감폭호 불감빙하 인지기일 막지기타 전전긍긍 여림심연 여리박빙

나라를 다스리는 자는 계획 없이 무모하게 해서는 안 되며 신중에 신중을 기해야 한다는 절실한 간언이다. 신하가 군주에게 진언하는 이 구절은 그 표현의 진실함으로 많은 곳에서 인용되어 유명해졌다. 먼저 《논어》의 〈술이〉편에서는 다음과 같이 인용하였다.

"맨손으로 범을 잡고 맨몸으로 강을 건너려다 죽어도 후회하지 않는 자와는 함께하지 않겠다."

暴虎憑河 死而無悔者 吾不與也

폭호빙하 사이무회자 오불여야

공자가 제자 자로의 만용을 꾸짖으며 했던 말이다. 공자는 이어

서 "반드시 일을 함에 신중하고, 계획을 잘 세워 일을 이루는 사람과 함께하겠다"라고 가르쳤다. 마치《시경》의 시 구절에 답을 하는 것처럼 적절한 말이다.

《논어》, 〈태백〉편에서는 증자가 '戰戰兢兢(전전긍긍)'의 구절을 인용했다. 임종에 이르러 증자는 제자들을 불러 자신의 온전한 몸을 보이며 "몸이 상할까 봐 전전긍긍하기를 깊은 연못 옆에 있듯이 살얼음 위를 걷듯이 해야 했다"라고 말했다. 부모로부터 받은 몸을 지키기 위해 조심했던 것을《시경》의 구절로 표현한 것이다.

시를 통해 우리는 세 가지의 교훈을 얻을 수 있다.

먼저 어떤 일을 하든 신중한 준비가 중요하다. 특히 일을 시작할 때 가져야 하는 결단과 용기가 무모함이 되어서는 안 된다. 나라를 다스리는 크고 중대한 일이라면 더욱 그렇지만 개인의 삶에서도 마찬가지다. 어떤 일이든 신중한 준비가 일을 이룬다.

다음은 군주에게 전하는 간언이다. 나라가 혼란스럽고 힘들 때 진실한 간언을 하는 사람이 필요하다. 나라뿐 아니라 어떤 조직도 마찬가지다. 오늘날에도 상사에게 바른 소리를 하는 것은 어렵다. 하지만 조직이 흔들릴 때나 상사의 안위에 문제가 있을 때는 반드시 간언을 해야 한다. 물론 그 방법은 지혜로워야 한다. 비유적으로, 간접적으로 하되 그 뜻은 정확하게 전달할 수 있으면 최선이다.

마지막으로 인용의 중요성이다. 옛날 선비들은《시경》과《서경》등 그 당시 가장 권위 있는 고전을 인용하여 자기 뜻을 전달했다.

오늘날에도 자신의 주장과 의견을 펼치기 위해 권위 있는 고전을 인용하는 것은 내 말에 권위를 더하고 설득력을 얻기 위한 좋은 방법이다.

그 원천은 폭넓은 인문 고전 독서에서 얻을 수 있다. 독서는 삶을 풍요롭게 한다. 더불어 교양을 넓혀 주고 말하는 능력과 글쓰기 능력을 넘어 유려함도 얻을 수 있다. 해야 할 말은 하되 상대의 기분을 상하지 않게 배려 있게 하는 사람이 오늘날 가장 필요한 사람의 모습이다.

08

입은 무겁게 열고
귀는 가볍게 연다

"군자는 말을 가볍게 하지 말라. 귀는 담에도 붙어 있다."

君子無易由言 耳屬于垣

군자무이유언 이속우원

《시경》, 〈소아〉, 〈소민지십〉편

프란치스코 교황은 "뒷담화만 하지 않으면 성인이 된다"라고 말했다. 교황이 했던 말 치고는 좀 의외다. 천주교에서 성인은 "보통 사람을 넘어선 지혜와 덕이 뛰어나 길이 우러러볼 사람"이라는 뜻이다. 그런데 그 성인의 조건이 뒷담화만 하지 않으면 된다고 하니 좀 이해하기 어려운 것도 사실이다. 심지어 우리는 뒷담화를 별다른 죄책감 없이 일상적으로 하지 않는가. 직장인이라면 상사의 뒷담화를 직장 생활의 묘미라고 말하기도 한다.

따라서 우리는 추기경의 말뜻을 '뒷담화는 그 폐해가 우리가 생각하듯이 결코 가볍지 않기에, 비록 멈추기 어렵더라도 반드시 그만두도록 노력해야 한다'고 생각할 수 있겠다. 뒷담화는 그 대상이 되는 사람은 물론 뒷담화를 하는 사람에게도 해악을 끼치기 때문이다. 대상이 되는 사람은 아무런 대책 없이 비난과 비판의 대상이 되어야 한다. 게다가 만약 자신이 뒷담화의 대상이 되었다는 것을 알게 될 경우 직장 생활을 정상적으로 하기 어려울 정도로 큰 타격을 받는다. 뒷담화를 하는 사람도 마찬가지다. 주위 사람들에게 천박한 사람으로 여겨지며, 자신도 모르게 인격적으로 무너진다. 남을 비난하고 비판하는 마음은 온전할 수 없기 때문이다.

공자도 자신이 미워하는 사람으로 이러한 유형의 사람을 꼽았다. 《논어》, 〈양화〉편에서 제자 자공과의 대화에서 했던 말이다.

공자는 자공이 "군자도 미워하는 사람이 있습니까?"라고 묻자 이렇게 대답했다.

"있다. 남의 잘못을 쉽게 말하는 사람을 미워하며, 윗사람을 함부로 비방하는 사람을 미워하며, 용기만 있고 예의가 없는 자를 미워하며, 과감하기만 하고 꽉 막힌 사람을 미워한다."

앞의 두 사람은 뒷담화를 하는 사람을 직접적으로 가리킨다. 남의 잘못과 상사를 비방하는 말을 면전에서 하는 사람은 없으니 말이다. 그리고 뒤의 두 사람 역시 뒷담화를 하는 사람과 연관이 있

다. 용기가 있는 것처럼 남의 잘못을 함부로 말하지만 정작 그 사람
은 예의가 없는 사람이다. 예를 아는 사람은 함부로 남을 비난하지
않기 때문이다. 그다음도 마찬가지다. 과감하게 남을 비판하지만
세심하게 상황을 살펴보지 못한다. 자기 판단과 아집으로 남을 비
판하는 것이다. 이처럼 시대와 지역에 관계없이 뒷담화를 하는 사
람은 결코 좋은 평가를 받지 못한다.

뒷담화 하나 잘못 믿으면
나라도 망한다

"군자는 말을 가볍게 하지 말라. 귀는 담에도 붙어 있다"라는 구
절도 뒷담화에 대해 말한다. 아무도 모르는 장소에서, 으슥한 담 밑
에서 뒷담화를 하더라도 결국은 누군가에게 들키고 만다. 마치 담
에도 귀가 있는 것처럼 사람들에게 밝혀지는 것이다. "낮말은 새가
듣고 밤말은 쥐가 듣는다"라는 우리 속담이 말하는 것과 같다.

하지만 도입의 구절은 단순히 뒷담화만을 말하는 것은 아니다.
'말'에 대한 많은 가르침이 포함되어 있다. 시에 관한 고사를 보자.

주나라 유왕이 뒤늦게 얻은 애첩 포사가 아들을 낳자, 유왕은 포
사의 참소하는 말을 믿고 태자였던 아들 의구를 폐위하려고 했다.
도입의 구절은 그때 한 신하가 이러한 왕의 의중을 읽고 '왕께서는
그 말을 쉽게 드러내지 말라'고 한 간언이다. 이는 주위에 있는 간
신들이 참소를 듣고 새롭게 태자가 될 포사의 아들에게 공을 세우
기 위해 지금의 태자를 해치려고 할 것을 우려했기 때문이다. 하지

만 결국 태자 의구는 쫓겨났고, 참소하는 말과 그 말로 인해 벌어진 패악을 비판하며 태자 스스로 시를 지었다. 태자의 스승이 시를 지었다는 말도 있으나 명확하지 않다.

문제는 유왕이 포사가 참소하는 말을 그대로 믿은 것에서 비롯된다. 만약 유왕이 애초에 포사의 말을 듣지 않고 무시했거나, 오히려 참소에 대해 꾸짖었다면 재앙은 생기지 않았을 것이다. 《시경》의 〈교언〉편에 실린 글도 동일한 내용을 말하고 있다.

"재앙이 처음 생기는 것은 비방하는 것을 처음부터 용납해서지. 재앙이 또다시 생기는 것은 군자가 참소하는 것을 믿어서라네. 군자가 참소에 화를 낸다면 재앙은 대부분 빠르게 없어진다네."

주나라 유왕은 애당초 참소하는 말을 배척하지 않았고, 결국 나라가 망하는 결과를 빚고 말았다.

이를 통해 말의 능력이란 말을 잘하는 것뿐 아니라 상대방의 말을 잘 듣고 판단하는 능력도 중요하다는 것을 잘 알 수 있다. 이때 필요한 것이 바로 경청의 능력이다. 경청이란 '傾(기울일 경)'과 '聽(들을 청)'으로 이루어진 단어다. 귀를 기울이고 몸을 기울여 집중해서 들을 때 상대의 말을 이해하고, 그 마음을 읽을 수 있다.

사회생활을 오래 하고, 지위가 높아지면 말을 잘하는 것 못지않게 반드시 몸에 익혀야 하는 덕목이 경청의 능력이다. 사람을 올바르게 보는 능력도 상대의 말을 주의 깊게 들음으로써 얻을 수 있다. '이청득심(以聽得心)'이라는 성어가 말해 주듯이 사람의 마음은 내가 말로 설득할 때가 아니라 상대의 말을 들어 줄 때 얻을 수 있다. 상대의 말을 진심으로 듣고, 그 말에 공감한다는 작은 표현을 할 때 상대는 마음의 문을 연다. 조직에서는 물론 일상에서도 다른 사람의 말을 잘 듣는 태도가 가장 중요하다. 경청은 열린 마음으로 소통의 장을 열어 주고, 사람과 사람을 연결하는 역할을 한다. 문제가 생겼을 때 사람들이 가장 먼저 찾는 사람도 역시 이러한 사람이다.

또한 지도자는 말을 함부로 하지 않아야 한다. 지도자가 하는 말은 혼잣말이나 흘리는 말일지라도 주위에서 듣고 자기 이익을 위해 이용한다. 모두를 나쁜 길로 인도해 함께 망하는 결과를 만들 수 있다.

"오직 입에서 좋은 일이 생기기도 하고 전쟁이 일어나기도 한다."
惟口出好興戎
유구출호흥융

《묵자》

가벼운 말을 경계하자는 말이다. 품격 있는 사람의 말은 언제나 무겁다.

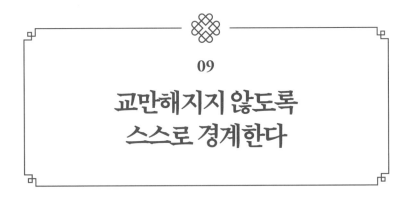

09
교만해지지 않도록
스스로 경계한다

"흰 구슬의 흠은 갈아서 고치면 되지만 말의 잘못은 어찌할 수 없도다."

白圭之玷 尙可磨也 斯言之玷 不可爲也
백규지점 상가마야 사언지점 불가위야

《시경》, 〈대아〉, 〈탕지십〉편

위 구절은 《시경》의 〈억〉이라는 시다. 이 시는 위나라의 무공이 스스로 경계하기 위해 지었다. 무공은 군주로서 덕이 뛰어나 나라를 잘 다스렸지만 스스로 교만해지지 않기 위해 곁에 사람을 두고 이 시를 항상 외우게 했다. 한 나라의 군주가, 더구나 나라를 잘 다스려 부흥시킨 군주가 자신을 경계하기 위해 지었던 시인만큼 오늘날에도 새겨야 할 내용이 많이 담겨 있다. 특히 지도자라면 반드시 새겨야 할 금언들이 많다. 따라서 여기서는 단순히 시의 한 구절이 아니라 시에 실려 있는 내용 전부를 살펴보는 것도 좋겠다. 한 구절 한 구절에 모두 소중한 가르침이 있고 의미가 있기 때문이다.

리더라면
지녀야 할 품격

시 〈억〉은 다음의 구절로 시작한다.

"빈틈없는 위엄과 거동으로 그 덕이 반듯하다."
抑抑威儀 維德之隅
억억위의 유덕지우

지도자는 반드시 선함과 덕을 겸비해야 한다는 내용이다. 하지만 이에 그치는 것이 아니라 백성을 바르게 이끄는 능력과 백성과의 원활한 소통이 있어야 한다. 이는 이어지는 구절이 뒷받침한다.

"착한 사람이면 온 천하가 그를 교훈으로 삼고, 덕행이 바르면 온 나라 사람이 그를 따른다네. 위대한 계책은 때에 맞게 알려 주고, 위엄과 거동을 공경과 삼감으로 해야 백성들이 본받는다네."

또한 다음의 구절은 유비무환의 자세를 말한다.

"아침 일찍 일어나고 밤늦게 자며 뜰 안을 쓸고 닦아 백성의 모범이 되어야 하리라. 수레와 말과 화살과 무기를 닦아서 전쟁에 대비하고 멀리 오랑캐의 나라를 다스려야 하리라."

유비무환은 반드시 일상의 충실함이 바탕이 되어야 한다. 나라가 온전히 다스려지지 않고, 일상이 엉클어져 있으면 유비무환은 이루어질 수 없다. 그리고 그 바탕은 지도자의 솔선수범이다. 지도자가 솔선수범할 때 백성은 기꺼이 따르고 나라는 안정된다.

"그대가 군자들과 사귀는 것을 보니 안색을 온화하고 부드럽게 해서 혹 허물을 짓지 않을까 삼가는구나. 그대가 방에 홀로 있을 때에도 살펴야 하니 이때는 방구석에도 부끄러움이 없어야 한다. 드러나지 않는 곳이라 하여 보는 이가 없다고 하지 말라. 신이 이르는 것은 헤아릴 수 없으니, 어찌 게을리할 수 있겠는가?"

신중하고 온유한 처신은 사람들과 함께 있을 때나 혼자 있을 때나 변함없이 행할 수 있어야 한다. 보는 눈이 있을 때는 예의를 차리면서 아무도 보지 않으면 저질스럽고 천박한 밑천이 드러나는 사람은 결코 존경받을 만한 인물이 되지 못한다. 사람들 앞에서의 행동이 가식이나 겉치레에 불과하기 때문이다.

시에서는 '신이 언제 이를지 모르니 삼가라'고 했지만, 여러 고전에는 스스로를 속이지 않고 성찰하기 위해 '혼자 있을 때 더욱 삼간다'는 뜻의 '신독(愼獨)'이라는 말이 거듭해서 실려 있다.

《대학》에서는 "이른바 성의(誠意)라는 것은 자기를 속이지 않는 것이다. 마치 악취를 싫어하고 미인을 좋아하듯 하는 것이니, 이를 스스로 만족한다고 한다. 그러므로 군자는 반드시 홀로 있는 데서 삼간다"라고 말한다. 또한 《중용》에서는 "감춘 것보다 잘 보이는 것이 없고, 작은 것보다 잘 드러나는 것이 없다. 그러므로 군자는 홀로 있는 데서 삼간다"라고 한 것이 대표적인 구절이다.

"내게 복숭아를 던져 주면 오얏으로 갚는다."
投我以桃 報之以李
투아이도 보지이리

여기에서 도(挑)는 복숭아, 이(李)는 오얏(자두)을 말하는데, '윗사람이 먼저 베풀면 아랫사람이 반드시 보답한다'는 뜻으로 솔선수범을 강조하는 말이다. 윗사람이 덕을 펼치고 사랑으로 다스리면 백성의 마음을 얻는다. 그리고 백성은 존경과 충성으로 보답한다. 자신은 아무것도 주지 않으면서 존경과 충성을 요구만 하면 원망과 배신만 돌아올 것이다. 시에서는 군주와 신하의 관계를 말하고 있지만 이는 모든 사람에게 적용되는 이치다. 사랑과 배려의 삶을 살고, 먼저 베푼다면 사람의 마음을 얻을 수 있다.

"손으로 이끌어 말로 알려 주고, 얼굴을 대하며 보여 주고 귀를 잡아끌어야 하네. … 그대들에게 간절히 타일러도 내 말을 건성으로 듣는구나. … 나의 계책을 경청해 준다면 아마도 큰 후회는 없을 것이네."

시의 마지막 부분에서는 젊은이에 대한 교육을 말한다. 젊은이
는 나라의 미래이기에 철저한 가르침을 통해 이끌어야 한다. 하지
만 지금도 그렇듯 젊은이들은 쉽게 따르지 않는다. 그들은 개성과
독립성이 있기에 어른의 말이라고 해서 무조건 따르지 않는 것이
다. 따라서 어른들은 젊은이들의 개성을 존중하고, 그들이 공감할
수 있도록 이끌어야 한다.

나이가 들어 노년이 되면 누구든지 젊은이들을 가르치고 이끄는
것이 책임이자 의무가 된다. 다만 그 가르침의 방법은 지혜로워야
하며, 그들을 가르치는 것 못지않게 그들로부터 배우는 것도 중요하
다. 오랜 경륜으로 쌓은 지혜는 젊은이들에게 가르치고, 그들의 패
기와 창의를 배운다면 신구가 어우러지는 좋은 사회가 될 수 있다.

"흰 구슬의 흠은 갈아서 고치면 되지만 말의 잘못은 어찌할 수
없도다"라는 구절은 말의 신중함을 당부하는 말이다. 이는 "가볍게
말하지 말고, 함부로 지껄이지 말라. 누구도 혀를 붙잡지 못하니 해
버린 말 쫓아가 잡을 수 없도다"로 이어진다.

신랄하다. 그만큼 말의 중요성이 크고, 쉽게 절제하지 못하기 때
문일 것이다. "말은 곧 그 사람 자신이다"라는 말이 있듯이 그 사람
이 하는 말이 그 사람의 모든 것을 말해 준다. 사람의 품격 역시 말
의 품격에 달려 있다. 거칠고 속된 말이 그 사람의 저속함을 말해
준다. 사람들은 말을 듣고 그를 평가한다.

도입의 예문은 《논어》에서 재미있는 고사와 함께 인용되어 있

다. 공자의 제자 남용이 '백규(白珪)'의 구절을 하루 세 번씩 반복해서 읽자 공자가 조카사위로 삼았다는 고사다. 공자는 남용이 말을 절제하기 위해 열심히 노력한 것을 높이 평가했다. 말을 절제하는 사람은 나라가 잘 다스려질 때도, 나라가 혼란스러울 때도 처신을 잘할 수 있을 거라는 믿음에서다.

이처럼 시 〈억〉에는 이미 많은 고전에서 인용하여 전하고 있는 구절이 많이 실려 있다. 예문도 역시 여러 곳에서 소개하며 말의 실수를 신랄하게 경계하고 있다. 말의 품격이 곧 그 사람의 품격이기 때문이다.

10

날마다 나아가면
달마다 성장한다

"날마다 나아가고, 다달이 성장하여 광명에 이르다."

日就月將 學有緝熙于光明

일취월장 학유집희우광명

《시경》, 〈송〉, 〈민여소자지십〉편

《장자》, 〈양생주〉편에는 다음과 같은 구절이 실려 있다.

"우리의 삶에는 끝이 있지만 배움에는 끝이 없다."

이 구절을 읽으면 우리는 "인생은 짧고, 예술은 길다(Life is short, Art is long)"라는 히포크라테스의 말을 떠올린다. 흔히 이 말을 '짧은 인생에 비해 위대한 예술은 그 생명력이 무한하다'고 이해하지만 히포크라테스가 말했던 원래의 뜻은 조금 다르다. 히포크라테스의 말에서 'Art'는 예술이 아닌 의술을 의미한다. 물론 우리가 알고 있는 뜻 자체로도 의미가 있지만, 히포크라테스가 '의학의 아버지'로 불리는 만큼 의술로 해석하는 것이 맞을 것 같다. 히포크라테스는 의학도들에게 의학의 길은 멀고 어려우므로 열심히 공부하고 익혀야 한다는 충고를 했던 것이다.

이 글을 보면 배움의 의미에 대해 생각하게 된다. 흔히 인생의 초반에는 배움을 얻고, 인생의 중반 이후에는 그 배움으로 일을 하며 살아간다고 여긴다. 하지만 배움이란 평생을 두고 하는 것이다. 사람들은 누구나 경험해 보지 못한 삶을 살아간다. 긴 인생길에서 단 하루도 같은 날은 없다. 하루하루 완전히 새로운 날들을 새롭게 살아가는 것이다. 따라서 인생은 재미있는 모험과도 같다. 그 인생을 재미있게 해 주는 것이 바로 '배움'이다. 막힌 곳이 뚫리는 통쾌함을 느끼고 인생의 걸림돌을 뛰어넘기 때문이다. 따라서 삶은 언제나 배움과 함께해야 하고, 배움과 함께하는 인생은 즐겁다.

나아가지 않으면 퇴보하고 안주하면 추락한다

예문에 있는 '日就月將(일취월장)'은 잘 알려진 성어로 지금도 많이 쓰는 좋은 말이다. 다음은 일취월장이 실린 글이다.

"나는 부족한 자로 비록 총명하지도 신중하지도 않지만 날마다 나아가고 다달이 성장하여 배움이 광명에 이를 것이니 맡은 일을 도와 나에게 밝은 덕행을 보여 주오."

維予小子 不聰敬止 日就月將 學有緝熙于光明 佛時仔肩 示我顯
德行

유여소자 불총경지 일취월장 학유집희우광명 불시자견 시아현
덕행

시의 제목은 〈경지〉로, 중국 주나라의 제2대 성왕 희송이 신하들
에게 당부하는 내용이다. 스스로 공경하고 몸가짐이나 언행을 조
심하는 삶을 살고자 하는 선언이라고 할 수 있다. 지도자가 부하들
을 독려하는 데 좋은 귀감이 될 만한 글이다.

이 시에서 배울 수 있는 덕목은 먼저 지도자의 겸손이다. 희송은
무소불위의 권력을 가진 황제이지만, 신하들에게 일방적으로 명령
하는 것이 아니라 먼저 자신의 부족함을 인정한다. 이렇게 지도자
가 자신을 낮추며 함께 성장하자고 부하들에게 당부한다면 부하들
은 자연스럽게 마음을 연다. 그리고 진심을 다해 노력하게 된다.

그다음은 '날마다'와 '다달이'의 구절이다. 원문으로는 잘 알려진
일취월장이다. 이 말은 원문 단어 하나하나의 의미를 새길 수 있다.
먼저 날마다는 낮, 다달이는 밤을 뜻한다. 낮에도 노력하고 밤에도
노력하며 온종일 노력을 멈추지 않는 것이다. 이렇게 노력하는 사
람은 당연히 성장을 멈추지 않는다.

또 하나는 단 하루에 그치지 않고 노력을 계속 이어 가야 한다는
것이다. 날마다 달마다 노력하면 그 노력은 해마다로 이어진다. 결
국 평생 성장을 멈추지 않는 것이다. 진정한 지도자라면 성장하려

는 노력을 계속할 수 있어야 한다. 흔히 정점에 서기 위해, 지도자가 되기 위해서는 열심히 노력한다. 특히 의지가 강하고 목표가 뚜렷한 사람일수록 더욱 그렇다. 하지만 힘겹게 정상에 선 다음에는 노력을 중단하는 경우가 많다. 목표를 이루었다고 생각하는 순간 마음이 풀어지기 때문이다. 자리가 주는 권력의 즐거움에 취하고 만다.

하지만 진정한 지도자가 되기를 원한다면 가장 높은 자리에 선 순간 오히려 성장을 멈추어서는 안 된다. 《근사록》에는 다음과 같은 말들이 실려 있다.

"날마다 진보하지 않으면 반드시 날마다 퇴보한다."
不日新者必日退
불일신자필일퇴
"게으른 마음이 한번 생기면 곧 자포자기에 빠진다."
懈意一生 便是自棄自暴
해의일생 변시자기자포

무언가를 이루었다고 해서 해이해진다면 곧 퇴보하고 만다. 설사 한 조직의 정점에 있는 최고 지도자라고 해도 마찬가지다. 정점에 올라서기는 어렵고 힘들지만 추락하는 것은 한순간이다. 특히 최고 지도자가 부하들에게 해이한 모습을 보여 주는 것이 가장 치명적이다. 지도자의 행동 하나하나가 부하들에게 영향을 끼치고, 조직의 분위기를 만들어 가기 때문이다.

물론 성공을 위해 노력하는 것은 좋은 일이다. 사람들은 그것을 성취하기 위해 최선을 다한다. 하지만 더욱 중요한 것은 목표를 달성하고 난 다음이다. 지위가 주는 권력을 향유하는 데 그치면 자신은 물론 그 조직도 망하게 된다는 사실은 이미 많은 역사가 증명하고 있다. 높은 자리에 올랐다면 자신이 이끄는 조직을 더욱 성장시키고 발전시켜야 하는 책무가 주어진다. 그 바탕이 되는 것이 바로 자신의 성장이다.

"천리마는 그 힘을 일컫는 것이 아니라 그 덕을 일컫는 것이다."

《논어》, 〈헌문〉편

천리마는 단지 천 리를 한걸음에 갈 수 있는 힘이 있어서 칭송받는 것이 아니다. 그 결과를 얻기 위한 땀, 정직한 노력의 과정과 당당한 품격이 있기에 사랑받는 것이다. 사람도 마찬가지다. 사람들은 가지고 있는 지위와 권세를 벗어 버린 그 사람의 본모습, 변함없이 노력하고 성장하는 일취월장의 태도를 존경한다.

2장

내일은 오늘보다
얼마나 나아질 것인가

《서경》에서 찾은 시대를 읽는 통찰력

오늘을 읽고 미래를 예측하는 통찰을 담다

공자는 태평성대였던 요순임금의 시대를 '천하위공(天下爲公)', 즉 '천하가 모두 공공의 것이다' 하고 말했다. 공자가 이상적인 사회로 꼽았던 요순시대부터 예에 의해 다스려지는 나라라고 했던 주나라, 공자가 가장 존경했던 인물인 노나라의 시조 주공의 시대까지 다룬 역사책이 바로 《서경》이다. 《서경》은 동양의 모든 사상들이 근원으로 삼고 있는 최고의 경전으로 유교의 덕치주의는 물론 도교와 묵가, 법가까지 자기 학설의 이론적 근거로 삼고 있다.

이처럼 많은 학자가 역사서를 소중한 경전으로 삼은 것은 역사가 단순히 과거의 기록이 아니라 나라의 흥망성쇠의 이치와 지도자와 신하의 올바른 자세 및 처신을 말해 주기 때문이다. 더불어 과거를 통해 오늘을 읽고, 미래를 가늠하는 통찰력을 얻을 수 있다. 《명심보감》에서는 이렇게 말한다.

"미래를 알고 싶다면 먼저 지나간 과거를 살펴보라."
欲知未來 先察已然
욕지미래 선찰이연

《논어》에서 공자는 구체적으로 사례를 들어 준다.

제자 자장이 "열 왕조 뒤의 변화를 알 수 있습니까?"라고 묻자 공자는 이렇게 대답했다.

"은나라는 하나라의 예와 법도를 따랐으니 거기서 더하거나 뺀 것을 알 수 있고, 주나라는 은나라의 예와 법도를 따랐으니 역시 거기서 더하거나 뺀 것을 알 수 있다. 누군가 주나라를 계승하는 사람이 있다면 백 왕조 뒤의 일이라도 알 수 있을 것이다."

공자는 이 구절에서 역사를 공부함으로써 얻을 수 있는 통찰력을 알려 주고 있다. 사람들은 누구나 미래를 알고 싶어 한다. 미래를 알 수만 있다면 남다른 성공을 거둘 수 있다는 것은 자명하지만 그 어떤 뛰어난 점술가도, 미래 예측가도 미래를 정확히 아는 것은 불가능하다.

하지만 공자는 평범한 우리도 미래를 예측하는 명철함을 얻을 수 있다고 말한다. 바로 인문 고전, 그중에서도 역사를 공부하는 것이다. 역사의 흥망성쇠를 통해 과거와 현재 그리고 미래로 이어지는 대화를 읽을 수 있다.

우리가 역사를 통해 현실의 문제를 정확하게 읽고 눈앞에 닥쳐올 미래에 대처하는 통찰력을 가질 수 있는 것은 역사 자체가 인간이 만드는 것이기 때문이다. 역사를 알면 끊임없이 변하는 세상에서 결코 변하지 않는 인간 본성에 대한 지혜를 얻을 수 있다. 《서경》을 읽는 것이 그 첫걸음이 될 수 있을 것이다.

01

빈천을 업신여기지 않고
권세에 주눅들지 않는다

"빈천한 사람이라고 함부로 대하지 말고, 지위가 높다고 두려워하지 말라."

無虐煢獨 而畏高明

무학경독 이외고명

《서경》, 〈주서〉, 〈홍범〉편

주나라를 건국한 무왕은 은나라가 망한 후 남아 있던 기자라는 신하를 찾아가 가르침을 구했다. 기자는 나라를 다스리는 아홉 가지 규범, '홍범구주(洪範九疇)'를 말해 주는데, 예문의 구절은 그중의 하나인 〈황극〉에 있는 구절이다. 황극에는 예문과 함께 리더가 갖추어야 할 도덕성과 자질을 말해 준다. 리더라면 깊이 새겨야 할 소중한 덕목들이다.

먼저 임금은 스스로 기준이 되어야 한다. 임금이 그 기준을 확고하게 지킬 때 신하들은 물론 백성도 그 기준을 지킴으로써 충성을 다하게 된다.

두 번째, 유능하고 부지런한 자를 신하로 삼아야 한다. 그래야 나라가 번창할 수 있다.

세 번째, 신하들에게는 충분한 녹봉을 주어 집안을 잘 이끌 수 있게 해야 한다. 녹봉이 적으면 집안이 화목할 수 없고 직무도 제대로 수행하기 어렵다.

네 번째, 임금은 치우침 없이 중용의 도리를 지켜야 한다. 〈황극〉에서는 그 이유를 이렇게 말한다.

"치우침도 없고 편들지 않으면 왕도는 넓고 순조로울 것이고, 편들지 않고 치우침이 없다면 왕도는 평이하고 평탄할 것이고, 쉽게 뒤집거나 기울어지지 않으면 왕도가 바르고 곧을 것이다."

백성에게 이러한 가르침을 주고, 스스로 지켜 나간다면 백성은 "임금은 우리의 부모이고 천하의 왕이다"라며 충심으로 임금을 따를 것이라고 말한다. 모두가 다 아는 이야기지만 실제로 리더의 자리에 오른 사람은 당연한 것을 실천하지 못하는 경우가 많다. 교만과 탐욕이 눈을 가리기 때문이다.

도입의 예문은 리더가 사람을 대하는 방법을 말해 주는데, 사람의 겉모습에 따라 차별하지 말라는 가르침이다. 가난하고 천한 사람이라고 해서 함부로 대하지 말고, 지위가 높고 학식이 많다고 해서 무조건 우러러보고 두려워해서는 안 된다는 것이다. 무왕은 스스로 그 실례를 보여 준다. 한 나라를 건국한 왕으로서 승리에 도취될 수도 있는 시기에 패망한 나라의 현명한 신하를 찾아 가르침을 구한 것은 진정한 겸손과 나라를 잘 다스리겠다는 열정이 뒷받침되지 않으면 할 수 없는 일이다.

큰 권력을 가진 사람을
하찮게 바라볼 것

우리는 흔히 사람을 볼 때 그 사람의 외적인 모습만으로 판단하는 경우가 많다. 부와 지위 그리고 직업에 따라 사람을 대하기도 한다. 하지만 외적인 모습이 그 사람의 사람됨을 말해 주지는 않는다. 가진 것이 많은 사람이 인격은 전혀 갖추지 않고, 교만하거나 내면이 천박한 경우가 많기 때문이다.

《서경》에는 다음의 구절도 실려 있다.

"사람을 업신여기면 덕을 잃고, 재물에 현혹되면 뜻을 잃는다."
玩人喪德 玩物喪志
완인상덕 완물상지

사람이 자기 귀와 눈에 좋은 것만 찾으면 마음이 흐려지기 마련이다. 그중 재물의 유혹이 특히 심하다. 당장 즐겁고 좋은 것들에

탐닉되면 점점 더 빠져들어 절제가 어려워진다. 올바르게 나아갈 길을 잃고, 자신이 이루고자 하는 좋은 뜻은 사라지고 만다. 사람도 마찬가지다. 가난하거나 지위가 낮다고 해서 함부로 사람을 대하면 덕을 무너뜨리는 것과 같다. 주위에 교언영색(巧言令色) 하는 사람만 남게 되고, 바른말을 해 주는 올바른 사람은 사라진다.

반면 지위가 높은 사람을 대하는 방법에 대해서는 맹자가 말해 준다.

"큰 권력을 지닌 사람에게 유세할 때는 그 사람을 하찮게 보고, 그의 높은 위세를 보지 말라."

說大人 則藐之 勿視其巍巍然

세대인 즉묘지 물시기외외연

《맹자》, 〈진심하〉편

맹자는 이러한 원칙이 있었기에 당시 최고의 권력자였던 왕뿐 아니라 그 어떤 사람과 대화해도 주눅이 들거나 위축되지 않았다. 그들은 단지 높은 지위와 권세를 가졌을 뿐이지 맹자가 진정으로 소중히 여기는 가치를 가지지 않았기 때문이다. 삶에서 정말 소중히 여겨야 할 것은 지위나 부와 같은 외적인 모습보다 스스로 지켜야 할 삶의 의미와 가치다.

맹자의 이 말은 남을 대하는 데 한정할 것이 아니라 자신에게 적용할 수 있어야 한다. 내가 하는 일이 무엇이든, 지금 형편이 어떻든 그것이 나의 가치를 결정하는 것이 아니다. 지위가 높다고 해서 그 자체로 내가 훌륭한 사람이 될 수 없다. 스스로를 높이는 교만한 마음으로 다른 사람을 함부로 대한다면 지위와 관계없이 형편없는 사람일 뿐이다. 비록 지금 어렵고 가난한 삶을 살아도 올바른 도덕성을 지키고, 자족하는 삶을 살면서 나에게 주어진 소명에 충실히 살아간다면 그 삶은 충분히 의미 있고 가치 있는 삶이 될 수 있다.

오늘날 성공 주의와 물질주의의 풍조에서 소위 성공했다는 사람들은 오히려 맹자의 시대보다 더 큰 착각에 빠진 경우가 많다. 자신이 가진 것이 자신의 가치를 나타낸다고 생각한다. 하지만 사람의 진정한 가치는 그가 무엇을 소유하고 있느냐가 아니라 어떤 삶을 살고 있는지에 달려 있다. 설사 가진 것에 힘입어 사람들 위에 군림하려고 하더라도 같은 생각을 가진 사람들에게만 통할 뿐이다. 사랑과 배려의 정신이 더 소중하다고 믿는 사람들에게는 그 사람의 권세와 부귀는 전혀 부러운 것이 아니며 그 사람 자체도 두렵지 않다.

공자는 "마흔에는 미혹되지 않았다"라고 말했다. 마흔이 되면서 세상을 바르게 보는 눈을 가지게 되었고, 사람과 재물의 유혹을 이겨 낼 힘을 얻었다는 것이다. 물론 미혹되지 않는다는 것은 공자같이 깊은 수양을 한 사람이 아닌 이상 평범한 사람들에게는 쉬운 일이 아니다. 하지만 불가능한 일은 아니다. 자신의 부족함을 인정하고, 하루하루 노력해 나가면 된다. 스스로 부족함을 알고 인정하는 사람은 하루하루 성장해 나갈 수 있다.

사람의 실체는 다른 사람을 대하는 모습에서 드러난다. 대하는 사람이 누구든 지위나 신분에 따라 바뀌지 않고, 사람을 수단이 아 닌 존중의 대상으로 삼는 사람. 그 역시 존엄한 사람이다.

02
자신을 믿는 사람은
쉽게 남을 의심하지 않는다

"현명한 사람에게 일을 맡겼으면 두 마음을 품지 말라."

任賢勿貳

임현물이

《서경》, 〈우서〉, 〈대우모〉편

삼성 창업자 이병철 회장의 어록에 "사람이 의심스럽거든 쓰지
말고, 썼다면 의심하지 말고 맡겨라"라는 말이 있다. 애초에 믿을
수 있는 사람을 찾아서 일을 맡기고, 일을 맡겼다면 상황의 변화나
주위의 이런저런 이야기에 흔들리지 말고 확실하게 신임을 주라는
말이다. 한번 사람을 믿지 못하게 되면 그 사람이 하는 일은 모두
의심스럽게 보인다. 아무리 충성스러운 부하라고 해도 마찬가지

다. 사람을 믿지 못하면 모두 손해를 입는다. 윗사람은 믿지 못하는 사람과 함께 일해야 하기에 마음이 불편하고, 부하는 계속되는 상사의 의심에 불신을 느껴 의욕이 떨어진다. 결국 조직도 발전할 수 없는 것이다.

최고의 기업 삼성을 키워 낸 근본이었던 이병철 회장의 인재 철학은 여러 곳의 고전에서 찾을 수 있다. '任賢勿貳(임현물이)'도 그중 하나로, 순황제에게 신하 익이 간언한 말에서 등장한다. 다음은 그 전문이다.

"조심함이 없을 때 경계해 법도를 잃지 마시고, 안일함에 빠져 놀고 마시며 즐겁다 해서 지나치면 안 됩니다. 어진 사람을 임명했으면 두 마음을 갖지 말고 사악한 사람을 내치되 의심하지 마십시오."
儆戒無虞 罔失法度 罔游于逸 罔淫于樂 任賢勿貳 去邪勿疑
경계무우 망실법도 망유우일 망음우악 임현물이 거사물의

여기서는 군주의 자세를 말했지만 두 마음을 품지 않아야 한다는 것은 군주만이 아니라 신하의 덕목이기도 하다. 군주와 신하가 서로 한마음으로 어우러져야 나라가 부흥할 수 있다.
《관자》에서는 관중이 절친한 친구이자 제나라를 함께 이끌었던 명신 포숙에게 이렇게 말했다.

"신하된 자가 군주에게 힘을 다하지 않으면 믿어 주지 않을 것이고, 믿어 주지 않으면 말을 듣지 않을 것이고, 말을 들어 주지 않으면 사직은 안정될 수 없다. 무릇 군주를 섬기는 사람은 두 마음을 품어서는 안 된다."

爲人臣者 不盡力於君 則不親信 不親信 則言不聽 言不聽 則社稷不定 夫事君者無二心

위인신자 부진력어군 즉불친신 불친신 즉언불청 언불청 즉사직부정 부사군자무이심

이처럼 '두 마음을 품지 말라'는 말에는 상대적인 의미가 있다. 믿음과 신뢰를 가지고 사람을 대하는 것은 윗사람이든 아랫사람이든, 어떤 자리에 있든지 반드시 챙겨야 할 덕목이다. 옛날 군신 간의 도리뿐만이 아니라 오늘날 우리의 인간관계에도 적용된다.

의심의 눈으로 보면
모든 것이 의심스럽다

사람 간의 관계는 반드시 진실함과 믿음이 바탕이 되어야 한다. 하지만 누구나 느끼는 것처럼 사람과의 관계에서 순수한 믿음을 갖기는 어렵다. 우리를 저해하는 여러 가지 요인이 있기 때문이다. 고전에도 이를 경계하는 말들이 있다.

"三人成虎(삼인성호), 범이 저잣거리에 나타났다는 거짓말도 세 사람이 입을 모아 말하면 믿게 된다."

"曾參殺人(증삼살인), 도덕성이 뛰어난 증자와 같은 성인군자가

살인을 저질렀다는 말도 여러 사람이 계속 말하면 믿게 된다. 설사 중자를 가장 잘 아는 그의 어머니라고 해도 마찬가지다."

이러한 말들을 아울러 '衆口鑠金(중구삭금)', '여러 사람의 말은 쇠도 녹일 정도로 힘이 있다'고 하는데, 오늘날 여론이나 유언비어 가 바로 그것이다. 우리는 이러한 외적인 요인들에 의해 사람을 향한 의심을 품는다. 하지만 이보다 더 심각한 것은 나 자신의 마음에 영향을 받는 것이다.

《열자》에는 '竊鈇之疑(절부지의)'의 고사가 실려 있다. 이웃집 아이가 도끼를 훔쳤다고 의심할 때는 그 아이의 모든 행동이 의심스럽 게 보였지만, 그 아이가 훔치지 않았다는 사실이 밝혀진 후에는 그 아이의 모든 행동이 정상으로 보였다는 고사이다. 그만큼 한번 의심이 피어나면 그 마음을 다스리기가 어렵다. 특히 바른 마음을 왜곡하는 편견과 선입견에 사로잡히면 벗어나기가 힘들다.

그러나 그 해답이 《명심보감》에 실려 있다.

"스스로를 믿는 사람은 남 또한 믿어서 원수도 형제가 될 수 있다. 스스로를 의심하는 사람은 남 또한 의심하니, 자신 이외에 모두 가 원수가 된다."

自信者 人亦信之 吳越 皆兄第 自疑者 人亦疑之 身外皆敵國
자신자 인역신지 오월 개형제 자의자 인역의지 신외개적국

의심하지 않는 굳건한 마음은 스스로에 대한 믿음에서 시작된

다. 흔들리지 않는 주관으로 마음의 중심을 굳게 세울 때 자신에 대한 믿음이 생긴다. 그리고 그 마음으로 사람을 대할 때 믿음을 기반으로 하는 좋은 관계를 만들어 갈 수 있다. 사람과의 관계는 언제나 상대적이다. 내가 사랑으로 사람을 대할 때 반드시 사랑으로 돌아온다. 내가 따뜻한 눈빛으로 사람을 볼 때 따뜻한 눈빛이 돌아온다.

믿음과 신의의 조화로운 세상을 만들고 싶다면 그 시작은 바로 나 자신이어야 한다. 먼저 마음의 중심을 바로 세우고 내 앞에 선 사람을 믿음으로 대하면 세상이 바뀐다.

03

탁월한 인격은 애쓰지 않아도 자연스럽게 드러난다

"깊고 지혜로우며 우아하고 명철하며, 온화하고 공손하며 진실하고 독실하다."

濬哲 文明 溫恭 允塞

준철 문명 온공 윤새

《서경》, 〈우서〉, 〈순전〉편

중국의 고대 황제 요임금은 전설 속의 인물이지만 지금도 중국에서는 가장 위대한 지도자로 추앙받는다. 뛰어난 인재들을 사심 없이 발탁하여 천하를 평안하게 잘 다스렸기 때문이다. 특히 자신의 뒤를 이을 후계자를 정하는 데 가장 심혈을 기울였다. 그는 혈연에 얽매이지 않았고, 눈앞의 성과나 유명세에 연연하지 않았다. 그중에서도 압권은 후계자로 지목된 신하들 역시 스스로 자신의 부족함을 들며 사양했다는 점이다. 《서경》에는 그 과정들이 실려 있다.

먼저 신하 방제가 "임금의 장자 단주가 현명합니다"라고 추천하자 요임금은 이렇게 말했다.
"어허, 진실하지 못하고 말다툼을 좋아하는데 되겠는가?"

삶의 자세가 진실하지 못하고 말로써 분쟁을 일으키는 사람은 설사 맏아들이라고 해도 왕이 될 수 없다는 것이다.

신하 환도가 "공공이 지금 많은 공적을 세우고 있습니다"라고 추천하자 요임금은 이렇게 말했다.
"어허, 조용하게 말은 잘하지만 일에는 어긋나고, 모습은 공손하지만 오만함이 하늘까지 솟아 있다."

말만 앞세우고 교만한 사람은 리더가 될 수 없다는 것이다.

사악이 곤을 추천하자 요임금은 역시 불가하다고 했다.
"어허! 틀렸다. 그는 명령을 거스르고 사람들을 해친다."

그다음 요임금은 직접 신하 사악에게 왕의 자리를 권했다.
"너는 명령을 충실하게 실천하므로 왕이 될 만하다."
그러자 이번에는 사악이 "저는 덕이 충실하지 못해 임금의 자리를 욕되게 할 것입니다"라며 사양했다.

결국 요임금은 선택의 폭을 넓혔다.

"이미 드러난 자도 추천하고 미천한 사람도 추천하라."

그러자 신하들이 순을 추천했다.

"어떤 장가 못 간 사람이 있는데 우순이라고 합니다. 장님의 아들인데 아비는 어리석고 어미는 거짓되고 동생은 오만한데도 효도를 다하고 자신을 바르게 잘 지켰습니다."

지금의 관점에서도 마찬가지지만 순은 그 당시에도 가장 비천한 인물이었다. 가정적으로도 화목하지 않았는데, 심지어 아버지와 계모 그리고 이복동생은 서로 공모하여 몇 번에 걸쳐 순을 죽이려고 했다. 순은 도저히 임금이 되기 어려운 조건을 가졌지만 요임금은 순에게 자신의 두 딸을 시집 보내 먼저 인간성을 확인했고, 여러 가지 일을 맡겨 능력을 시험해 보았다.

《서경》에는 이렇게 실려 있다.

먼저 오륜을 펴도록 하자 순은 백성이 그것을 잘 지키도록 만들었다. 백규의 직책을 맡기자 모든 일을 시의적절하게 처리했다. 각 지방의 제후를 영접하게 하자 화기애애함이 넘쳐흘렀고, 열풍과 폭우와 우뢰 속에서도 흔들리지 않았다. 이 모든 과정을 지켜본 요임금이 말했다.

"오, 그대 순이여. 그대에게 일을 맡기고 지켜본 지 3년이 되었소. 그대는 이제 제위에 오르도록 하시오."

이를 미루어 보면 지금 당장 어떤 일을 하는지가 중요한 것이 아니다. 어떤 상황에 있든, 무슨 일을 하든, 자기가 맡은 일에 최선을 다하는 것이 미래를 결정한다. 올바른 도리와 정도를 지켜 나갈 때 길이 열린다. 고난 속에서 도리와 본분을 잃지 않는 사람은 어떤 일을 해도, 심지어 임금의 후계자를 할 때도 능력을 발휘할 수 있다.

평범해 보이지만
깊이 있는 사람의 여덟 가지 특징

요임금이 순임금을 발탁한 데는 여러 가지 이유가 있겠으나 그 핵심은 '濬哲文明溫恭允塞(준철문명온공윤새)'라는 한자 여덟 글자로 설명된다. 오늘날 지도자를 꿈꾸는 사람은 참고할 만하다.

'濬哲(준철)'은 지혜롭고 심지가 깊은 사람을 말한다.

이러한 자질을 갖춘 사람은 어떤 일이든 적절하게 대처하여 신중하게 잘 처리할 수 있다. 평상시에도 상황에 맞춰 현명하게 잘 처신하지만, 그 지혜는 특히 위기를 만났을 때 빛을 발한다. 지혜로움은 많은 지식이 바탕이 되어야 하면서도 지식만으로는 얻을 수 없는 덕목이다. 많은 경험과 폭넓은 견문이 뒷받침되어야 한다.

'文明(문명)'은 내면의 깊이와 외면의 품격이 잘 어우러진 조화로운 사람이다.

《논어》에는 이렇게 실려 있다.

"바탕이 겉모습을 넘어서면 거칠고, 겉모습이 바탕을 넘어서면 형식적이게 된다. 겉모습과 바탕이 잘 어울린 후에야 군자답다."

質勝文則野 文勝質則史 文質彬彬 然後君子

질승문즉야 문승질즉사 문질빈빈 연후군자

내면의 깊이가 자연스럽게 겉으로 드러나기에 그 품행이 자연스러운 것이다.

'溫恭(온공)'은 마음이 따뜻하고 공손한 사람이다.

겉보기에는 위엄이 있지만, 겸손과 온화한 성품으로 사람을 대할 때는 예의를 갖추고 배려한다. 이는 군자를 대할 때 사람들이 받는 느낌이다.

"멀리서 바라보면 위엄이 있고, 가까이서 대해 보면 온유하며, 그의 말을 들어 보면 엄정하다."

君子有三變 望之儼然 卽之也溫 聽其言也厲

군자유삼변 망지엄연 즉지야온 청기언야려

'允塞(윤새)'는 진실하고 충실한 사람이다.

사람됨에 거짓이 없고 빈틈이 없어 매사에 충실하게 잘 해낼 수 있다. 어떤 일을 하든 정성을 다하므로 일에서 성과를 거두고, 사람에 대해서도 상황에 따라 등을 돌리지 않기 때문에 믿고 일을 맡길 수 있다.

모두 지도자가 되기 위한 조건이지만, 이러한 자질을 갖춘 사람은 어떤 일에서도 능력을 발휘한다. 물론 사람마다 각기 적성과 성향이 있지만, 사회에서는 적성에 딱 맞는 일을 하기는 어렵다. 특히 생각 밖으로 수준에 안 맞는 일이 주어지기도 한다. 그러나 어떤 일을 맡아도 충실하게 해낼 때야 비로소 새로운 길이 열린다. 수많은 평범한 상황에서도 좋은 것을 받아들이는 노력을 게을리하지 않고, 자기 일에 최선을 다할 때 그 힘이 쌓여 비범함과 탁월함이 된다.

'깊고 지혜로우며, 우아하고 명철하며, 온화하고 공손하며, 진실하고 독실한' 덕목은 어느 한순간의 배움이나 특별한 계기로 이루어지지지 않는다. 충실한 삶의 경험과 끊임없는 노력으로 쌓아 올려지는 것이다. 남다른 특출함이 아니라 오히려 자연스럽게 드러나는 인격이다. 따라서 이러한 덕목을 모두 갖춘 사람은 당장은 평범해 보여도 다가설수록 새롭고 사귈수록 그 깊이가 느껴지기 마련이다.

04

조화로운 마음에는
사악이 틈타지 못한다

순임금이 기에게 명했다. "너를 전악으로 임명하니 고관대작의 맏아들을 가르쳐라. 그들의 성격을 곧으면서도 온화하고, 너그러우면서도 엄정하고, 강하면서도 포학함이 없으며, 대범하면서도 거만함이 없게 하라. 시는 사람의 뜻을 말로 표현한 것이고, 노래는 가락을 붙여 길게 말하는 것이며, 소리는 길게 읊는 소리를 조화시키는 것이다. 여덟 음이 서로 조화를 이루어 질서를 잊지 말아야 신과 사람이 화합할 수 있다."

帝曰 夔 命汝典樂 敎胄子 直而溫 寬而栗 剛而無虐 簡而無傲 詩言志 歌永言 聲依永 律和聲 八音克諧 無相奪倫 神人以和

제왈 기 명여전악 교주자 직이온 관이율 강이무학 간이무오 시언지 가영언 성의영 율화성 팔음극해 무상탈윤 신인이화

《서경》, 〈우서〉, 〈순전〉편

"임금의 도는 사람을 잘 알아보는 것이고, 신하의 도는 일을 잘 아는 것이다."

主道知人 臣道知事

주도지인 신도지사

《순자》에 실린 글로, 인재를 등용하는 데 중요한 원칙이다. 한 때 유행했던 '인사가 만사다' 같은 말도 사람을 적재적소에 쓸 줄 아는 능력이 그만큼 중요하다는 것을 말해 준다. 능력 있고 올바른 인재를 잘 뽑아서 등용하면 나라는 물론 크고 작은 조직 모두 성장할 수 있다.

순임금은 요임금에 이어 왕이 된 후 가장 먼저 적재적소에 사람을 골라 앉히는 일을 했다. 백우에게 재상이자 오늘날 총리를 말하는 '백규'를, 설에게 토지와 호구 및 교육을 담당하는 '사도'를, 고요에게는 법을 관장하는 장관인 '사'의 직책을 맡겼다. 각 분야에 적임자를 뽑아 나라의 중요한 일을 맡긴 것이다. 예문은 순임금이 고관대작의 맏아들에게 음악을 가르치는 '전악'의 직책을 기에게 맡기면서 당부했던 말이다.

여기서 우리는 음악의 중요성에 대해 생각해 볼 수 있다. 순임금은 장관에게 전악(재상의 자제에게 음악을 가르치는 일)을 맡김으로써 음악을 다른 중요한 국사들과 동등하게 여긴 것이다. 그 이유는 글 속에 담겨 있는 음악이 주는 이점으로 알 수 있는데, 바로 음악이 조화와 중용의 덕을 주기 때문이다.

옛 선비들이 음악을
중요하게 여긴 이유

《소학》을 풀이한 집해에서는 음악의 중요성을 이렇게 해설하고 있다.

"무릇 사람은 곧은 자는 반드시 온화함이 부족하므로 온화하고자 하고, 너그러운 자는 반드시 그 엄숙함이 모자라니 한쪽으로 편벽될까 염려하여 보충하는 것이고, 강한 자는 반드시 오만함에 이르므로 그 오만함을 없애고자 하니, 그 지나침을 막아서 경계하고 금지하는 것이다. 주자를 가르치는 자는 이같이 하되 그 가르치는 바의 도구는 오로지 음악에 있으니, 음악은 사람에게 중화의 덕을 길러서 그 기질의 편벽됨을 구제할 수 있기 때문이다."

곧음에 온화함을, 너그러움에 엄숙함을, 강함에 겸손함을 더하는 것이 바로 중용의 덕이다. 음악은 조화로움을 통해 중용의 덕을 취하고, 감정을 잘 다스려 개개인의 삶을 평안하게 한다. 또한 나라의 통치와 천하의 평안도 음악이 있기에 가능하다. 음악이 없는 세상은 분노와 원망을 풀지 못해 세상이 혼란스러울 것이다. 따라서 이미 오래전 공자를 비롯하여 많은 고전에서는 음악의 중요성을 절실히 말했고, 어린 시절 음악 공부의 필요성을 강조했다.

《서경》에서 지도층의 자녀들에게 음악을 가르쳐야 한다는 것도 같은 의미에서다. 도입의 예문에서는 심지어 음악을 통해 사람이 하늘과 화합하는 경지에까지 이른다고 말하고 있다. 오늘날의 생각으로는 이해하기 어렵지만, 음악을 다루었던 〈악기〉를 보면 음악에 대한 옛 선비들의 생각을 잘 알 수 있다.

"예와 악은 잠시라도 몸에서 떠날 수 없다. 음악을 이루어서 마음을 다스리면 조화롭고, 곧고, 자애롭고, 신실한 마음이 솟아난다. 조화롭고, 곧고, 자애롭고, 신실한 마음이 생겨나면 즐겁다. 즐거우면 편안하고, 편안하면 오래간다. 오래가면 그것이 곧 하늘이고, 하늘이면 신령스럽다. 하늘은 말을 하지 않아도 신실하고, 신실하면 노하지 않아도 위엄이 있다. 즉 음악을 이룸으로써 마음을 다스리는 것이다."

음악은 마음을 즐겁고 조화롭게 한다. 즐겁고 조화로운 마음에는 사악한 마음이 틈타지 못하기에 곧 하늘의 뜻과 같다고 보았다. 따라서 옛 선비들은 개인의 수양은 물론 나라를 통치하는 데에도 예와 함께 악을 중시했던 것이다.

물론 오늘날에는 옛 선비들처럼 음악으로 수양의 완성된 경지에 이른다는 것은 상상하기 어렵다. 음악으로 나라를 통치하고 천하를 평안하게 한다는 것도 실감하기 어려울지도 모른다. 하지만 음악은 감성을 풍성하게 하고, 삶에 즐거움을 줄 수 있다. 번거롭고 힘든 삶에 큰 위로와 함께 새롭게 시작할 수 있는 의욕을 주는 것도 음악이다. 감정을 잘 다스리고 다른 사람과의 관계를 잘 유지할 수 있는 감성 능력을 키우는 데도 음악은 큰 역할을 한다. 이러한 관점에서 보면 음악이 평안한 세상을 만든다는 사실을 부인할 수 없다.

그러니 오늘날 입시나 성공에 중요한 과목이 아니라는 이유로 교육에서 도외시되는 현실에 대해서 절실히 생각해 봐야 한다. 어린 시절부터 음악의 기본적인 소양을 배양하고, 음악을 접하며 살아가는 삶의 양식을 가르치는 것은 우리 아이들의 미래를 열어 주는 것이다. 단지 성공만을 강요할 것이 아니라 사람다운 삶, 풍요롭고 조화로운 삶을 살 수 있도록 해야 한다.

그리고 그 바탕은 바로 우리 어른들이 삶에서 보여 주어야 한다. 주어진 생업에 열중하면서 적절한 휴식과 취미 생활로 아이들과 함께 음악을 즐긴다면 아이들은 자연스럽게 음악의 세계로 젖어들 수 있을 것이다. 아이들은 음악과 함께하는 품격의 삶을, 음악이 주는 조화와 공감의 능력을 통해 사람들과 화합하는 듬직한 '어른'으로 성장해 나갈 것이다.

탐욕을 다스릴 수 있어야
신망을 얻는다

"인심은 위태롭고 도심은 은미하니, 정밀하게 살펴서 한결같이 견지하고 그 중도를 잘 지키라."

人心惟危 道心惟微 惟精惟一 允執厥中

인심유위 도심유미 유정유일 윤집궐중

《서경》, 〈우서〉, 〈대우모〉편

《논어》, 〈요왈〉편에는 중국의 전설적인 황제 요임금이 보위를 순임금에게 이양하며 했던 말이 실려 있다.

"요임금이 말씀하셨다. '아아, 그대 순이여! 하늘에 정해진 뜻이 바로 그대에게 있으니, 진실로 그 중심을 잡도록 하라. 천하가 곤궁해지면 하늘이 내려 주신 보위도 영원히 끊어질 것이다.' 순임금도 우임금에게 이양하며 같은 말씀을 했다."

위 구절에서 이어질 순임금이 우임금에게 했다는 말은 중국의 가장 오랜 역사서인 《서경》에 실려 있다.

요임금은 다양한 시험을 거쳐 순임금을 후계자로 세웠고, 순임금은 땅과 물을 잘 다스렸던 우임금에게 하늘의 뜻이 있다고 여겨 후계자로 지명했다. 그리고 우임금에게 당부의 말을 많이 해 주었는데, 순임금은 후계자인 우의 재능과 공적이 높음에도 교만하지 않고 겸손한 자세를 칭찬하며, 다른 어떤 신하보다 후계자로서 적임자라는 것을 선포하고 있다.

"천하에는 그대와 재능을 다툴 자가 없으나 그대는 교만하지 않고, 천하에 그대와 공을 겨룰 자가 없으나 그대는 자랑하지 않는다. 나는 그대의 공이 큰 것을 알고 있고, 그대의 공적을 가상히 여기고 있다. 하늘의 운수가 그대에게 있으니 그대는 임금이 될 것이다. 사람의 마음은 늘 위태롭고, 도의 마음은 잘 드러나지 않는다. 오로지 정밀하게 살피고 한결같이 지켜 그 중심을 붙잡아야 한다. 근거 없는 말은 듣지도 말고, 의논하지 않은 계책을 써서는 안 된다."

여기에서 요지는 지도자로서 그 무엇보다도 마음을 잘 다스려야 한다는 것이다. 지금도 마찬가지지만 한 나라의 지도자는 그 나라에서 가장 큰 권력을 쥐고 있는 사람이다. 지도자가 자신의 마음을 다스리지 못한다면 신하들은 물론 백성이 핍박받게 되고, 심하면 나라가 망하는 결과를 초래할 수 있다. 따라서 요즈음 자주 들린 "최고 지도자가 격노했다"라는 말은 참으로 우려스럽다. 감정을 제대로 다스리지 못하는 모습이기 때문이다. 요임금은 "천하가 곤궁해지면 하늘이 내려 준 보위도 영원히 끊어질 것이다"라고 말했다.

인심과 도심은 흑백을 가리듯 엄격하게 구분해야 한다

송나라 유학자이자 《심경》의 저자인 진덕수가 직접 쓴 〈심경찬〉에서는 예문의 구절을 마음공부의 근원으로 말하고 있다.

"인심은 위태롭고 도심은 은미하니, 정밀하게 살펴서 한결같이 견지하고 그 중도를 잘 지키라."

그리고 구절의 핵심이 되는 인심과 도심을 아래와 같이 설명한다.

"인심은 대체 무엇인가? 형체와 기운에서 생겨나는 것이니 좋음과 즐거움, 분노와 원망이 있다. 오직 욕망에 흐르기 쉬워서 이것을 위태롭다고 하는 바, 잠시라도 방심하면 온갖 사특함이 그것을 따른다. 도심은 무엇인가? 하늘이 준 천명에 뿌리를 두고 있는 바, 의로움[義], 인자함[仁], 치우치지 않음[中], 바름[正]이라 한다. 이러한 이치는 형체가 없어서 잘 드러나지 않으니 털끝만치라도 잃어버린다면 그것을 보존하기 힘들다. 인심과 도심 둘 사이에는 틈새를 용납한 적이 없으니 반드시 정밀하게 살펴서 흑백을 가리듯이 해야 한다. 지혜로 미치고 인으로 지키는 것이 처음과 끝이 되니, 오직 정밀하기 때문에 한결같고, 한결같기 때문에 중심을 붙잡을 수 있다."

여기서 인심이라는 것은 사람의 감정과 욕심이고, 도심은 하늘로부터 부여받은 선한 본성이다. 고전의 현자들은 자기 성찰과 수양을 통해 철저하게 도심을 지켜 나가야 한다고 말한다. 마치 칼로 자르듯이 둘 사이를 엄격하게 구분하여 지키라고 한다. 잠깐의 틈새를 두면 인심, 즉 감정과 욕심에 마음을 빼앗기기 때문이다.

평범한 우리로서는 당연히 엄두가 나지 않는다. 복잡한 현대 사회에서 사람들은 각종 억압과 스트레스로 인해 어느 누구도 마음을 평안히 다스리기가 쉽지 않다. 아무리 자신을 다스리려고 해도 세상과 사람들이 가만두지 않는다. 끊임없는 유혹과 자극이 감정을 불러일으키고 욕망을 들끓게 만든다. 많이 경험해 보았겠지만, 감정과 욕망은 의지로 억누른다고 해서 쉽게 제어되지 않는다.

따라서 우리는 스스로 한계를 인정해야 하고, 무엇이든 의지나 노력으로 이겨 낼 수 있다는 생각을 잠시 접어 두어야 한다. 감정과 욕망이 들끓을 때 잠깐 생각하는 시간, 자신에게서 한 걸음 물러나 관조하는 시간을 가지면 좋겠다. 한 걸음 물러선다는 것은 자신과 자신의 감정을 잠깐 분리하는 것이다. 그리고 욕심으로 들끓는 마음을 잠시 식히는 것이다. 자신을 자신의 감정과 동일시하는 것이 아니라 한 걸음 물러서서 냉철하게 볼 수 있다면 감정에 대해 어느 정도 객관적인 관점을 가질 수 있다. 감정에 휩싸인 자신의 부끄러운 모습을 볼 수 있는 것이다.

사람들은 감정과 욕심을 어떻게 다루는지에 따라 그 사람을 판단한다. 감정 앞에서 스스로 절제하지 못하고, 이익 앞에서 탐욕을 부린다면 평소에 아무리 좋은 사람이라고 해도 제대로 평가받을 수 없다. 사람들은 잘못된 일을 저지르고 난 후에 "기억이 나지 않는다"라고 변명을 하는 경우가 많다. 기억이 나지 않는다는 것은 자신의 마음, 즉 자기 자신을 잃어버린 것이다. 감정과 욕심 때문에 '나'를 잃어버리는 사람은 '모든 것'을 잃게 된다.

반대로 절제와 인내로 나를 지키는 사람은 가장 소중한 것을 지킬 수 있다. 내 가족과 이웃과 친구를 지킬 수 있다. 그리고 무엇보다도 내 삶의 의미와 가치 그리고 미래를 잃지 않는다. 사람들의 신망 역시 굳건하게 보호할 수 있다.

결정에 신중하니
책임 앞에 당당하다

"너희 온 세상 사람들의 죄는 나 한 사람의 죄요, 나 한 사람의 죄는 너희의 탓이 아니다."

其爾萬方 有罪 在予一人 予一人 有罪 無以爾萬方
기이만방 유죄 재여일인 여일인 유죄 무이이만방

《서경》, 〈상서〉, 〈탕고〉편

맹자는 제나라 선왕과의 대화에서 사람을 바르게 등용하는 법을 설파했다.

"소위 전통 있는 나라라는 것은 커다란 나무가 있는 나라가 아니라 대대로 나라와 운명을 함께하는 신하가 있는 나라를 말합니다. 그런데 왕께서는 가까운 신하가 없습니다. 옛날에 등용했던 사람들이 오늘날 없어진 줄도 모르고 계십니다."

그러자 왕은 "내가 어떻게 능력이 없는 자들을 식별해 버릴 수 있었겠습니까?"라고 변명했다. 수많은 신하가 있는데 어찌 일일이 재능이 있는지 없는지를 판단해서 쓰고 버릴 수 있느냐는 물음이다. 맹자는 이렇게 대답했다.

"나라의 군주가 현명한 이를 등용할 때는 부득이한 것처럼 해야 합니다. 낮은 사람으로 하여금 높은 사람을 넘어서게 하고 소원한 사람으로 하여금 친한 사람을 넘어서게 해야 하는데, 어찌 신중하지 않을 수 있겠습니까? 좌우의 신하가 모두 현명하다고 해도 안 되고, 여러 대부가 모두 현명하다고 해도 안 됩니다. 나라의 모든 사람이 현명하다고 한 후에 살피고, 현명한 점을 발견한 후에야 등용하십시오. 또 좌우의 신하가 모두 그 사람은 안 된다고 해도 듣지 말며, 여러 대부가 안 된다고 말해도 듣지 말며, 나라 사람들이 모두 그 사람은 안 된다고 말한 후에야 그 사람을 살펴 안 되는 점이 있거든 파면하십시오."

맹자의 이 긴 충고에는 몇 가지 성찰해야 할 점이 있다.
먼저 사람을 등용할 때는 반드시 그 사람의 장점을 보고 등용해야 한다는 것이다. 몇몇 사람의 평판이나 연공서열제로 등용해서도 안 되고, 개인적인 친분에 따라 등용해서도 안 되며, 반드시 능력 있는 사람을 외적인 조건에 관계없이 과감히 발탁할 수 있어야 한다.

또 한 가지는 사람을 쓰거나 버릴 때는 반드시 신중해야 한다는 것이다. '부득이한 것처럼 하라'는 것은 '마지못해 어쩔 수 없이 하듯 하라'는 것이다. 그만큼 신중에 신중을 기해야 한다. 물론 모든 국민이 찬성할 때 등용한다는 것은 현실적으로 어렵다. 맹자의 충고는 인물의 여러 면모를 빈틈없이 살펴야 한다는 뜻이다. 한두 사람의 의견으로 사람을 쉽게 쓰고 쉽게 버릴 것이 아니라 많은 사람의 의견을 종합해 신중하게 판단하라는 것이다. 그리고 당연히 최종적으로는 군주가 직접 판단해야 한다. 많은 사람의 의견을 듣더라도 최종 판단은 군주의 몫이다.

이처럼 신중에 신중을 기해 인사를 해야 하는 이유는 모든 인사의 책임은 군주에게 달려 있기 때문이다. 일에 대해서는 당연히 신하가 전문가가 되어야 하고, 그 결과에 대해서는 군주가 모든 책임을 져야 한다. 또한 그 신하를 발탁하는 인사에 대해서는 군주가 고심을 거듭해서 결정해야 하고, 그 결과에 대한 책임 역시 군주 자신에게 있다. 만약 인재라고 발탁한 사람이 잘못을 저지른다면 그 사람을 발탁한 군주에게도 책임이 있는 것이다.

도입의 예문은 탕왕이 임금이 된 후에 스스로 다짐하고 백성에게 깨우침을 준 내용이다. 탕왕은 먼저 백성을 바르게 이끄는 것이 자신의 책무임을 선포한다. 그다음 스스로의 마음가짐을 어떻게 실천해 나갈 것인지를 다짐한다.

"하늘이 나 한 사람에게 너희를 화목하고 안녕케 하도록 했으니 이에 나는 하늘과 땅에 죄를 짓지 않고자 전전긍긍하기를 깊은 못에 빠지지 않을까 두려워하고 있다. 너희들의 훌륭함을 내가 감히 가리지 않을 것이고, 나에게 죄가 있다면 감히 스스로 용서하지 않을 것이니 하늘의 마음을 헤아려 행할 것이다."

남 탓도 내 탓하는 군자
내 탓도 남 탓하는 소인

《논어》에는 다음과 같은 말이 실려 있다.

"군자는 자기에게서 구하고, 소인은 다른 사람에게서 구한다."
君子求諸己 小人求諸人
군자구저기 소인구저인

잘못이 있을 때 군자는 자기 자신의 잘못을 먼저 돌아보고, 소인은 남의 탓을 한다는 말이다. 소인은 일이 잘못되면 먼저 남에게 탓을 돌린다. 소위 관계자, 책임자 혹은 일을 직접 수행한 실무자 등 탓을 돌릴 사람은 다양하다. 소인은 마땅히 책임을 돌릴 사람이 없으면 주위 환경을 탓하고, 불운을 원인으로 돌리고, 심할 경우 하늘을 원망하기도 한다. 이럴 경우 그 잘못을 고칠 수 있는 기회는 사라지고 같은 잘못을 계속 되풀이하게 된다. 반면 군자는 일이 잘못되면 먼저 자신을 돌아본다. 자신을 돌이켜 잘못을 성찰하고, 고쳐 나갈 방법을 찾기에 한번 했던 잘못은 되풀이하지 않을 수 있다.

도입의 예문은 여기서 한 걸음 더 나아간다. 자신이 지은 죄는 당연히 자신의 죄이고, 세상의 모든 사람의 죄도 모두 나라를 통치하는 자신의 죄라는 것이다. 신하들을 잘못 이끌고, 백성을 잘못 가르친 자신이 책임을 지겠다고 말한다. 또한 신하들의 장점은 키워 나가고, 나라의 큰 공적이 있다면 그것은 모두 신하들의 공이므로 자신이 가로채지 않겠다고 선포한다.

물론 세상의 모든 죄가 모두 자신의 죄라고 선언하는 것은 과도한 표현으로 보일 수도 있다. 하지만 이는 나라를 다스리는 책임자로서 통치의 모든 책임 앞에서 당당하겠다는 다짐이자, 주어진 책무를 잘 해낼 수 있다는 자신감의 표현이라고 할 수 있겠다.

공을 세웠을 때 포상을 하고, 잘못하면 벌을 받는 것은 당연하다. 그래서 지도력의 요체로 '신상필벌(信賞必罰)'이 있는 것이다. 물론 단 한 번의 실수, 한 번의 잘못에 가혹하게 벌을 준다면 그 사람의 앞날을 막아 버리는 계기가 될 수도 있다. 오늘날은 잘못이 있을 때 모두 아랫사람의 책임으로 돌리고 자신은 어떻게든 빠져나가려 하는 세태다. 평상시에는 그럴듯한 모습으로 자신을 포장하다가도 막상 책임져야 하는 순간이 오면 돌변하는 사람도 많다. 심지어 부하들의 공을 가로채 자기 것으로 삼는 비열한 상사도 있다. 이러한 사람에게 부하의 잘못을 감싸 주는 태도를 기대하기는 어렵다.

의도치 않은 잘못에 대해 지도자가 포용하고, 나아가 '내 탓이다' 하는 자세를 취한다면 부하들의 사기는 올라간다. 그 어떤 과제에도 창의적으로 시도하고, 과감하게 도전하고, 열정적으로 추진하는 힘을 얻는다. 그러면 당연히 그 조직은 거침없이 성장해 나갈 것이다.

07

내가 가진 습관이
나를 나타낸다

"습관이 본성이 된다."

習與性成

습여성성

《서경》, 〈상서〉, 〈태갑〉편

    탕왕의 손자인 태갑은 상나라의 4대 왕이다. 탕왕의 적장손이었지만 아버지를 여읜 후 어려서 바로 즉위하지 못하고 두 숙부의 뒤를 이어 어렵게 왕이 되었다. 두 숙부의 재위가 각각 3년과 4년에 그쳤으므로 태갑은 즉위할 당시에도 어렸을 것이다. 명재상 이윤은 어린 태갑을 잘 이끌어 훌륭한 왕을 만들고자 했으나 태갑은 교훈을 따르지 않고 우매하고 포악한 성품을 보였다. 이윤은 나라가 망할지도 모른다는 위기감에 태갑을 탕왕의 능묘가 있는 동궁에 유폐한다. 신하가 왕을 유폐하는 것이 반역에 해당할 수도 있다. 하지만 이윤의 충정으로 미루어 보았을 때 왕을 동궁에 유폐한 것은 태갑이 반성하고 돌아오기를 바란 마음으로 내린 조치였을 것이다.

도입의 예문은 이윤이 태갑을 유폐하며 꾸짖으며 했던 말이다. 이윤은 이미 두 번에 걸쳐 마음을 바로잡기를 권유했지만 태갑은 듣지 않았고, 결국 유폐라는 극단적인 조치로 혹독한 가르침을 준 것이다. 그 전문은 이렇다.

"왕의 의롭지 않음은 습관이 본성이 된 것입니다. 나는 의롭지 않은 사람과 가까이하지 못하게 하겠습니다. 동궁을 지어 선왕의 혼령 가까이에서 그 가르침에 젖도록 하여 평생 혼미하게 사는 것을 버려 두지 않겠습니다."

태갑은 다행히 3년간의 치열한 반성과 수양을 거쳐 새사람이 되어 이윤으로부터 환대를 받으며 다시 복귀한다. 그때 태갑이 했던 말은 새길 점이 많은 명구절이다.

"나 소자는 덕에 밝지 못하여 스스로 불초함에 이르러 욕심으로 법도를 망치고 방종으로 예법을 망쳐 자신에게 죄를 불러들였습니다. 하늘이 만든 재앙은 오히려 피할 수 있지만 스스로 만든 재앙은 모면할 수가 없습니다. 지난날 스승의 가르침을 저버려 처음에는 잘하지 못했지만, 이후로는 가르침의 은덕에 힘입어 유종의 미를 거두고자 합니다."

여기서 '하늘이 만든 재앙은 피할 수 있지만 스스로 만든 재앙은 모면할 수 없다'는 말은 삶의 소중한 교훈이 된다. 세상을 살다 보면 누구나 뜻하지 않은 환난을 만난다. 그 당시에는 어렵고, 힘이 들고, 막막해도 결국은 이겨 낼 수 있다. 상황을 직시하고, 그 대비책을 세우고, 자신을 바르게 세워 맞선다면 그 상황을 돌파해 낼 수 있는 것이다.

하지만 만약 그 환난이 외부로부터 기인한 것이 아니라 자신이 유발한 것이라면 그 환난은 이겨 내기 어렵다. 우리는 게으름, 방탕, 악행, 도박 등 사람을 망치는 일의 유혹에 쉽게 빠지고, 한번 그 유혹에 빠지면 벗어나기가 힘들다. 게다가 그 상황을 만들어 낸 자신을 바꾸지 않는다면 그 어려움에서는 벗어날 길이 없다. 태갑은 3년간의 인고의 시간을 거쳐 자신을 변화시켰고, 그 어려움을 벗어날 수 있었다.

습관의 차이가
인생의 차이를 만든다

태갑의 이야기에서 습관은 부정적인 의미이다. 방탕과 쾌락에 젖은 생활 습관이 태갑의 인생을 망쳤다는 통렬한 지적이다.

고전에서는 습관을 긍정적으로 묘사하는 경우가 많다. 《논어》에서 '사람들은 모두 비슷하게 태어나지만 습관에 의해 달라진다'는 뜻을 가진 '性相近也 習相遠也(성상근야 습상원야)'도 습관의 긍정적인 면을 말한다.

습관의 중요성에 대해서는 서양의 철학자들 역시 많이 강조하는데, 아리스토텔레스의 《니코마코스 윤리학》에도 습관에 관한 이야기가 실려 있다. 아리스토텔레스는 자제력에 관해 이야기하면서 습관의 중요성을 강조한다.

"습관으로 인해 자제력이 없는 사람들이 본성적으로 자제력이 없는 사람들보다 고치기가 더 쉽다. 본성을 바꾸는 것보다 습관을 바꾸기가 더 쉽기 때문이다. 실제로는 습관도 바꾸기가 어려운데, 에우에노스의 말처럼 습관은 제2의 본성이기 때문이다."

에우에노스는 기원전 5세기의 수사학자이자 소피스트인데, 아리스토텔레스는 그의 말을 인용하면서 습관에 대한 자신의 생각을 말하고 있다. 습관은 본성과도 같지만 그래도 본성보다는 바꾸기 쉽다는 것이다. 이어서 결론처럼 한 말이 아리스토텔레스의 생각을 잘 말해 준다.

"친구여, 내 이르노니. 오랜 기간 수련하다 보면 그것이 결국 사람의 본성이 된다네."

아마 이 말이 아리스토텔레스가 하고 싶었던 말일 것이다. 결국 습관이란 의식적인 노력으로, 마치 본성처럼 몸에 익힐 수 있다는 것이 결론이다. 아리스토텔레스는 도덕적 미덕을 설명하면서도 습관의 중요성을 말한다.

"도덕적인 미덕들은 우리 안에서 본성적으로 생겨나는 것도, 본성에 반해 생겨나는 것도 아니며 오히려 우리가 그것을 본성적으로 받아들여 습관화함으로써 완성되는 것이다."

도덕적 미덕이란 지혜, 직관, 분별력 등을 뜻하는 지적 미덕과 함께 아리스토텔레스가 추구했던 미덕 중 하나다. 관대함, 명예로움, 진실함 등 사람의 도덕성을 말한다. 이것들이 사람에게 본성적으로 있는 것은 아니지만 습관화하면 마치 본성처럼 체득할 수 있다는 것이다. 그래서 아리스토텔레스는 이렇게도 말했다.

"우리가 아주 어릴 때부터 어떤 습관을 들이느냐에 따라 사소한 차이가 아니라 큰 차이가, 아니 모든 차이가 생겨나는 것이다."

아리스토텔레스가 말했던 도덕적 미덕은 곧 우리가 추구하는 사람의 품격과도 같다. 한 사람이 평상시 무심코 반복하는 습관은 그 사람의 미래를 보여 준다고 해도 과언이 아니다. 좋은 습관으로 일상을 살아가는 사람의 앞날은 밝다. 좋은 습관으로 인한 긍정적인 효과가 그 사람의 인생에 좋은 영향을 끼치기 때문이다.

하지만 나쁜 습관을 가진 사람의 미래는 그 반대다. 평생을 두고 따라다닐 그 습관이 인생을 구렁텅이에 몰아넣는다. 결론적으로 말해 습관이란 인생의 성패를 좌우하는 가장 핵심적인 요소라고 할 수 있다. 그리고 현실에서도 한 사람이 무심코 반복하는 습관이 그 사람의 실체를 보여 준다.

사람들은 다른 사람이 무심코 하는 습관으로 그 사람을 평가한다. 아침에 늦게 일어나는 습관, 매일 지각하는 습관, 비속어를 남발하는 습관, 직업에 따라 사람을 차별하는 습관 등 부정적인 습관이 생활에서 드러나는 사람은 좋은 평가를 받기 어렵다. 반대로 좋은 습관을 가진 사람은 당연히 좋은 평가를 받는다. 사람들에게 호감을 얻을 수도 있다.

내가 가진 습관은 내 인생의 단면이 아니다. 평생을 함께 가야 할 친구이자 내 앞날을 비추는 길잡이와도 같다.

08
가까운 거리라도
걷지 않으면 도달할 수 없다

"생각하지 않으면 얻을 수 없고, 실천하지 않으면 이룰 수 없다."

弗慮胡獲 弗爲胡成

불려호획 불위호성

《서경》, 〈상서〉, 〈태갑〉편

    태갑이 3년간의 유폐 생활을 마치고 돌아왔을 때 이윤은 좋은 임금의 도리를 다할 수 있도록 격려해 주었다. 예문은 역사에 남을 왕이 되기 위해, 나라가 길이 복을 누리기 위해 반드시 해야 할 충고의 말인데, 사람을 이끄는 지도자가 귀담아들어야 할 말이다. 명재상이 마음을 다해 해 주었던 말인 만큼 상당히 차원이 높다.

    먼저 천자의 자리가 어려운 이유를 하늘과 백성 그리고 귀신의 이치에 빗대어 말한다.

"하늘은 친애함이 없으니 삼가는 자를 친애하며, 백성에게는 고정된 마음이 없으니 어진 사람에게 마음으로 복종하며, 귀신은 형식에 맞춘 제사를 받는 것이 아니라 정성을 다하는 제사를 받는다."

그 옛날 천자의 자리는 무소불위의 자리다. 그 어떤 일도 다 할 수 있는 권력을 가진다. 하지만 권력을 휘두르는 데 제약이 없는 것은 아니다. 만약 천자가 자기 마음대로 권력을 휘두른다면 사람은 몰라도 하늘의 사랑은 받지 못한다. 하늘의 사랑을 받지 못하는 군주는 망하게 된다. 백성의 마음을 얻기 위해서도 그들을 사랑해야 하고, 제사는 물론 모든 일에 정성을 다해야 한다는 것이다.

그다음 모든 통치는 반드시 덕을 기반으로 해야 한다고 말한다.

"덕으로 다스리면 다스려지고, 덕이 아닌 것으로 다스리면 어지러워지며, 옛날의 훌륭한 임금을 본받아 다스리면 반드시 부흥하고, 난폭했던 임금과 같은 일을 하면 망하지 않을 수 없다."

따라서 왕은 시종일관 어느 것을 따를지를 생각하고, 자신의 통치 방식과 행동에 대해 생각할 수 있어야 한다. 그리고 반드시 차근차근 단계를 밟아서 행해야 한다. 빠른 결과를 위해 조급해서도 안 되고, 작은 욕심에 집착해서도 안 된다.

또한 주위에서 하는 말을 신중하게 판단할 수 있어야 한다. 귀에 달콤한 말은 도리에 어긋날 수 있고, 설사 마음에 거슬리는 말일지라도 한 번에 내치지 말고 도리에 맞는 말이면 받아들여야 한다.

"높이 오르고자 한다면 반드시 가까운 데서부터 시작해야 하며 멀리 가고자 한다면 반드시 가까운 데서부터 시작해야 한다. 시작할 때 잘 마칠 것을 생각해야 하니, 마음에 거슬리는 말을 들으면 반드시 도리에 맞는지 살펴보고, 뜻에 부합하는 말을 들으면 반드시 도리에 어긋나지 않는지 따져 보라."

모두 하나하나 명심해야 할 좋은 말이다. 지도자가 이러한 말들을 새겨서 통치한다면 반드시 좋은 결과를 만들 수 있을 것이다. 하지만 한 가지 더 유념해야 할 사항이 있다. 바로 여기에 이어지는 도입의 예문이다.

"생각하지 않으면 얻을 수 없고, 실천하지 않으면 이룰 수 없다."

반드시 일을 시작하기 전에 신중하게 생각을 해야 하며 좋은 생각을 했다면 생각에 그치지 말고 행동으로 보여 주어야 한다. 그 어떤 좋은 생각도 실천하지 않으면 아무것도 이루어지지 않는다.

물고기를 부러워하는 것보다
돌아가서 그물을 짜는 것이 낫다

"못가에서 물고기를 보며 부러워하느니 돌아가서 그물을 짜는

게 낫다."

臨淵羨魚 不如退而結網

임연선어 불여퇴이결망

한고조 유방의 손자 유안이 당대의 학자들과 함께 저술했던《회남자》에 실린 글이다. 같은 글이《한서》,《문자》에도 실려 있는 것으로 미루어 보면 중국인의 정서에 잘 들어맞는 구절이라고 할 수 있다. 예문의 뜻을 잘 말해 주는 이 구절을 우리의 삶에 적용하면서 두 가지 의미를 생각해 볼 수 있다.

첫째, 인생에서 원하는 바가 있다면 그것을 얻기 위한 노력이 뒤따라야 한다.

정당한 노력과 절차도 없이 바라기만 한다면 아무것도 이룰 수 없는 법이다. 단순히 원한다고 해서 주어지는 것은 아무것도 없다. 물고기를 원한다면 그물을 짜서 물고기를 잡아야 한다. 공부를 잘하고 싶다면 공부를 해야 하고, 성공하고 싶다면 그에 걸맞은 노력을 해야 한다. 감나무 밑에서 입만 벌리고 있다고 익지도 않은 감이 떨어질 리가 없다. 감을 얻고 싶다면 그것을 얻기 위해 흘리는 땀을 마다해서는 안 된다. 먼저 감나무를 심고 그것을 힘써 길러야 한다. 그다음 수확의 시기가 왔을 때 감을 수확할 수 있는데, 이 모든 과정을 즐겁게 행하는 것이 바로 '행복한 삶'을 살아가는 비결이다. 원하는 것을 얻기 위한 노력과 절차가 주는 행복을 깨닫지 못하고, 오직 얻는 데에만 목적을 둔다면 그것은 고된 일이 되고 만다.

둘째, 원하는 것을 얻기 위해서는 지혜로운 준비가 필요하다.

간절히 원하는 마음만 앞서서 '緣木求魚(연목구어)', 즉 '나무에서 물고기를 구하는 식'으로는 좋은 결과를 얻지 못한다. 《맹자》를 보면 '七年之病求三年之艾(칠년지병구삼년지애)'라는 말이 있다. '삼년 묵힌 쑥을 먹으면 낫는 병을 치료하기 위해 7년간 전국을 헤맨다'는 뜻이다. 구하기 힘든 '3년 묵힌 쑥'을 구하려고 전국을 유랑하기 전에, 애초에 쑥을 잘 묵혀 두었다면 3년 후 그 약으로 병이 나았을 것이다. 하지만 그런 준비 없이 성급한 마음만 앞서서 짐을 꾸려서 떠나면 7년이 아니라 10년이 지나도 그 약을 구할 수 없다.

《대학》에는 "생각한 후에야 얻을 수 있다"라고 실려 있고, 전국 시대의 대학자 순자는 "아무리 가까운 거리라고 해도 걷지 않으면 도달할 수 없고, 아무리 간단한 일도 실천하지 않으면 이루지 못한다"라고 말했다. 중요한 것은 시작하는 것이다. 그리고 포기하지 않는 것이다. 지혜로운 생각과 실천을 겸비한 사람, 어떤 상황에서도 꼭 필요한 사람이다. 모두의 존경을 받는 사람이다.

09

자신의 때를 아는 사람이
현명한 사람이다

"제때 건너지 않으면 배에 실린 물건은 썩고 만다."

弗濟 臭厥載

불제 취궐재

《서경》, 〈상서〉, 〈반경중〉편

상나라의 임금 반경은 잦은 홍수로 피해를 겪는 백성을 위해 도읍을 옮기려고 계획했다. 그 당시 도읍은 큰 하천인 사수(泗水)를 비롯해 여러 물길이 흐르고 있어 지형적으로 취약한 지역이었다. 매해 거듭되는 홍수의 어려움을 겪으며 고통을 받아온 백성은 임금의 결정을 환영했다.

하지만 이에 반대하는 세력도 있었다. 이미 도읍에 토착하여 기득권을 누리고 있던 권문세족이었다. 이들은 임금에게 여러 가지 이유를 들며 천도를 반대했고, 도읍을 옮기기를 원하는 백성의 의견이 임금에게 전달되지 않도록 막았다. 이러한 상황을 알고 있던 반경은 여러 차례에 걸쳐 그들을 설득하고, 꾸짖기도 한다. 예문의 구절은 그중에 하나다. 화물을 배에 실어 나를 때 제때 건너지 않으면 배 안에 있는 물건이 썩고 말 듯이 한마음으로 도읍을 옮기지 않으면 결국은 망하고 말 것이라는 경고이자 단호한 질책이다.

대화를 대하는 태도에서 품위가 드러난다

이 구절은 나라의 도읍을 옮기는 큰일을 말하고 있지만, 우리 개개인의 삶에도 중요한 가르침을 준다. 《중용》, 〈제2장〉에 있는 '때에 맞게 행함', 즉 '시중(時中)'의 덕목이다.

"군자가 중용을 따르는 것은 때에 맞게 행함이요, 소인이 중용에 어긋나는 것은 그 언행에 거리낌이 없기 때문이다."

君子之中庸也 君子而時中 小人之中庸也 小人而無忌憚也

군자지중용야 군자이시중 소인지중용야 소인이무기탄야

원문에서는 '無忌憚[기탄이 없다]'고 말하는데, 이는 거리낌이 없다는 것으로 때와 상황에 맞지 않게 나서는 것을 말한다. 군자는 어떤 상황에서도 상황에 맞게 적절히 행동하지만, 소인은 때와 장소에 맞지 않게 함부로 행동한다.

《예기》에서는 '중용'에 대해 이렇게 말한다.

"공경하는 마음이 있어도 예(禮)에 맞지 않으면 이를 거칠다[野]
고 하고, 공손한 태도가 있어도 예가 없으면 이를 약삭빠르다[給]고
하고, 용기가 있어도 예에 맞지 않으면 이를 난폭하다[逆]고 한다.'
… 자공이 자리를 넘어와 말하기를 '장차 어떻게 하면 이 중용을 행
할 수 있습니까?' 하니, 공자는 '예다. 예가 그것이로다. 대체로 예는
중용을 정해 주는 것이다'라고 했다."

공경하는 마음이나 공손함 그리고 용기는 모두 군자라면 반드시
지녀야 할 훌륭한 덕목이다. 하지만 아무리 좋은 덕목이라고 해도
중용, 즉 때와 상황에 맞지 않으면 오히려 결례가 되고 만다.

이를 말에 적용한 이치가 《논어》, 〈계씨〉편에 실려 있다.

"말할 때가 되지 않았는데 말하는 것을 조급하다고 하고, 말해야
할 때 말하지 않는 것은 숨긴다고 하고, 안색을 살피지 않고 말하는
것을 눈뜬장님이라고 한다."

言未及之而言 謂之躁 言及之而不言 謂之隱 未見顔色而言 謂之瞽
언미급지이언 위지조 언급지이불언 위지은 미견안색이언 위지고

먼저 말할 때가 되지 않았는데 말하는 것은 차례가 아닌데 말하
는 것이다. 다른 사람이 말하고 있는 중에 불쑥불쑥 끼어들거나 말

을 독점하는 사람이다. 특히 자기가 잘 아는 주제가 나오면 다른 사람에게는 말할 틈조차 주지 않는다. 공자는 이러한 행태를 '조급하다'고 표현했다. 사람이 성급하고 시끄러워 가까이하기 어려운 사람이라는 것이다. 이러한 사람에게는 자신을 높이고 남을 낮추는 교만이 있다. 반면 말해야 할 때 말하지 않는 사람은 속마음을 숨기는 사람으로 음흉하다. 또한 안색을 살피지 않고 말하는 사람은 눈치가 없는 사람이다.

상황과 분위기 그리고 상대방의 기분을 살피지 않으면 좋은 대화가 이루어질 수 없다. 당연히 좋은 관계도 이루어지지 않는다. 이러한 예들은 일상에서 품위를 지키기 위해 필요한 때와 상황에 따라 말하고 행동하는 것의 중요성을 말해 준다.

하지만 무엇보다 중요한 것은 우리 인생의 때를 아는 것이다. 송나라의 시인 도연명은 〈잡시〉에서 이렇게 노래했다.

"젊은 시절은 거듭 오지 않으며 하루에 아침을 두 번 맞지 못한다. 때에 이르러 열심히 힘쓰라. 세월은 사람을 기다리지 않는다."
盛年不重來 一日難再晨 及時當勉勵 歲月不待人
성년부중래 일일난재신 급시당면려 세월부대인

도연명은 동진 시대 송나라의 대표적인 은거 시인으로 유명하다. 관직에 있던 41세의 나이에 소인들에게 굽실거려야 하는 생활이 싫어 유명한 시 〈귀거래사〉를 남기고 고향으로 떠나 버렸다.

이처럼 사람들은 다 자신의 삶을 대하는 태도와 가치관이 다르며, 어느 것이 옳다고 단정할 수는 없다. 도연명과 같은 삶을 바라는 사람도 있는가 하면, 뜻을 펼치고 자신의 분야에서 이름을 떨치고 싶은 사람도 당연히 있다. 분명한 것은 어떤 꿈을 꾸고, 어떤 삶을 원하더라도 사람의 삶은 그 시기에 따라 해야 할 일들이 있고, 때를 놓쳐서는 안 된다는 것이다.

그 어떤 부자도, 높은 지위, 대단한 능력, 남다른 지혜를 가진 사람도 남보다 더 많은 시간을 가지지 못한다. 하지만 그 시간을 이용할 줄 아는 사람은 어떤 상황에서도 자신이 원하는 바를 이룰 수 있다. 만약 부자가 되기를 원한다면 환경과 상황을 탓할 것이 아니라 누구에게나 공평한 시간을 수단으로 삼으면 된다. 《사기》에 실린 '旣饒爭時(기요쟁시)', '이미 부자가 되었지만 더 큰 부자가 되기를 원한다면 시간을 이용하라'가 바로 그것을 말한다. 부보다 더 소중한 삶의 가치가 있다면 당연히 그것을 따르면 된다. 그러나 무엇을 추구하더라도 시간의 효용은 달라질 수 없다.

바쁜 일상이지만 잠깐 멈추고 자신의 삶을 돌아보면 좋겠다. 나는 지금 무엇에 시간을 투자하고 있는가? 내 시간은 낭비되고 있지 않은가? 만약 시간을 허투루 쓰고 있다면 내 인생의 가장 소중한 것을 낭비하고 있는 것이다.

10

가르침에 배움이 있고
배움에 성장이 있다

"가르침은 배움의 반이다."

斅學半

효학반

《서경》, 〈상서〉, 〈열명하〉편

"옛것을 익히고 새것을 알면 스승이 될 만하다."

《논어》, 〈위정〉편에 실려 있는 유명한 글이다. 원문인 '溫故而知
新 可以爲師矣(온고이지신 가이위사의)' 역시 익히 들어 보았을 것
이다. 이는 스승의 자격을 말하는 것으로, 단순히 자신이 배운 옛날
지식만으로 제자를 가르쳐서는 학문의 진전이 있을 수 없고, 당연

히 그런 스승은 자격이 없다는 말이다.

학문은 하루가 다르게 발전하고, 새로운 지식은 끊임없이 나오는데 스승이 되려면 새로운 학문에 무지해서는 안 된다. 다른 어떤 분야도 마찬가지지만, 교육에 있어서는 더더욱 통하지 않는다. 있어서도 안 될 것이다. 따라서 이 구절의 해석은 충분히 공감이 가는 이야기이고 당연하다고 여겨진다. 하지만 이 구절에 대해 새롭게 해석한 학자도 있다. 바로 조선의 실학자 다산 정약용이다.

"'가이위사'란 스승이라는 직업이 꽤 할 만한 일임을 말한 것이다. 옛날에 배운 것을 익히지 않아 이미 싸늘해졌는데, 지금 남을 가르치는 일로 해서 옛것을 잘 익히고 새것을 알게 되니 나에게 유익한 일이 아니겠는가? 스승이 된다는 것은 사람에게는 할 만한 가치 있는 일이다."

앞의 주장이 스승의 자격을 말했다면 다산의 주장은 가르치는 일의 유익을 말하고 있다. 가르침은 배움을 얻는 제자뿐만 아니라 가르치는 스승의 학문에도 큰 도움이 된다는 것이다.

다산이 구체적으로 밝히지는 않았으나 이 생각은《예기》에 실린 '斅學半(효학반)'과 '敎學相長(교학상장)'의 성어에 근거한다고 보인다. 같은 뜻의 글인 만큼 이 두 글 사이에도 연관이 있다.《예기》의 〈학기〉편에는 효학반을 인용하면서 교학상장을 말한다.

"좋은 요리가 있다 해도 먹어 보지 않으면 그 맛을 알 수 없다. 지극히 심오한 진리가 있다고 해도 배우지 않으면 그것이 왜 좋은지 알 수 없다. 따라서 배워 본 후에야 자기의 부족함을 알 수 있으며, 가르쳐 본 후에야 비로소 어려움을 알게 된다. 부족함을 안 후에야 스스로 반성하게 되고, 어려움을 안 후에야 스스로 강해질 수 있다. 그러므로 '가르치고 배우면서 함께 성장하는 것'이다. 《서경》, 〈열명〉편에서 '가르침은 배움의 절반이다'라고 했는데, 바로 이것을 이름이다."

여기서 '가르치고 배우면서 함께 성장한다'가 '교학상장'을 의미한다. '가르침은 배움의 절반이다'는 '효학반'이다. 둘이 같은 뜻임을 여기서 알 수 있다.

선뜻 배움을 갈구하는 왕
기꺼이 가르침을 나누는 신하

도입의 예문은 명재상 부열이 군주를 가르치며 한 말이다. 상나라 임금 무정은 왕이 되기 전 아버지인 소을에 의해 대궐 밖으로 나가 많은 경험을 쌓았다. 그러나 경험은 많이 쌓았어도 학문을 성취할 겨를은 없었다. 왕은 스스로 자신의 부족함을 부열에게 토로하고 많은 가르침을 줄 것을 요청한다.

"오너라, 너 부열이여. 나는 옛날 감반에게 배웠는데 광야에 숨어 있다가 다시 황하의 물가로 들어가 살았으며, 황하에서 또 박읍으로 옮겨 다니느라 끝내 학문을 이루지 못했다. 너는 나의 뜻을 잘 이끌어 술을 빚을 때 누룩처럼, 국을 끓일 때 소금과 매실처럼 나를 가다듬고 버리지 말라. 나는 너의 가르침을 따를 것이다."

왕은 스스로 자신의 부족함을 말했지만, 도움을 구하는 그의 표현은 유려하다. 부열은 왕의 간절함에 따라 가르침을 주었는데, 그 안에는 배움에 대한 소중한 원칙들이 담겨 있다.

"옛사람의 가르침을 배워야 얻는 것이 있으리니, 일에 옛것을 본받지 않고는 영원히 이어 갈 수 있다는 말을 저는 들어 보지 못했습니다. 배움에 겸손한 뜻을 품고 언제나 민첩하게 힘을 쏟는다면 그 결과가 나타날 것입니다. 가르치는 것은 배움의 절반이니 시종일관 배움에 전념한다면 덕이 닦이는 것을 자신도 깨닫지 못할 것입니다."

이 대화는 군주와 신하가 서로 배우고 가르치며 좋은 정치를 만들어 가자는 다짐과도 같다. 그 핵심은 배움과 가르침을 통해 함께 성장해 나가는 것이다. 다산의 해석처럼 가르침과 배움의 이점을 말해 준다. 인류의 학문이 발전한 것도 이러한 배움과 가르침의 이치에 따라서 이어졌다고 해도 과언이 아닐 것이다.

맹자는 자신의 세 가지 즐거움을 말하면서 '천하의 영재를 얻어 이들을 교육하는 것'을 세 번째 즐거움으로 꼽았다. 전국 시대의 혼란함 속에서도 제자들에게 가르치는 것을 멈추지 않았고, 못 다한 가르침은 스스로 쓴 《맹자》에 담았다. 학문의 발전은커녕 보존조차 어려웠던 시절에 맹자의 이러한 노력으로 학문이 소중한 흐름을 이어 갈 수 있었다.

공자 역시 춘추 시대 말기, 격변의 시대에 무려 3,000명의 제자를 모아 가르쳤다. 그중 70명의 뛰어난 제자가 있었고, '공문십철(孔門十哲)'로 불리는 10명의 탁월한 제자를 길러 내었다. 이 제자들이 각 나라의 요직을 맡으면서 천하를 평안하게 하려는 공자의 꿈을 실현해 나갔다. 무엇보다도 이 제자들이 혼란의 시기에 명맥이 끊어질 뻔했던 공자의 학문을 계승해 나갔기에 오늘날 동양 철학의 원조이자 동양적 가치관의 바탕이 되는 '유학(儒學)'을 완성할 수 있었다. 우리가 오늘날 사람의 품격과 사람됨의 도리를 사서삼경을 통해 배울 수 있는 것이 바로 이들로부터 면면히 이어 내려왔기 때문이라고 해도 과언이 아닐 것이다.

아이작 뉴턴은 "내가 더 멀리 볼 수 있었던 것은 거인의 어깨 위에 있었기 때문이다"라고 말했다. 자신의 위대한 성취는 모두 위대한 선각자들이 있었기에 가능했다는 말이다. 비록 위대한 성취는 아니더라도 어른이라면 반드시 자신의 학문과 경험을 후진들에게 가르칠 수 있어야 한다. 기꺼이 자신의 어깨를 내어 주어야 하는 것이다.

학문 분야만이 아니다. 어떤 분야이든지 내가 가진 모든 지식을 후배들에게 쏟아부을 수 있어야 한다. '이것은 나만의 독점적 지식이다' 같은 아집과 이기심은 학문의 발전을 막는 계기가 된다. 실제로 이러한 사람의 지식은 보잘 것 없을 것이다. 그런 편협한 생각과 사상에 큰 지식이 담기기 어렵기 때문이다.

진정한 지식의 흐름은 가치 있는 지식이 아낌없이 후진들에게 흘러갈 수 있어야 하는 것이다. 그때 나 자신 역시 멈추지 않는 성장을 계속할 수 있다. 끊임없이 성장하고, 아낌없이 가르치는 사람이 진정한 어른이다.

3장

주어진 조건을 넘어
어떻게 변화할 것인가

《역경》에서 찾은 운명에 대처하는 법

하늘의 뜻에서
인생의 길을 찾다

《역경》은 '주나라의 역'이라는 뜻의 《주역》을 다르게 표현한 말
이다. 줄여서 '역'이라고 부르기도 한다. '易(역)'이라는 한자의 뜻이
'바뀌다'라는 점에서도 알 수 있듯이 끊임없이 변화하는 세상을 어
떻게 살아야 할지를 알려 준다. 많은 고전에서 변화를 이야기하고
있고, 오늘날에도 변화에 잘 적응하는 사람이 살아남을 수 있다고
이야기하고 있지만 유독 《역경》을 '변화의 고전'이라고 일컫는 이유
는 《역경》이 변화의 본질에 대해 말하기 때문이다.

〈계사전〉에 실린 구절이 핵심을 " 말해 준다.

"궁하면 변하라, 변하면 통하고 통하면 오래간다."
窮卽變 變卽通 通卽久
궁즉변 변즉통 통즉구

이 구절은 끊임없이 변화하는 세상의 이치를 말해 주고 있지만
사람에게도 마찬가지로 적용된다. 인생을 살다 보면 좋을 때도 있
지만 곤궁에 처할 때도 많다. 그때 그 어려움을 헤쳐 나갈 길은 오
직 스스로 변화하는 수밖에는 없다. 똑같은 생각으로, 똑같은 방식

으로, 똑같은 사람들과 똑같은 일을 거듭한다면 언제나 똑같은 결과를 만들 수밖에 없기 때문이다.

흔히 《역경》을 점을 치는 책, 미신을 이야기하는 책으로 알고 있다. 사람들이 곤궁에 처했을 때 그것을 벗어나기 위해 혹은 간절히 원하는 것을 얻기 위해 《역경》을 찾기 때문이다. 하지만 점을 통해 행운만을 취하고 불운을 피해 가려는 욕심이 앞서기 때문에 미신이 되는 것이다. 《역경》에는 하늘의 뜻을 피해 가려는 것이 아니라 오히려 하늘의 뜻에 순응해 받아들이고 자기 주도적으로 해결해 가는 방법이 담겨 있다. 64괘로 구분되는 인생의 경로를 알고, 좋든 나쁘든 스스로의 운명을 받아들이고 그 상황에서 취할 수 있는 최선을 찾도록 하는 것이 바로 《역경》이 알려 주는 길이다.

그 길은 인생의 고비마다 필요한 '인생의 지혜'라고 할 수 있을 것인데, 자기 주도적인 삶을 살 수 있는 동력이 바로 '변화'다. 그리고 《역경》은 겸손과 절제, 배움과 화합 등 상황에 따라 필요한 덕목을 알려 준다. 어떤 상황에 있든 《역경》에서 일러 주는 가르침을 경계로 삼고, 취해야 할 자세를 배우고, 나아갈 길을 모색해 본다면 인생에 큰 어려움은 없을 것이다.

공자가 《논어》에서 "나에게 몇 년의 시간이 더 주어져서 쉰 살까지 《역경》을 배울 수 있다면 인생에 큰 허물은 없을 것이다"라고 말했던 것은 우리 모두에게도 해당하는 지혜다. 《역경》은 우리가 인생길을 걸어갈 때 길을 잃지 않도록 이끌어 주는 이정표와 같다.

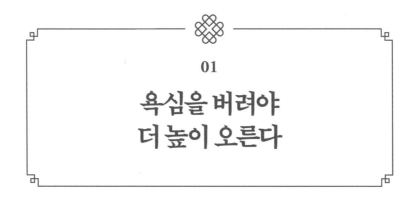

01

욕심을 버려야
더 높이 오른다

"하늘의 운행이 강건하니 군자는 스스로 힘쓰고 쉬지 않는다."

天行健 君子以自强不息

천행건 군자이자강불식

《역경》, 〈건괘〉

64괘, 386개의 효로 구분되는 인생의 경로를 알고, 좋든 나쁘든 자신의 운명을 받아들이고, 그 상황에서 취할 수 있는 최선을 찾도록 하는 것이 바로 《역경》이 알려 주는 길이다. 하지만 《역경》의 괘와 효에는 모든 글이 상징적으로 적혀 있어 보통 사람이 알기 어렵다. 공자는 괘 각각에 보편타당한 지혜, 즉 철학적 함의를 밝혀 사람들이 알고 취할 수 있도록 했는데, 이를 《십익》이라고 한다.

《사기》, 〈공자세가〉에는 '韋編三絶(위편삼절)', '책을 묶고 있는 가죽끈이 세 번 끊어진다'는 뜻의 성어가 실려 있다. 이 성어는 공자가 얼마나 학문에 열정적이었는지를 보여 주는 예로 많이 인용되는데, 여기서 가리키는 책이 바로 《역경》이다. 학문에서 최고의 경지에 오른 공자가 책의 끈이 세 번씩이나 끊어질 정도로 읽었다는 《역경》에는 도대체 무슨 내용이 담겨 있을까? 공자가 평생을 두고 추구했던 도와 학문과는 동떨어진 것 같은 그 책에서 공자는 무엇을 얻으려고 했을까?

공자는 그 해답을 《논어》에서 "나에게 몇 년의 시간이 더 있어서 쉰 살까지 《주역》을 공부할 수 있다면 세상을 살아가는 데 큰 허물은 없을 것이다"라는 구절을 통해 말해 준다.

여기서 '나'는 바로 공자 자신이다. 이미 최고의 경지에 오른 공자이지만 하늘의 뜻은 어찌할 수 없기에 그것을 가르쳐 주는 주역을 공부해야겠다는 것이다. 그리고 남은 삶을 주역에 힘입어 지혜롭게 살아가겠다는 다짐이다.

마음속에 뜻을 품었다면
굳건하게 나아갈 것

〈건괘〉는 64괘의 첫째로 하늘을 상징한다. 하늘을 상징하는 괘인 만큼 하늘을 나는 용에 비유하고 있는데, 사람으로서는 큰 뜻을 가진 남자를 상징한다. 그리고 각 효는 큰 뜻을 가진 인물이 뜻을 이루어가는 과정, 즉 인생의 흥망성쇠와 각 단계에서 행해야 할 지혜로운 처신을 말하고 있다.

"초구, 물에 잠겨 있는 용이니 아직 나서서는 안 된다.

구이, 용이 들판에 나타났으니 현자를 찾아라.

구삼, 군자가 종일토록 힘써서 노력하고 밤에도 조심하니 큰 허물이 없다.

구사, 용이 연못 위로 뛰어오르기도 하고 잠복하기도 한다. 허물이 없다.

구오, 용이 하늘 위로 날아오른다. 현인을 찾아보는 것이 좋다.

상구, 용이 너무 높이 날았으니 후회할 일이 생긴다.

용구, 용이 무리로 있으나 우두머리가 없으니 길하다."

初九 潛龍勿用 九二 見龍在田 利見大人 九三 君子終日乾乾 夕惕若 厲 无咎 九四 或躍在淵 无咎 九五 飛龍在天 利見大人 上九 亢龍有悔 用九 見群龍无首 吉

초구 잠룡물용 구이 견룡재전 이견대인 구삼 군자종일건건 석척약 여 무구 구사 혹약재연 무구 구오 비룡재천 이견대인 상구 항룡유회 용구 견군룡무수 길

〈건괘〉의 효사를 보면 '潛龍(잠룡)', '飛龍在天(비룡재천)', '亢龍有悔(항룡유회)' 등 낯익은 구절들이 많이 보인다. 그만큼 《역경》에는 세상사와 밀접하고, 현실적으로 적용할 수 있고, 지혜를 얻어야 할 구절들이 많이 있다.

공자는 각 구절마다 용이 은유하는 지도자의 모습 혹은 그 지도자가 마땅히 행해야 하는 길을 풀이해서 〈십익〉에 실었다. 공자의 풀이들은 반드시 그에 해당하는 사람이나 상황에만 해당하는 것이

아니라 일반적인 사람들이 스스로 수양하고 성장하기 위해 배우고 익히는 데에도 전혀 문제가 없다. 인생을 살아가는 데 필요한 보편 타당한 지혜라고 할 수 있다.

여기서 특이한 점은 '구이'와 '구오' 두 괘에 실린 '利見大人(이견 대인)'의 구절이다. 이견대인은 '지혜로운 사람을 찾아서 도움을 얻어야 이롭다'는 뜻으로 큰 뜻을 이루려면 반드시 지혜로운 사람의 도움을 얻어야 한다는 것이다. 이때 필요한 것이 바로 겸손과 지혜로운 사람을 알아보는 통찰력이다. 삼국지의 영웅 유비가 '삼고초려(三顧草廬)'로 제갈량을 모신 것이 잘 알려진 사례라고 할 수 있다.

이러한 자세가 바로 〈문언전〉에 실려 있다.

"평상시 말할 때는 믿음을 주고 평상시 행동할 때도 근신하여 사특함을 막아 그 성실함을 보존해야 한다. 세상을 선하게 하고도 자랑하지 않으며 덕을 널리 교화시킨다."

평상시 생활에서, 말과 행동에서 진실함을 지키는 것은 겉으로 드러나는 자세다. 근신하여 사특함을 막아 그 성실함을 보존한다는 것은 내적인 수양을 통해 사특한 마음이 틈타지 않도록 내면을 굳건하게 하는 것이다. 즉 내면과 외면의 수양을 통해 조화로운 성품을 만들어 가는 것을 뜻한다. 공을 세우고도 자랑하지 않은 것은 겸손함이다. 또한 스스로 덕을 세워야 한다. 덕이 있는 지혜로운 사람은 반드시 덕이 있는 사람에게 모인다.

도입의 예문은 건괘의 전체 괘를 해설한 〈건괘상전〉이다. 건괘가 말하고자 하는 바를 한마디로 집약해 사람으로서 해야 할 바를 말해 준다. 특히 큰 뜻이 있고, 이루고자 하는 바가 있다면 이 구절을 명심해야 한다.

　'天行健(천행건)', '어떤 때와 상황을 만나더라도 하늘은 운행을 멈추지 않는다'는 뜻이다. 사람도 마찬가지다. 길이 막혔다고 포기해서도 안 되고, 힘들다고 무너져서도 안 된다. 때와 상황에 흔들림 없이 자신을 강하게 단련해야 한다. 이것이 바로 '자강불식(自强不息)'이 뜻하는 바다. 스스로 강해져야 하는 것은 몸과 정신이다. 마음과 뜻이다. 올바른 뜻을 세우고 그 뜻을 향해 나아가는 사람은 멈추어서는 안 된다. 굳건한 의지로 뜻을 향해 나아갈 때 그 뜻은 이루어진다. 그리고 뜻을 이루었을 때 반드시 지켜야 할 것을 괘의 '상구' 효가 말해 준다.

　'亢龍有悔(항룡유회)', '높이 오른 용이 후회할 일이 생긴다'는 뜻이다. 높은 자리에 올랐다고 해서 다 끝난 것이 아니다. 지위와 권세가 주는 즐거움을 누리려고만 한다면 패망하고 만다. 오히려 더 큰 책임과 의무가 생겼다는 것을 명심해야 한다. 더 높이 오르려는 탐욕을 버리고 스스로 겸손해야 한다.

　"성인이 천하를 통치할 수 있는 것은 받는 것에 있지 취하는 것에 있는 것이 아니다."
　聖人之有天下也 受之也 非取之也
　성인지유천하야 수지야 비취지야

《신자》에 실린 글이다. 진정한 리더는 자신이 가져오기보다 베
푸는 것을 통해 사람들을 모은다. 베풀면 백성의 마음을 잡을 수 있
고, 백성이 그를 따르기에 천하가 저절로 자신의 것이 된다. 높은
자리에 오를수록 자신을 낮출 때 오히려 사람들이 나를 높여 준다.

02

자신의 도리를 지킬 때
이로운 일이 생긴다

"곧고 바르면 방대할 수 있고 실패하지 않으며 이롭지 않음이 없다."

直方大 不習 无不利

직방대 불습 무불리

《역경》, 〈곤괘〉

《역경》에서 〈건괘〉는 하늘을, 〈곤괘〉는 땅을 의미한다. 하늘과 땅인 만큼 하늘은 높고 땅은 넓으니 그 의미하는 바는 분명하다. 자연으로서는 천지, 그 법칙으로서는 음양 그리고 사람의 측면에서는 남녀, 사회적인 관점에서는 군신이라고 할 수 있다. 따라서 곤은 건에 순종해야 하며, 그 성질은 건은 강건함이 되고 곤은 유순함으로 나뉜다. 〈곤괘〉를 〈단전〉에서는 다음과 같이 풀이하는데, 곤괘를 이해하는 데 유용하다.

"지극하구나 곤이여. 만물이 그로부터 생겨나니 이에 하늘을 따르고 받드는구나. 곤의 두터움이 만물을 실어 주니 덕이 끝이 없으며, 품음이 넓고 커서 만물이 모두 형통하다. 암말(곤의 상징 동물, 검은 용)은 땅의 부류로 그 광대함이 끝이 없고, 유순하고 올바름을 지키는 것이 이로우니 군자가 행하는 바이다. 앞서면 미혹되어 도를 잃고, 뒤따르면 상도를 얻는다. 서남에서 벗을 얻음은 동류와 함께함이고, 동북에서 벗을 잃어도 끝내 경사가 있다. 편안하고 바름의 길함이 땅의 무한한 덕에 응한다."

곤은 땅으로서 만물을 낳고 생성한다. 건이 하늘로서 만물의 근원이 되므로 반드시 둘이 합쳐져야 만물이 생겨날 수 있다. 어머니로서, 신하로서 지켜야 할 도리는 '유순하고 올바른 행동'이고, 이를 지킬 때 반드시 이로운 일이 생긴다. '서남에서 벗을 얻음과 동북에서 벗을 잃음'은 주어진 상황에 상관없이 모두가 힘을 합쳐 지도자를 따를 때 끝내 성공에 이를 수 있다는 뜻이다.

하늘을 떠받치고
만물을 자라게 하는 땅의 힘

예문은 〈곤괘〉의 두 번째 효사로, 〈곤괘〉의 핵심을 말해 준다.

"곧고 바르면 방대할 수 있고 실패하지 않으며 이롭지 않음이 없다."

실패하지 않고, 반드시 이롭다! 무슨 일을 하든지 바라는 일일 것이다. 흔히 사람들은 무언가를 빨리 이루고 싶을 때 쉽게 조급해진다. 특히 그 마음이 간절할 때 더욱 그렇다. 심하면 편법을 쓰기도 하고, 더 심해지면 불법을 저지른다. 하지만 《역경》에서 말하는 그 전제는 행동은 바르게 하고 방정함을 반드시 지키는 것이다. 마음은 정직하고 굳세어야 한다. 그리고 그 태도와 처신은 올바라야 한다. 〈문언전〉에 실린 다음의 글은 곤괘의 핵심을 사람, 즉 군자의 처신에 적용한 것이다.

"군자는 삼감으로써 안을 곧게 하고 의로움으로써 밖을 반듯하게 한다. 삼감과 의로움이 반듯하게 서면 덕은 외롭지 않다. '곧고 반듯하고 위대해서 익히지 않아도 이롭지 않음이 없다'는 것은 곧 그 행하는 바를 의심하지 않는 것이다."

이 구절에서는 내면과 외면의 수양을 말하고 있다. 내면을 곧고 바르게 하는 것은 '삼감'이고, 외면을 바르게 하는 것은 '의로움'을 지키는 것이다. 이 둘이 모두 확립되면 그것은 '덕'이 된다. 《논어》, 〈이인〉편에 실린 "덕은 외롭지 않으니 반드시 이웃이 있다"라는 말은 이 구절을 인용한 것이다. 스스로 올바른 길을 의심 없이 담대히 걸어가면 반드시 도와주는 사람이 함께한다. 그 시작과 결과를 곤괘의 효사들이 말해 준다.

"초육, 서리를 밟으면 단단한 얼음이 임한다."

初六 履霜 堅氷至

초육 이상 견빙지

발밑에 서리가 있으면 곧 얼음이 어는 것이 자연의 이치다. 이때 겨울을 방비하듯 사람들은 작은 징조에 민감해야 한다. 작은 일이 큰일을 이루지만 미세한 징조를 무시하면 큰 재앙이 생길 수 있다.

"육이, 곧고 바르면 방대할 수 있고 실패하지 않으며 이롭지 않음이 없다."

六二 直方大 不習 无不利

육이 직방대 불습 무불리

이것이 〈곤괘〉의 핵심이다.

"육삼, 아름다움을 머금어 바름을 지킬 수 있으나 왕의 일에 종사하며 이룸이 없어도 마칠 수가 있다."

六三 含章可貞 或從王事 无成有終

육삼 함장가정 혹종왕사 무성유종

신하로서의 직분과 도리를 다할 때 바름을 지킬 수 있다. 탁월한 능력과 깊은 식견이 일을 이루지만 그 공을 스스로 차지하지 않고 드러내지 않는다. 하지만 감추어도 자연스럽게 드러나니 가장 높은 경지라고 할 수 있다.

"육사, 주머니를 묶으니 허물도 없고 명예도 없다."
六四 括囊 无咎无譽
육사 괄낭 무구무예

아무리 높은 경지에 있어도 자신을 드러내고 싶은 마음을 지키기는 쉽지 않다. 그러니 마치 주머니를 묶어 드러나지 않듯이 자신을 지켜야 한다. 허물도 없고 명예도 없으니 현상 유지다.

"육오, 황색 치마는 크게 길하다."
六五 黃裳元吉
육오 황상원길

황색은 땅의 색이며 하늘의 색인 흑색과 대비된다. 치마는 아래옷이므로 황색 치마는 '아랫사람으로서의 도리를 지키는 것'을 의미한다. 지위는 높고 능력이 탁월하지만 본분을 지키면 반드시 길할 것이다.

"상육, 용이 들에서 싸우니 그 피가 검고 누렇다."
上六 龍戰于野 其血玄黃
상육 용전우야 기혈현황

〈건괘〉에서 '용이 너무 높이 날았으니 후회할 일이 생긴다'와 같은 의미다. 용이 교만해지면 후회할 일이 생기듯이 곤이 직분을 지키지 못하면 분쟁이 일어나고 나쁜 결과를 만든다.

"용육, 영원히 바름을 지키는 것이 이롭다."
用六 利永貞
용육 이영정

〈곤괘〉의 결론이다. 땅으로서, 신하로서, 배우자로서 바른 도리를 지키면 영구히 이롭게 되는 첩경이다.

〈곤괘〉는 하늘을 받드는 땅의 도리를 말한다. 사람의 세상에서는 최고의 지도자를 대하는 신하의 도리다. 자신이 앞서나가기보다 다른 사람을 도와 일을 성취하게 만드는 사람을 뜻한다. 수동적이고 소극적으로 보이기도 하지만 강력한 힘을 가지고 있다. 어머니가 자식을 기르는 모성과 땅이 만물을 포용하고 자라게 하는 것을 보면 그 힘을 알 수 있다.

세상에서 큰일을 이룬 사람 곁에는 언제나 묵묵히 그를 도운 조력자가 있다. 스스로를 낮추고 공적을 감추지만 언젠가는 큰 성취를 이룬다. 뜻을 이루어 가는 과정에서 지금 내가 어떤 자리에 있는지, 무엇을 하는지는 중요하지 않다. 지금 있는 곳에서 최선을 다할 때 얼마든지 의미 있고 가치 있는 삶을 살 수 있다. 반드시 이루고 싶은 꿈이 있다면 지금 그리고 지금의 자리가 그 바탕이 된다.

03

배움과 가르침은
모든 사람의 의무다

"어린아이의 몽매함은 길하다."

童蒙 吉

동몽 길

《역경》, 〈몽괘〉

"가르침에는 차별이 없다."

有敎無類

유교무류

이 구절은 《논어》, 〈위령공〉편에 실린 글로 공자의 교육 철학을
잘 말해 주는 구절이다. 사람은 가르침을 받지 못하면 누구라도 올

바른 길을 알지 못한다. 따라서 모든 사람이 교육을 받아야 하며 그 가르침에 차별이 있어서는 안 된다는 말이다. 이 구절은 두 가지 의미로 해석할 수 있다.

먼저 가르침을 받는 사람들은 모두 평등하므로 출신 성분이나 빈부를 따져서도 안 되고, 배우고자 하는 사람은 누구나 가르쳐야 한다는 뜻이 있다. 그리고 또 한 가지 해석은 배움을 얻고 나면 모든 사람이 동등해질 수 있다는 것이다. 아무리 비천한 사람도 올바른 교육을 받으면 도덕적으로 바르게 살 수 있고, 의미 있는 삶을 살아갈 수 있다.

공자는 그 당시 관 주도의 엘리트 교육에서 벗어나 약 3,000명에 달하는 제자를 둔 사학을 직접 운영함으로써 자신의 말을 실천했다. 제자들은 출신 성분이 다양했다. 공자는 제자로 받는 데 차등을 두지 않았다. 농촌 출신의 촌부이든 부잣집의 귀한 자제이든, 심지어 자질만 있다면 동네 불량배도 불러 제자로 삼았다. 그리고 이 제자들은 춘추 전국 시대의 혼탁한 시절, 많은 나라의 통치에 가장 중요한 역할을 맡았다.

배우려 하지 않는 자는
가장 하급의 인간이다

《역경》에서 〈몽괘〉는 배움과 가르침에 관한 괘다. 〈서괘전〉에서는 〈몽괘〉를 이렇게 풀이했다.

"둔괘는 사물이 처음으로 생겨나는 것이다. 사물이 생겨나면 반드시 어리기 때문에 몽괘로 받았다. '몽'은 어린 것이니 사물의 어린 것이다."

〈몽괘〉의 바로 앞에는 〈둔괘〉가 실려 있다. 〈둔괘〉는 사물의 생성에 관한 괘이다. 하늘(건)과 땅(곤)이 있은 다음에는 사물이 생성되고, 그 사물이 천지에 가득 차게 된다. 모든 사물은 처음 생겨나면 미숙하고 어리기 때문에 제대로 성장할 수 없다. 따라서 가르침이 필요한데, 특히 사람은 더욱 그렇다. 부모와 선생의 가르침이 없으면 삶을 제대로 살아 내기 어렵다. 그렇기에 사람에게 가르침은 선택의 문제가 아니라 필수다. 단순히 삶을 살아가는 것에 그치지 않고, 올바른 삶을 살아가려면 반드시 배움과 가르침이 필요하기 때문이다.

괘사에서는 이렇게 말한다.

"몽은 형통하다. 내가 동몽(童蒙)에게 구하는 것이 아니라 동몽이 나에게 구하는 것이다. 처음 점을 치면 말해 주고 두 번 세 번 하면 모독하는 것이다. 모독하면 말해 주지 않으니 올바름을 지키면 이롭다."

여기서 '나'는 가르치는 사람을 말한다. 동몽은 배우는 자인데, 적극적이고 자발적인 자세를 갖추어야 한다. 《논어》, 〈술이〉편에서 공자가 다음처럼 말했던 것과 같은 이치다.

"배우려는 열의가 없으면 이끌어 주지 않고, 표현하려고 애쓰지 않으면 일깨워 주지 않으며, 한 모퉁이를 들어 보았을 때 나머지 세 모퉁이를 미루어 알지 못하면 반복해서 가르쳐 주지 않는다."

배움에서의 자발성과 열의 그리고 창의성을 강조하고 있다. 이 외에도 공자는 배움에 대해 많은 가르침을 주고 있는데, 〈몽괘〉에서의 이치와 많이 일치한다.

"태어나면서 아는 자는 최상이고, 배워서 아는 자는 그다음이고, 곤란을 겪고 배우는 자는 또 그다음이고, 곤란을 겪고도 배우지 않으면 가장 하급이다."

여기서 '태어나면서 아는 자'는 성인의 경지이므로 평범한 사람이 따를 수 없다. 따라서 보통 사람이라면 어릴 때부터 주어지는 배움으로 순탄한 삶을 사는 것이 가장 바람직하다. 만약 배움이 적절치 않다면 인생의 당연한 이치를 따르지 않게 되고 곤란에 빠지는데, 그 곤란의 해결책도 역시 배움이다. 제대로 된 삶을 살기 위해서는 최소한 배움에 대한 이러한 이치는 지켜야 한다. 곤란에 빠진 다음에도 스스로 배움의 길로 나서지 못하고 다른 사람의 탓만 하는 것은 가장 하급의 사람이 하는 행동이다. 이러한 사람들은 자신의 어려움을 사람의 탓, 환경의 탓, 심지어 하늘의 탓으로 돌리며 원망하는데, 이러면 그 곤란에서 영영 빠져나올 수 없게 된다. 〈몽괘〉의 '육사'와 '육오'의 효가 대비해서 말해 주는 바다.

"육사, 몽매함에 막혀 있으면 비루하다."

六四 困蒙 吝

육사 곤몽 인

몽매함에 빠져 있는 처지가 되면 반드시 비루해진다. 이것은 지위와 신분의 고하와 관련이 없다. 아무리 지위가 높아도 스스로 겸손하게 배우려 하지 않으면 비루한 사람일 뿐이다. 결국 망하고 말 것이다.

"육오, 어린아이의 몽매함은 길하다."

六五 童蒙 吉

육오 동몽 길

도입의 예문인데, 여기서 동몽은 단순히 나이가 어림을 말하는 것은 아니다. 스스로 부족함을 인정하고 솔직하게 배움을 구하는 것을 말한다. 〈상전〉에서 말하는 바와 같다.

"'어린아이의 몽매함이니 길하다'는 것은 순종하고 겸손하기 때문이다."

아무리 높은 지위, 설사 왕의 지위에 있어도 반드시 자신보다 더 현명하고 뛰어난 사람을 찾아서 배움을 구해야 한다. 그리고 배움을 겸손하게 받아들여 자신의 행동을 바꾸어야 한다. 이것이 바로 품격 있는 사람의 자질이다. 이때 필요한 덕목이 솔직함과 겸손함 그리고 실행력이다. 이러한 덕목을 갖추지 않으면 배움의 결과를 얻을 수 없다.

이처럼 배움은 모든 사람이 반드시 취해야 하는 자세이지만, 먼저 배운 사람에게는 반드시 다른 사람을 가르쳐야 하는 의무가 있다. 배움과 가르침이 어우러져야 평안과 성장이 주어질 수 있다. 괘의 '상구'가 말해 준다.

"몽매함을 치는 것이니, 스스로 도적이 되는 것은 이롭지 않고 도적을 막는 것은 이롭다."

이는 가르침의 자세를 말해 주는 것으로, '도적을 막는다'는 것은 몽매함을 일깨워 주는 것이다. 하지만 그 방법은 반드시 온화해야 한다. 정확한 목적을 두고 올바른 방향과 타당한 방법으로 가르쳐야 한다. 시급하게 이루려 해서는 안 되고, 찬찬히 익혀 나가도록 해야 한다.

맹자는 "길러 줌을 얻으면 자라지 않을 것이 없고, 길러 줌을 얻지 못한다면 소멸되지 않을 것이 없다"라고 말했다. 가르치는 사람은 최선을 다해 가르쳐야 하고 반드시 올바른 방법으로 가르쳐야 한다. 강요나 폭력으로 가르치거나 배우는 사람의 자질을 탓하며 비난한다면 키우는 것이 아니라 소멸시키는 것이 될 수 있다.

꽃이 아름답게 피어난 후에는 반드시 열매를 맺어야 한다. 탐스

러운 열매 뒤에는 꽃의 만개를 기다려 준 어른이 있다. 올바른 교육
과 인내로 기다리면 반드시 재능은 열매를 맺는다.

04

진정한 화합은
한뜻으로 나아가는 것이다

"거친 것을 포용하고, 맨몸으로 강을 건너며, 멀리 있는 자를 버리지
않고, 붕당을 짓지 않으면, 중도를 행할 수 있다."

包荒 用馮河 不遐遺 朋亡 得尙于中行
포황 용빙하 불하유 붕망 득상우중행

《역경》, 〈태괘〉

　　자연은 조화를 이루기에 가장 아름답다. 인위적인 노력이 아니
라 그 상태로 조화를 이루어 간다. 설사 조금 혼란스럽고 위태로운
상황이 있더라도 그 혼란은 곧 수습된다. 스스로 고쳐 나가고 조화
롭게 만드는 힘이 있기 때문이다. 사람의 세상도 역시 혼란의 상태
가 있다. 하지만 그 혼란은 쉽게 수습되지 않기에 사람들은 어지러

운 세상을 쉽게 고치지 못하고 혼란이 거듭된다. 이때 필요한 것이 상하 간의 화합이다. 나라를 다스리는 군주가 백성을 아끼고 사랑하며, 백성이 진심으로 군주를 존경한다면 태평한 시대가 온다. 옛날 요순시대가 바로 이러한 시대였다고 할 수 있다.

〈태괘〉는 '건하곤상(乾下坤上)'의 괘로 하늘이 아래에 있고, 땅이 위에 있는 형태를 취한다. 일반적으로 하늘이 위에 있고, 땅이 아래에 있어야 맞다고 여기지만, 이 괘에서 말하는 바는 서로 통하는 원리를 반영한 것이다. 하늘은 아래에서 위로 향하고 땅이 위에서 아래로 향하면 중간에서 서로 만나 화합하게 된다. 사람의 관계도 마찬가지다. 위에 있는 지도자들이 자신이 위에 있는 것을 당연히 여겨 아래를 바라보지 않으면 고압적인 통치를 하게 된다. 아래 역시 위를 바라보지 못하면 평생 억눌리며 고된 삶을 살아야 한다. 이러한 세상이 평화롭고 평안하기는 어렵다.

〈태괘〉에서는 시종일관 이러한 이치를 말한다. '작은 것이 가고 큰 것이 오니 길하고 형통하다[小往大來 吉亨]'의 괘사가 말하는 바와 같다. 여기서 작은 것은 음이고 큰 것은 양이다. 음과 양이 서로 오가니 서로 화합하고 만물이 성장한다. 사람의 세상에서 작은 것은 소인, 큰 것은 군자를 말한다. 이들이 각자의 자리에서 맡은 바 소임을 다하면 좋은 관계를 형성할 수 있고, 화평한 상태가 된다. 이러한 상태가 되면 모든 것이 길하고 형통할 수 있다.

하지만 염두에 두어야 할 것이 있다. 위와 아래가 서로 화합한다는 것은 단지 베풀어 주고 베풂을 받는 데 그쳐서는 안 된다. 반드시 함께 느끼고 즐기고 아파하는 감정적인 교류가 있어야 진정한 소통이 된다. 〈단전〉에서 말하는 것이 바로 이것이다.

"'작은 것이 가고 큰 것이 오니 길하고 형통하다'는 것은 천지가 사귀어 만물이 통하고, 상하가 사귀어 그 뜻이 같아지는 것이다. 양이 안에 있고 음이 밖에 있으며, 강건함이 안에 있고 유순함이 밖에 있으며, 군자가 안에 있고 소인이 밖에 있으니 군자의 도가 자라고 소인의 도가 사라지는 것이다."

천지의 사귐은 외양적으로 사귀는 것을 의미하는 것이 아니라 그 기운이 하나가 되는 것이다. 사람의 사귐도 마찬가지로 겉모양의 사귐이 아니라 그 뜻이 같아져야만 진정한 소통이 된다. 그것을 위해 각자가 자기 자리를 지켜야 한다. 양과 강건함은 군자를 상징하고, 음과 유순함은 소인을 상징한다. 안은 군자의 자리이고 밖은 소인의 자리이다. 군자의 도가 자라고 소인의 도가 사라지는 것은 공의로운 세상이 되는 것이다. 위에서는 겸손과 사랑을 베풀고, 아래에서는 존경과 성장으로 서로 화합하는 것이다.

소통과 화평을 위한 네 가지 지혜

도입의 예문은 〈태괘〉의 '구이'로, 진정한 소통과 화평을 위해 갖추어야 할 다스림의 지혜다. 하나하나 살펴보면 아래와 같다.

'包荒(포황)', '거친 것을 포용함'은 넓은 포용력과 도량을 말한다.

사람을 등용하는 데 겉모습을 보고 지나치게 제한을 두면 특별한 장점을 가진 사람, 잠재력을 지닌 인재를 놓치게 된다.

　　'用馮河(용빙하)', '맨몸으로 강을 건너다'는 강한 결단력으로 새로운 시도를 하는 것, 즉 개혁하는 것을 말한다.
　　현실에 안주하고 상황에 지나치게 얽매이면 과감한 시도를 하지 못한다. 물론 반드시 무모함과는 구분되어야 한다. 《논어》, 〈술이〉편에서 공자가 제자 자로에게 '맨손으로 호랑이와 싸우고 맨몸으로 황하를 건너는 자와는 함께 하지 않겠다'고 가르쳤던 것은 무모한 만용을 말하는데, 〈태괘〉가 말하는 바와는 다르다.

　　'不遐遺(불하유)', '멀리 있는 것을 버리지 않는다'는 인재 등용의 원칙이다.
　　멀리 있다는 것은 두 가지 의미가 있다. 먼저 지리적으로 멀리 있는 것으로, 세상의 유능한 인재를 널리 초빙하는 것이다. 또 한 가지는 심리적으로 가까운 사람이 아닌, 소원한 사람도 능력과 덕성이 훌륭하다면 발탁되어야 한다는 의미다. 《춘추좌전》에서는 '인재를 쓸 때 밖으로는 원수를 피하지 않고 안으로는 자식도 가리지 않는다[外擧不避仇 內擧不避親]'는 인사 원칙이 실려 있다. 원수라고 해서 무조건 배제하지 않고, 심지어 아들이라고 해도 가장 적임자라면 그 등용을 피하지 않는다는 것이다.

　　'朋亡(붕망)', 학연과 지연 그리고 이념으로 똘똘 뭉쳐 다른 사람들을 배제하고 오직 같은 붕당 안에서만 이권을 나누고 권력을 남용하면 망한다는 것이다.

나라를 위하는 마음이나 공정이나 올바른 도리보다도 자신이 속한 조직의 이익이 우선하는 붕당이 만연하면 결국 나라는 망하게된다. 이럴 때 정치에서 중도를 취할 수 있고, 백성의 존경을 얻을수 있다. 옛날의 가르침이지만 오늘날의 정치에도 큰 도움이 될 만큼 소중한 가르침이다. 이것이 바로 깨끗한 정치의 요건이다.

'구삼'은 이러한 도리를 지켜 나갈 때 얻을 수 있는 이점을 이야기한다.

"평평하기만 하고 기울어지지 않는 것은 없으며 가기만 하고 돌아오지 않는 것은 없으니, 어려워도 바름을 지키면 허물이 없고 근심이 없이 진실함을 지키면 먹는 것에 복이 있을 것이다."

자연의 법칙은 반드시 변화한다. 사물이 극에 달하면 반드시 돌아간다. 세상의 이치도 마찬가지다. 평안한 세상은 어지러운 세상이되고, 번영을 누리다가도 곧 빈천에 처한다. 이러한 이치는 사람의힘으로는 어찌 할 수 없기에 그때그때 합당한 도리를 지켜야 한다.

"어려워도 바름을 지키고, 근심하지 않고 진실함을 지킨다."

때와 상황에 연연하지 않고 바름과 진실함을 지킬 때 길이 열린다. 바로 중용의 도리다. 중용은 가장 쉬우면서도 어려운 도리다. 어떤 상황에서도 바름과 진실함을 지킬 때 중용은 이루어진다. 오늘날에도 중용의 사람은 모든 상황에서 조화와 균형을 만든다. 당연히 사람들에게 존경과 사랑을 받는다.

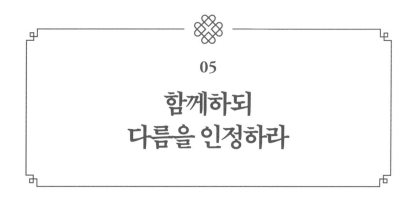

05

함께하되
다름을 인정하라

"들에서 함께하면 형통하다. 큰 내를 건너는 것이 이롭고, 군자의 바른
도리를 지키는 것이 이롭다."

同人于野亨 利涉大川 利君子貞
동인우야형 이섭대천 이군자정

《역경》, 〈동인괘〉

위 구절은 사람들이 함께할 때 번영할 수 있다는 〈동인괘〉의 괘
사로 〈비괘〉의 다음에 실려 있다. 〈비괘〉는 관계가 꽉 막혀 서로 통
하지 않은 것을 말하는 괘로 〈서괘전〉에서는 이렇게 말한다.

"사물은 끝까지 막힐 수 없기에 동인괘로 받았다."

〈태괘〉의 다음에 있는 〈비괘〉는 〈서괘전〉에서 "태괘는 통함이다. 사물은 끝까지 통할 수 없기에 비괘로 받았다"라고 말했던 것으로 보아 〈태괘〉, 〈비괘〉, 〈동인괘〉의 세 가지 괘는 만물은 극에 달하면 반전한다는 '물극필반'의 원리를 잘 말해 준다.

통함이 있으면 막힘이 다음에 오고, 그다음에 다시 통하는 것이 천지 만물의 원리다. 이는 사람의 관계에서도 그대로 적용되는 이치다. 비록 여러 가지 요인으로 관계가 단절될 수 있지만 이는 바람직한 상태는 아니다.

〈비괘〉의 〈단전〉이 잘 말해 준다.

"비괘는 사람의 도리가 아니니 군자가 바름을 지키는 데 이롭지 않다. '큰 것이 가고 작은 것이 온다'는 것은 천지가 사귀지 않아 만물이 통하지 않고, 상하가 사귀지 않아 천하에 나라가 없는 것과 같다. 음이 안에 있고 양이 밖에 있으며, 유(柔)가 안에 있고 강(剛)이 밖에 있으며, 소인이 안에 있고 군자가 밖에 있으므로, 소인의 도가 자라고 군자의 도가 사라지는 것이다."

여기서 양과 강은 모두 바람직한 것들로, 군자가 추구해야 하는 것이다. 음과 유 그리고 소인은 모두 바람직하지 않은 상태들이다. 따라서 안과 밖이 뒤바뀐 이 상태에서는 세상 만물은 물론 사람들의 사회에서도 혼란을 야기한다. 국가의 정치 상황이 막히고 비정상이 되어 나라가 있어도 나라가 없는 것과 같다. 당연히 사람들은 모두 도탄에 빠진다. 하지만 다행히 〈비괘〉의 다음에 〈동인괘〉가 따른다. 예문의 구절은 〈동인괘〉로 회복되는 것의 이점을 말해 준다.

같음을 강요하는 사람,
조화를 이루는 사람

예문의 '들에서 함께한다'는 온 나라가 함께한다는 것이다. 나라의 지도층과 백성 그리고 나라의 중심부와 변두리, 심지어 다른 나라까지 함께한다는 것은 천하가 하나가 된다는 것이다. 여기서 하나가 되는 것은 뜻과 목적 그리고 지향하는 바가 하나가 되기에 형통하다. '큰 내를 건넌다'는 것은 사람들이 한뜻으로 뭉치면 어떤 어려움도 이겨 낼 수 있다는 뜻이다. 이를 위해 군자는 올바른 도를 지켜 낼 수 있어야 한다. 들판에서 뭉치고, 큰 내를 건너기 위해서는 반드시 지도자가 바른길을 갈 수 있어야 한다. 편법이 아닌 정도로, 불법이 아닌 정의를 행할 때 좋은 결과를 만들 수 있다.

그 첫 번째가 〈상전〉에 실려 있다.

"하늘과 불이 동인괘이다. 군자는 동인괘를 보고 같은 종류를 분류하고 사물을 분별한다."

하늘과 불이 하나가 되는 것은 동등한 관계가 되는 것이다. 군자는 이를 보고 하나가 되는 이치를 깨닫는다. 무조건 모으는 것이 아니라 같은 뜻을 가진 종류를 모으고, 올바른 도덕성을 갖춘 사람을 찾을 수 있어야 한다. 바로 '유유상종(類類相從)'의 이치를 말한다.

유유상종은 오늘날 그리 좋은 어감으로 쓰이는 말은 아니다. '끼리끼리 모인다'는 말은 함께 휩쓸려 부정적인 일을 행할 때 쓰는 말이다. 하지만 공자는 좋은 점이 있다면 나쁜 점도 있기에 그것을 잘 구분하여 좋은 점을 취할 수 있어야 한다고 했다.

〈계사전〉에서 말하는 바와 같다.

"세상은 비슷한 성질을 가진 것들끼리 모이고, 만물은 무리를 지어서 나뉘어 산다. 길흉이 그로 말미암아 생긴다."

方以類聚 物以群分 吉凶生矣

방이유취 물이군분 길흉생의

'같은 종류들끼리 함께 모인다'는 뜻의 유유상종과 비슷한 의미이다. 〈계사전〉에서는 이로 인해 좋은 일도 있지만 나쁜 일도 생길 수 있다고 했다. 천하의 각 사물에는 제각각 맡겨진 일이 있기 때문에 맡겨진 일에 힘을 합쳐서 잘 해내면 좋은 일이다. 하지만 비슷한 것들끼리 휩쓸려 바르지 못한 일을 하거나 잘못된 풍토를 만든다면 반드시 나쁜 일이 생긴다. 요즘 말하는 연고주의, 학벌주의, 인종차별과 같은 것들이다.

공자는 이를 경계하여 해답을 제시한다.

"군자는 조화를 이루되 같음을 강요하지 않고, 소인은 같음을 강요하면서 조화를 이루지 않는다."

《논어》, 〈자로〉편에 실린 이 말은 서로 이질적인 것들이 조화를 이루고 함께할 때 더 좋은 세상을 만들 수 있다는 말이다. 이를 잘 말해 주는 고사가 《안자춘추》에 실려 있다.

제나라 대부 양구거가 멀리서 말을 달려오는 것이 보이자 망루에 있던 경공이 재상 안자에게 말했다.

"오직 양구거만이 나와 마음이 화합하는 것 같소."

그러자 안자가 대답했다.

"제가 보기에 두 사람은 오직 '같음[同]'만 있을 뿐 '어울림[和]'은 없습니다. 양구거는 폐하의 뜻에 무조건 따르기만 할 뿐인데 무엇이 잘 맞는다는 말씀인지요?"

이 얘기를 들은 경공은 의아해하며 다시 물었다.

"같음과 어울림의 차이가 도대체 무엇이오?"

안자가 대답했다.

"잘 어울린다는 것은 양념이 조화를 이루어야 맛있는 탕을 끓여 낼 수 있는 것과 같습니다. 싱겁지도 않고, 짜지도 않으면서 적절하게 재료들이 어우러져야 제맛이 나는 것입니다. 임금과 신하의 관계도 마찬가지입니다. 임금이 옳다고 한 것도 그것이 잘못되었으면 신하가 그 잘못을 말씀드려 틀린 것을 고쳐 나가야 합니다. 또 임금이 그르다고 한 것도 그것이 옳으면 신하가 그 옳은 것을 말씀드려 틀린 것을 고쳐나가야 합니다. 이렇게 해야 정치가 공평해져서 서로 충돌이 없고, 백성도 다투는 마음이 없어집니다."

경공이 고개를 끄덕이자 안자는 소신을 마저 밝혔다.

"양구거가 군주의 뜻을 무조건 받드는 것은 부화뇌동과 다르지 않습니다. 군주의 마음이 기우는 쪽을 먼저 알아차리고 무조건 옳다고 맞장구치는 것입니다. 이것은 짠 국물에 계속 소금을 넣는 꼴이니 누가 그 음식을 먹겠으며, 거문고가 한 가지 소리만 내는 것과 같으니 누가 그 소리를 듣겠습니까? 동(同)이 옳지 않음이 이와 같습니다."

나와 동류가 아니라고 해서 비난하거나, 다른 생각을 가졌다고 해서 따돌린다면 합당한 사고방식이라고 할 수 없다. 개개인의 창의는 말살되고, 권한을 가진 한 사람의 생각에 휩쓸려 갈 수 밖에 없다.

한마음 한뜻으로 하나의 목표를 향해 가면 반드시 일은 이루어진다. 지도자의 할 일이 바로 그것이다. 사람들을 하나로 모을 수 있어야 한다. 하지만 조건이 있다. 권력의 힘이 아닌 올바른 도덕성으로, 엄격한 규율만이 아닌 동기 부여로, 효율만이 아닌 존중으로 이끌어야 한다. 그리고 자유로움 속에서 개개인의 창의가 발현될 수 있도록 여건을 만들어 주어야 한다. 그때 사람들은 한마음으로 따르고, 함께 놀라운 결과를 만들어 갈 수 있다.

《중용》에서 "중(中)은 천하의 근본이고, 화(和)는 천하에 통하는 도(道)"라고 말했다. 그리고 이어서 "중화에 이르면 하늘과 땅이 자리를 잡고 만물이 자라난다"라고 한다. 언제 어떤 상황에서도 사람들을 조화롭게 만드는 사람은 질서와 소통과 배려의 사람이다. 자신은 물론 함께하는 모든 사람을 성장시킨다.

06

그릇은 가득 차면 넘치고 사람은 가득 차면 잃는다

"겸손은 높이지만 광대하고 낮으나 뛰어넘을 수 없으니 군자의 끝마침이다."

兼尊而光 卑而不可踰 君子之終也

겸존이광 비이불가유 군자지종야

《역경》, 〈겸괘〉

옛 군자들은 학문과 수양에 있어 그 어떤 경지에 올라도 스스로 내세우지 않았다. 겸손이 그들의 가장 중요한 덕목이자 처신의 기준이기 때문이다. 중국 북송의 유학자 정이는 "이치에 도달했기에 천명을 즐거워하고 다투지 않는다. 내면이 충실하기에 사양하고 자랑하지 않는다"라고 그 이유를 말한다. 겸손과 교만을 구분하는 것이 높은 도덕성과 충실한 내면이라는 것을 잘 알 수 있다.

군자들이 자신의 학식과 수양을 자랑하지 않는 반면 평범한 사람들은 그 추구하는 바가 다르다. 높은 지위와 많은 부, 권세를 가질수록 사람들은 교만해진다. 스스로 높이지 않아도 주위의 사람들이 높여 주기에 처음의 마음을 잃어버리는 것이다. 하지만 교만해질수록 패망이 가까워진다. 《역경》에서 말하는 '물극필반(物極必反)'의 이치를 말하지 않더라도, 많은 고전에서는 거듭해서 겸손의 유익과 교만의 폐해를 경계한다.

"교만은 손해를 부르고 겸손은 이익을 받는다."
滿招損 謙受益
만초손 겸수익

《서경》에 실린 글인데, 《명심보감》에서는 이 글을 인용해 겸손의 이점을 말해 준다.

"만족함을 아는 사람은 가난하고 천해도 즐겁고, 만족함을 모르면 부하고 귀해도 근심한다. 만족할 줄 알아 늘 만족하면 종신토록 욕되지 않고, 그칠 줄 알아 늘 그치면 종신토록 부끄러움이 없다. 교만은 손해를 부르고 겸손은 이익을 받는다."

《여씨춘추》에서는 교만의 결말을 실감 나게 말해 준다. 자신도 망하고 나라도 망하게 되는 것이다.

"망국의 군주는 반드시 스스로 교만하고, 스스로 지혜롭다고 여기고, 스스로 사물을 경시한다."

亡國之主 必自驕 必自智 必輕物

망국지주 필자교 필자지 필경물

하늘과 땅이 만날 때
모든 일이 형통하다

도입의 예문은 〈겸괘〉, 〈단전〉의 글인데, 그 전문은 이렇다.

"겸이 형통하다는 것은 하늘의 도가 아래로 교제하여 광명하고 땅의 도가 아래에 있으나 위로 올라가서 행한다. 하늘의 도는 가득 찬 것을 이지러지게 하여 겸손한 것에 더해 주고, 땅의 도는 가득 찬 것을 변하게 하여 겸손한 데로 흐르게 하며, 신은 가득 찬 것을 해치고 겸손한 것에 복을 주고, 사람의 도는 가득 찬 것을 싫어하고 겸손한 것을 좋아한다. 겸은 높이지만 광대하고 낮으나 뛰어넘을 수 없으니 군자의 끝마침이다."

가장 높은 것은 자연에서는 하늘이고, 사람들의 세상에서는 왕이다. 이들이 스스로 굽혀서 내려와 아래와 만날 때 모든 일이 형통해진다. 이때 아래의 것들 역시 가만히 있지 않고 위로 올라가야 한다. 위가 아래로 내려오는 것은 겸손이고, 아래가 위로 올라가는 것은 성장이다. 스스로 겸손을 통해 내려오지 않으면 반드시 외적인 자극에 의해 강제로 내려올 수밖에 없다. 하늘의 해는 중천에 올랐어도 곧 서쪽으로 기울어진다. 달도 항상 만월이 아니라 점차 이지러짐으로써 기울어진다. 땅의 관점에서 보면 높은 언덕이 계곡이 되고 낮은 계곡이 높은 언덕이 됨으로써 변해 간다. 하늘과 땅의 이치 역시 모든 것이 변해 스스로 겸손해진다. 이럴 때 복을 받을 수 있지만 교만하게 자기 자리를 지키려고 하면 해를 받게 된다.

사람의 관점 역시 마찬가지다. 이것을 〈단전〉에서는 "사람의 도는 가득 찬 것을 싫어하고 겸손한 것을 좋아한다"라고 말했다. 겸손한 사람은 사람들에 의해 높은 대우를 받고, 교만한 사람은 사람들에 의해 무너지게 된다. 결론적으로 겸은 낮은 것 같지만 높다. 작은 것 같지만 크다. 부족한 것 같지만 넘친다. 바로 겸손을 취하는 사람의 위대함이다.

또한 군자는 스스로 겸손한 것에 그치지 않고, 겸손함으로 사람을 다스린다. 이는 지도자의 처신을 말해 주는데, 〈상전〉에서는 "군자가 겸괘를 보고서 많은 것을 취하여 적은 것에 더해 주고, 물건을 저울질하여 공평하게 베푼다"라고 말했다. 공평과 정의로 나라를 다스리는 지도자의 올바른 행동이다.

다음 《명심보감》의 글은 교만의 위험을 말해 준다.

"그릇은 가득 차면 넘치게 되고 사람은 가득 차면 잃게 된다."
器滿則溢 人滿則喪
기만즉일 인만즉상

제나라 환공이 스스로를 가다듬기 위해 항상 곁에 둔 그릇이 있다. '의기(倚器)'라고 하는데, 이 그릇은 물이 절반만 차면 그대로 있지만, 그 이상을 부으면 기울어져 물이 쏟아지게 되어 있다. 설사 이러한 인위적으로 만든 그릇이 아니더라도 그릇의 크기를 고려하지 않고 물을 부으면 넘쳐흐르는 것은 자연의 이치다. 이러한 이치는 사람에게도 그대로 적용된다. 사람이 자신의 분수에 맞지 않는 지위와 부를 갖게 되면 교만에 빠진다. 그리고 교만에 빠지는 순간 패망의 길로 가게 된다. 지나친 탐욕이 화를 부르는 것이다.

사람들이 부와 권력을 쥐었을 때 스스로 낮춘다는 것은 쉬운 일이 아니다. 어려울 때는 비굴할 정도로 자신을 낮추었지만 많은 것을 손에 쥐면 본능적으로 자신을 높이게 된다. 자신이 가진 것과 자기 자신을 동일시하기 때문이다. 또한 주위의 사람들이 가만두지 않는다. 권력에 잘 보여 자기 영달을 꾀하려는 사람들의 행태다. 겸손이 이렇게 쉽지 않은 일이기에 스스로를 돌아보는 성찰의 자세가 필요하다.

《도덕경》에 실린 "최고의 선은 물이다"라는 구절이 좋은 본을 보여 준다.

"물은 만물을 이롭게 하지만 더 가지려고 다투지 않는다. 다른 사람들이 싫어하는 곳에 기꺼이 머문다. 낮은 곳에 머물고, 모든 것을 포용한다."

물은 만물을 이롭게 하는 가장 위대한 힘이 있지만, 스스로는 낮은 곳을 찾는다. 높은 곳에 머물 수 있지만 머물지 않고 낮은 곳으로 흘러가기에 최고의 선을 지닌 존재라는 것이다.

노자는 《도덕경》, 〈제67장〉에서 자기의 '세 가지 보물'을 말했다. 그것은 바로 겸손의 이점이다.

"나에게는 세 가지 보물이 있으니 이것을 잘 간직해 소중히 지키고 있다. 첫째는 자애로움이요, 둘째는 검약함이요, 셋째는 남보다 앞서지 않으려는 마음이다. 사람을 사랑하므로 도리어 용기가 있을 수 있고, 검약하므로 도리어 넉넉할 수 있고, 남보다 앞서지 않기에 도리어 큰 그릇이 될 수 있다. 하지만 사랑을 버리고 용감하려고 하고, 검약을 버리고 넉넉하려고 하고, 뒤로 물러남을 버리고 앞장서려고 한다. 그것은 죽음뿐이다. 무릇 사랑으로 싸우면 이기고, 사랑으로 지키면 견고하다. 하늘이 장차 구원하려 하면 자애로써 보호할 것이다."

사랑과 겸손을 지닌 사람은 사람들로부터 존경과 사랑을 받는다. 더불어 하늘의 도움까지 얻을 수 있다. 높이 오를수록 아래를 돌아볼 수 있어야 한다. 그리고 자신을 돌아보는 성찰이 필요하다. 스스로 낮추면 사람들이 높여 준다. 그리고 하늘이 도와준다. 사람들이 높여 주고 하늘이 도와주면 영원할 수 있다.

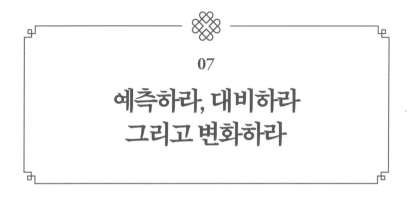

07

예측하라, 대비하라
그리고 변화하라

"절개가 돌과 같이 견고하여 하루를 마칠 것도 없이 바르고 길하다."

介于石 不終日 貞吉

개우석 부종일 정길

《역경》, 〈예괘〉

'豫(예)'는 '미리 안다'는 의미로, 예측(豫測), 예언(豫言) 등으로 쓰인다. 남들이 알지 못하는 것을 미리 안다는 것은 보통 사람이 생각하기 어려운 탁월한 능력이다. 하지만 반드시 그에 따른 합당한 행동이 따라야 예측의 능력에 남다른 의미가 생긴다. 위기를 미리 알았다면 반드시 사람들에게 경고를 하고 함께 대비할 수 있어야 한다는 것이다. 좋은 결과를 미리 알았다면 그에 합당하게 그 일을 추진할 수 있어야 한다. 따라서 예는 모든 일을 좋게, 적절하게 만들어 갈 수 있는 능력이다.

《중용》에는 이렇게 실려 있다.

"할 말이 미리 정해져 있으면 걸림이 없고, 행동이 미리 정해져 있으면 흠이 없고, 방법이 미리 정해져 있으면 궁하지 않게 된다."

이 구절을 보면 나라를 다스리는 큰일뿐 아니라 평범한 사람의 일상에서도 '미리 대비하는 것'의 중요성을 잘 알 수 있다. 말과 행동에 흠이 없고 해야 할 일의 방법을 알면 어떤 상황에 처해도 원만하게 잘 처리할 수 있다. 특히 위급한 일이 생겼을 때 당황하지 않고 일에 대응할 수 있는 사람도 바로 예의 능력을 가진 사람이다. 예는 이외에도 여러 가지 의미가 있다.

먼저 '일예(逸豫)'는 '편안하게 놀며 즐긴다'는 뜻이다.

어떤 일이든 미리 대비해서 잘 대처한다면 일은 잘 처리되고 당연히 마음이 편안해지고 즐거워진다. 편안함과 즐거움은 대비를 잘하는 사람이 갖는 이점이다. 일예의 사람은 어렵고 힘든 상황에 처해도 당황하지 않고 여유 있게, 일을 즐겁게 잘 해결해 나간다. 당연히 일 자체도 즐길 수 있다.

《논어》에는 이렇게 실려 있다.

"아는 것은 좋아하는 것보다 못하고, 좋아하는 것은 즐거워하는 것보다 못하다."

知之者不如好之者 好之者不如樂之者

지지자 불여호지자 호지자 불여락지자

배움은 물론 삶의 어떤 분야에서든 즐거운 마음으로 하는 것이
최상의 경지다.

그다음은 '화예(和豫)'다. 예와 조화를 이루면 스스로 마음이 화
평하게 됨은 물론 함께하는 사람들과의 관계도 조화로워진다. 평
안한 마음으로 주위 사람들과 좋은 관계를 유지한다면 모든 일이
순조롭게 풀린다.

〈서괘전〉에서 "큰 것을 소유하면서 겸손할 수 있으면 즐겁기 때
문에 예괘로 받았다"라고 하듯이, 〈예괘〉는 사람들이 바라고 좋아
하는 것을 모두 가지고 있다. 많은 것을 소유하면서도 겸손하니 덕
이 갖추어진 것이고, 어떤 상황에서도 즐거울 수 있는 것은 자족의
삶을 사는 것이다.

〈예괘〉, '육이'의 괘사인 도입의 예문도 마찬가지로 예의 유익을
말해 준다. 상징적으로 말하기에 해석이 어려울 수도 있지만 그 뜻
을 찬찬히 살려 보면 충분히 공감이 간다. 예측의 능력을 가진 사람
은 상황에 연연하지 않으니 흔들림이 없다. 이러한 사람은 순조롭
고 평온할 때는 즐겁게 지낼 수 있다. 만약 위기를 감지하거나 움직
여야 할 상황이 되면 일찍 문제를 발견해서 해결한다. 어떤 문제든

늦게 끄는 것이 없이 해결되므로 아침에 일어난 문제를 저녁까지 가지고 가지 않는다. 단호하고 결단력이 있는 모습이다. 따라서 이러한 사람은 반드시 올바르고 길하다.

겸손을 잃으면
모든 것을 잃는다

하지만 길흉화복을 말하는 《역경》의 이치와 같이 〈예괘〉에서도 항상 좋은 점만 있는 것이 아니다. 겸손함으로 많은 것을 얻을 수 있지만, 만약 겸손을 지키지 못하면 그 모든 것을 잃을 수도 있다는 것을 경계한다. 〈예괘〉의 맨 앞에 실려 있다. 좋은 점에 앞서 나쁜 점을 말하는 것은 그 위험성을 먼저 알아야 한다는 뜻이다.

"초육, 즐거움이 밖으로 드러나니 흉하다."
初六 鳴豫 凶
초육 명예 흉

원문의 '명(鳴)'은 운다는 뜻이지만 이 구절에서는 '마음속의 감정이 밖으로 드러난 것'을 말한다. 감정이 드러나는 것이 무조건 나쁜 것은 아니지만 여기서는 겸손하지 못하고 안일한 즐거움에 빠지는 것이므로 좋지 않다. 〈상전〉에서는 "'즐거움이 밖으로 드러난다'는 것은 뜻이 곤궁하여 흉한 것이다"라고 설명한다. 눈앞의 즐거움에만 도취되면 이미 큰 꿈을 잃어버린 것이다.
예문의 다음인 '육삼'에서도 역시 경계의 가르침을 준다.

"육삼, 쳐다보며 즐거워하니 후회가 있을 것이다. 또 후회가 더디면 또 후회가 있을 것이다."

六三 盱豫悔 遲有悔

육삼 우예회 지유회

바로 앞의 괘사인 '육이'에서는 '흔들림이 없고 단호하기에 길하다'고 말했다. 하지만 '육삼'에서는 중심을 바로잡지 못하고 흔들리는 모습을 보여 준다. 쳐다보며 즐거워하는 것은 자만하는 모습이다. 이러한 사람들은 그 즐거움을 놓치지 않기 위해 변화를 주저하고 위기에 결단하지 못한다. 만약 자신이 잘못된 것을 알고 후회를 하면 단호하게 변화할 수 있어야 한다. 잘못된 것을 알면서도 즐거움에 빠져 후회를 미룬다면 후회가 후회를 부르는 일이 생긴다. 중심을 못 잡는 사람의 모습이다.

예측하고 대비하는 능력은 뛰어난 사람의 자질이다. 사람을 이끄는 자리에 있는 사람은 이 능력을 갖추어야 한다. 하지만 어렵게 지금의 자리에 올랐지만, 그 자리가 주는 즐거움에 도취되어 안주한다면 그 자리를 오래 견지할 수 없다. 곧 무너지고 말 것이다. 이러한 문제를 해결할 방법을 〈예괘〉의 마지막 '상육'의 괘사에서 말해 준다.

"즐거움에 빠져 혼미하나 변화가 있으면 허물이 없을 것이다."

上六 冥豫 成有渝 无咎

상육 명예 성유투 무구

어렵고 힘든 과정을 거쳐 정상의 자리에 오르면 누구나 누리고 싶은 마음이 있다. 능력에 대한 자긍심도 들 것이고, 어렵게 손에 넣은 부와 권세를 마음껏 휘두르고 싶은 마음도 생긴다. 특히 주위 사람들이 모두 높여 주니 자기도취에 빠지기도 쉽다. 이때 스스로 변화할 수 있으면 당연히 위기에서 벗어날 수 있다. 하지만 스스로 변화하지 못하면 곧 위기에 빠진다. 이때는 지체 없이 현명하고 강직한 사람을 찾아야 한다. 그리고 이들의 충고와 간언을 사심 없이 받아들여야 한다. 그러나 이렇게 하지 못하는 사람이 너무 많다. 자만심이 귀를 막는 것이다.

　누릴 수 있을 때 절제하는 사람, 할 수 있을 때 잠시 멈추고 자신을 돌아보는 사람, 자기 자리가 오직 자기의 힘이 아닌 주위의 도움으로 얻은 것임을 깨달을 수 있는 사람은 즐거움을 오래 누릴 수 있다. 남다른 예측 능력으로 자신은 물론 함께하는 사람들도 평안과 즐거움을 누리게 한다. 모두를 즐겁게 만들 수 있는 이가 최선의 사람이다.

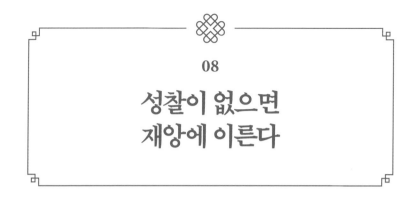

성찰이 없으면
재앙에 이른다

"멀리 가지 않고 돌아오니 이로써 수양을 하는 것이다."

不遠之復 以修身也

불원지복 이수신야

《역경》, 〈복괘〉

〈복괘〉는 《역경》의 23번째 괘로 〈박괘〉의 뒤에 있다. 〈박괘〉의
앞은 〈비괘〉인데, 세 가지 괘가 모두 연관이 있으므로 함께 짚어 보
면 이해하기가 쉽다.

〈비괘〉는 꾸밈의 괘로 본질과는 상대되는 개념이다. 원문으로
꾸밈은 '文(문)'이고 본질은 '質(질)'로 공자는 "문과 질이 잘 어우러

져야 군자답다"라고 하며 둘의 조화를 중요시했다. 어느 한쪽만 치우치면 바람직하지 않다는 것이다. 만약 그렇지 못할 때를 경계한 것이 바로 〈박괘〉이다.

〈박괘〉의 〈서괘전〉에는 "꾸밈을 이룬 후에 형통하면 다하기 때문에 박괘로 받았다"라고 했다. 여기서 꾸밈을 이루는 것은 크게 발전한 것이다. 하지만 사물은 극에 달하면 반전한다. 결국은 쇠락하고 시들고 말기에 깎아 낼 '박'으로 받았다. 하지만 그 쇠락하는 것 역시 막아 낼 방법이 있다. 바로 근본으로 돌아가는 것으로 〈복괘〉가 말하고 있는 바다. 〈서괘전〉은 복괘를 이렇게 풀이한다.

"만물은 결국에 가서 모두 소진할 수는 없으니, 소멸하는 것이 위에서 극한에 이르면 아래로 내려와 소생하므로 회복을 상징하는 복괘로 받았다."

《역경》의 이치가 음이 극한에 이르면 양이 소생하는 것이므로, 이는 사람에게도 같다. 군자의 도가 소멸하다가 극한에 이르면 다시 자라나서 선을 회복할 수 있다.

공자의 총애를 받은 제자
안연의 최고의 장점

도입의 예문은 〈복괘〉의 초구인 "멀리 가지 않고 돌아와서 후회하는 데 이르지 않으니 크게 길할 것이다"를 설명한 〈상전〉의 글이다. '멀리 가지 않고 돌아온다'는 군자가 수양하는 것을 말한다. 사람은 누구나 잘못할 수 있다. 아무리 뛰어난 경지에 있는 사람도 마찬가지다. 단지 잘못을 저질렀을 때 취하는 자세를 보면 그 사람의 품격을 알 수 있다.

바른길을 추구하는 사람은 자신이 잘못했다는 것을 깨달았을 때 지체하지 않고 반성하고 고친다. 그런 사람만이 같은 잘못을 더 이상 저지르지 않을 수 있다. 하지만 잘못을 설사 반성한다고 해도 다시 반복하지 않기는 쉽지 않다. 최고의 경지에 있는 공자조차 "잘못을 고치지 못하는 것, 이것이 나의 걱정거리다"라고 말하기도 했지 않은가.

〈계사전〉에서 공자는 수제자 안연의 예를 들어서 풀이해 주고 있다.

"안 씨의 아들 안회는 좋지 못한 점이 있으면 알아차리지 못한 적이 없었고, 알게 되면 그것을 다시 행한 적이 없었다."

안연은 공자의 수제자로 공자의 인정과 총애를 받았던 제자다. 노나라 군주 애공이 "학문을 좋아하는 제자는 누구입니까?"라고 묻자, 공자는 안연을 들며 "그 사람 이후로는 호학하는 제자를 본 적이 없습니다"라고 말하기도 했다. 심지어 "안연이 나보다 낫다"라고 서슴없이 인정하기도 했고, 안연이 젊은 나이에 세상을 버렸을 때 '하늘이 나를 버렸다'며 통곡하며 슬퍼했다.

하지만 안연 역시 절대로 잘못을 저지르지 않는 완벽한 사람은 아니었다. 그도 때로는 잘못을 저질렀지만, 남들과 다른 점은 언제나 민감하게 자신을 살폈고 자신의 허물을 알아차리면 즉시 반성하고 고쳤다는 것이다. 그리고 마음에 새겨 그 잘못을 다시 저지르지 않도록 노력했다. 그 같은 노력이 있었기에 공자로부터 "나보다 더 낫다"라는 인정을 받을 수 있었을 것이다.

〈복괘〉에서는 괘사를 통해 여러 가지 '돌아옴'의 모습과 이점을 말해 준다.

"육이, 아름답게 돌아옴이니 길하다."
六二 休復吉
육이 휴복 길

망설이지 않고 깨끗하게 돌아오는 것을 말한다. 잘못을 일으키는 욕망과 욕심에 연연하지 않고, 오직 스스로 낮추어 바른 마음을 회복하는 것이다.

"육삼, 자주 돌아옴이니 위태로우나 허물은 없다."
六三 頻復 厲无咎
육삼 빈복 여무구

후회할 일을 자주 만드는 것을 말한다. 잘못을 거듭하는 것은 그리 바람직하지는 않지만, 이는 평범한 사람들의 한계일 것이다. 그때마다 자포자기하지 않고 후회하고 반성한다면 고치지 않은 것보다는 훨씬 나을 것이다.

"육사, 중도를 행하고 홀로 돌아온다."
六四 中行獨復
육사 중행독복

모든 후회와 반성은 다른 것의 도움이 아닌 자신의 주관적인 결정에 따른다는 것을 말한다. 마음의 중심을 바로 세우고, 혼자만의 시간에, 혼자만의 장소에서 자신을 성찰할 때 온전하게 회복할 수 있다.

"육오, 두텁게 돌아오니 후회함이 없다."
六五 敦復 无悔
육오 돈복 무회

잘못을 스스로 회복하는 마음이 이미 습관이 되어 있으므로 쉽게 흔들리지 않는 마음을 가질 수 있는 것이다. 잘못을 깊이 반성한다면 다시 저지르지 않을 가능성이 높아진다.

"상육, 돌아옴이 그치니 흉하다. 군대는 대패하고 나라에는 군주가 흉하고 10년이 이르도록 능히 출정하지 못하다."
上六 迷復 凶 有災眚 用行師 終有大敗 以其國君 凶 至于十年不克征

상육 미복 흉 유재생 용행사 종유대패 이기국군 흉 지우십년불
극정

진정한 후회가 없으면 영원히 재앙이 이른다는 말이다. 자신을
성찰하지 않고 잘못을 고치지 못하는 사람은 그 미래가 밝지 않다.
특히 사람을 이끄는 지도자에게는 치명적인 약점이 된다. 자신은
물론 모두를 망하게 한다.

《채근담》에는 "세상을 뒤덮는 공로도 '뽐낼 긍(矜)' 자 하나를 당
하지 못하고, 하늘에 가득 찬 허물도 '뉘우칠 회(悔)' 자 하나를 당하
지 못한다"라고 실려 있다. 자기 잘못을 보지 못하고 성찰하지 못하
는 사람은 교만한 사람이다. 자신이 오른 위치와 주위의 칭송에 도
취되어 아무리 높은 자리에 올라도 진정한 존경을 받지 못한다.

사람들은 잘못을 저질렀을 때 그 잘못을 대하는 자세를 통해 자
신의 사람됨을 드러낸다. 뻔히 눈에 보이는 잘못을 무조건 부인하
거나 오히려 화를 내며 상대를 억눌러 그 잘못을 덮으려고 하는 사
람은 부끄러움을 모르는 사람이다. 특히 높은 자리에 앉아 자기의
지위나 권위를 이용해 잘못을 부인하거나 무마한다면 그 사람은 품
격이 없는 속된 사람이다. 당연히 아랫사람들의 자발적인 존경을
받지 못한다. 겉으로는 마지못해 그들을 따르는 척하지만 속으로
는 경멸한다. 지위나 신분에 관계없이 자기 잘못을 부끄러워하고,
인정하며, 그 잘못을 고치려고 노력하는 사람이 진정으로 품격 있
는 사람이다.

'恥(부끄러울 치)'는 '耳(귀 이)'와 '心(마음 심)'으로 이루어진 글자다. 자신만 아는 마음의 소리에 귀를 기울이며 날마다 성찰한다면 부끄럽지 않은 삶을 살 수 있을 것이다.

09

평범한 사람이
성공에 이르는 법

"거꾸로 기르면 길하니, 호시탐탐 노려보고 구하기를 계속하면 허물
이 없다."

顚頤 吉 虎視眈眈 其欲逐逐 无咎

전신 길 호시탐탐 기욕축축 무구

《역경》, 〈이괘〉

〈이괘〉는 《역경》의 27번째 괘로서 '산뢰이괘(山雷頤卦)'라고 한
다. 가르치고 성장시키는 의미를 담고 있는데, '산뢰(山雷)'는 자연
이 만물을 기르는 것을 '이(頤)'는 사람이 사람을 가르치는 것을 말
한다. '이'는 '턱'을 말하는데, 사람이 성장하기 위해서는 반드시 턱
이 있어야 한다. 사람은 입으로 먹고 마셔 몸을 성장시키고 말을 통

해 사람을 가르치고 자신을 수양하기 때문이다. 가르침에는 남을 가르치는 것과 스스로 자신을 가르쳐 성장시키는 의미가 있다.

다음의 괘사가 말해 준다.

"바르면 길하니 남을 기르는 것을 보고, 스스로 입안을 채울 음식을 구해야 한다."

貞吉 觀頤 自求口實

정길 관이 자구구실

가르침은 그 어떤 것보다 중요하기에 반드시 올바른 방법을 통해 정당하게 행해야 한다. 남을 가르치는 것은 물론 자신을 가르쳐 성장하는 것도 마찬가지다. 남을 기르는 것은 유심히 잘 살펴보아야 하고, 자신을 기르는 것도 올바른 방법을 통해 정도에 맞게 해야 한다. 빠른 성장을 위해 편법과 불법적인 방법을 쓰는 것은 좋은 결과를 만들 수 없다. 〈이괘〉는 그 위험성을 효사를 통해 거듭해서 말해 준다.

"초구, 너의 신령스러운 거북을 버리고 나를 보고 턱을 늘어뜨리니 흉하다."

初九 舍爾靈龜 觀我朶頤 凶

초구 사이령귀 관아타이 흉

사람에게는 누구나 자신만의 장점과 남다른 재능이 있다. 신령스러운 거북은 바로 그것을 상징한다. 그 재능을 잘 키워 나가 성장하면 반드시 제 몫을 할 수 있다. 하지만 다른 사람의 재능이나 능력만을 부러워하고 자신의 것을 키울 생각을 하지 않으면 제대로 성장할 수 없다.

공자는 남을 비교하는 습관을 가진 제자 자공을 다음과 같이 꾸짖었다.

"자공아, 너는 한가한가 보구나. 나는 바빠서 그럴 겨를이 없다."

남과 비교하는 시간을 자신을 성장시키는 데 써야 한다. 물론 반대로 자신이 가진 것이 남보다 조금 낮다고 해서 기고만장하고 잘난 체하는 것 역시 성장에 저해가 된다. 어떤 상황에서도 마찬가지이지만 특히 배움에 있어서 교만은 치명적이다.

제대로 씹고 삼키지 않으면 탈이 나고 정도를 걷지 않으면 성장하지 않는다

"육이, 거꾸로 길러지니 도리에 어긋나고, 언덕에 길러지기 위해 가는 것도 흉하다."

六二 顚頤 拂經 于丘頤 征凶

육이 전이 불경 우구이 정흉

성장하기 위해 가장 중요한 요소는 자기 스스로 성장의 욕구와 동기를 가지고 바르게 행하는 것이다. 아랫사람이나 윗사람에게 기대어 성장하기를 바라는 것은 바른 방법이 될 수 없다. 아랫사람에게 바라는 것은 올바른 도리가 아니어서 구차하고, 위에 기대어 구하는 것은 아부와 아첨이 될 수 있다.

공자가 제자 담대멸명을 군자로 인정했던 것이 이를 잘 말해 준다. 공자의 제자 자유는 '부하 중에 인재가 있으냐'고 묻는 공자에게 담대멸명을 소개했다. 그리고 "그는 길을 갈 때 지름길로 가지 않고, 공적인 일이 아니면 저희 방에 찾아온 적이 없습니다"라고 그 이유를 말했다. 정도를 걷는 사람은 윗사람에게 사사로운 청탁을 하지 않는다.

"육삼, 길러 주는 도에 어긋나면 바르더라도 흉하다. 10년이 걸려도 기르지 못하니 이로운 바가 없다."

六三 拂頤 貞凶 十年勿用 无攸利

육삼 불이 정흉 십년물용 무유리

사람이 바르게 성장하려면 반드시 올바른 순서와 절차를 따라 차근차근 쌓아 나가야 한다. 턱이 제 효용을 발휘하기 위해서는 좋은 것을 먹고, 제대로 씹고 삼켜야 하는 것과 같다. 나쁜 음식을 먹거나 제대로 씹고 삼키지 않으면 바르게 성장할 수 없다. 제대로 된 방법을 찾지 못하면 아무리 오래 걸려도, 심지어 10년이 지나도 제대로 된 성장을 할 수 없다.

제대로 성장하기 위해서는 예문의 구절인 〈이괘〉의 '육사'를 따라야 한다.

"육사, 거꾸로 기르면 길하니 호시탐탐 노려보고 구하기를 계속하면 허물이 없다."

六四 顚頤 吉 虎視眈眈 其欲逐逐 无咎

육사 전이 길 호시탐탐 기욕축축 무구

먼저 '虎視眈眈(호시탐탐)'해야 한다.

마치 호랑이가 먹잇감에 집중하는 모습과 같다. 호랑이는 아무리 약한 상대라고 해도 사냥을 할 때 온 정신을 다해 집중한다. 오직 목표 대상에 집중하고 주위의 어떤 소음에도 영향을 받지 않는다. 그리고 사냥을 하기 전에는 반드시 움츠리고 움직이지 않는다. 철저한 준비와 대비를 하는 것이다. 철저한 준비와 온 마음을 다한 집중은 반드시 뜻을 이루게 한다. 오늘날 호시탐탐은 '호랑이가 눈을 부릅뜨고 먹잇감을 노린다'는 뜻으로 그리 긍정적으로 쓰이는 말이 아니다. 남의 것을 빼앗기 위해 기회를 노리는 것이 좋아 보이지 않기 때문이다. 하지만 뜻을 이루기 위해서는 반드시 이러한 자세를 취해야 한다. 어떤 일이든 온 마음을 다해 집중하면 일이 이루어진다. 공부도 수양도 성공도 마찬가지다.

그다음은 '其欲逐逐(기욕축축)', 계속해서 쌓아 나가야 한다.

성취는 하루아침에 이루어지지 않는다. 마치 행운처럼 어느 순간 뚝 떨어지는 일은 거의 없다. 하지만 사람들은 누구나 행운을 바란다. 안타깝게도 인생에서 이러한 일은 거의 일어나지 않는다. 아니, 보통 사람에게는 단 한 번도 없다는 것이 맞을 것이다. 물론 아주 드물게 행운을 얻는 사람도 있으나 그 결말은 대부분 좋지 않다.

한번 떠올려 보라. 놀라운 행운이 시간이 지난 뒤 비극으로 끝마치는 일이 얼마나 많은가.

《채근담》에는 다음 구절이 실려 있다.

"노끈으로 톱질해도 나무를 자를 수 있고, 떨어지는 물방울로도 돌에 구멍을 낼 수 있으니, 도를 구하는 자는 모름지기 힘써 구하라."

繩鉅木斷 水滴石穿 學道者 須加力索

승거목단 수적석천 학도자 수가역색

《채근담》에서는 도를 구하는 방법을 말해 주지만 《도덕경》에는 인생의 모든 부분을 아우른다.

"아름드리나무도 털끝 같은 씨앗에서 나오고, 높은 누대도 한 무더기 흙을 쌓은 데에서 시작되고, 천 리 길도 한 걸음에서 시작된다."

合抱之木生於毫末 九層之臺起於累土 千里之行始於足下

합포지목생어호말 구층지대기어루토 천리지행시어족하

이 글에 이어 노자는 평범한 사람이 왜 일을 이루지 못하는지를 통렬하게 지적한다.

"사람의 일이란 대개 거의 성공할 무렵에 실패하고 만다. 일이 끝날 때 시작할 때의 마음과 같을 수 있다면 실패하는 일은 없을 것이다."

겉보기에는 평범하지만 작은 일에도 충성을 다하는 사람. 지금은 작은 씨앗에 불과하지만, 그 안에는 아름드리나무가 숨겨져 있다. 평상시에는 평범해 보이지만, 막상 일을 시작하면 완전히 달라진다. 눈빛이 달라지고, 온 마음을 다해 그 일에 집중하고, 일이 이루어질 때까지 포기하지 않는다.

지금 현재의 모습이 한 사람을 말해 주지는 않는다. 그 속에 숨겨져 있는 보이지 않는 가능성이 그 사람의 본모습이다.

10

큰 뜻이 있는 사람은
작은 분노로 앞을 막지 않는다

손괘의 상 풀이에서 말했다. "산 아래에 못이 있는 것은 덜어 냄이니, 군자는 이것을 가지고서 화를 누르고 욕심을 막는다."

損之象曰 山下有澤損 君子以懲忿窒慾
손지상왈 산하유택손 군자이징분질욕

《역경》,〈손괘〉

옛 선비들의 일상은 거의 학문을 닦는 것과 수양을 하는 데 있었다. 관직에 진출하기 전에는 물론이고, 관직에 진출해서도 일과 후의 나머지 시간은 모두 학문과 수양을 닦는 데 힘을 다했다. 학문을 위해서는 사서삼경을 탐독하며 그 뜻과 이치를 배웠고, 수양을 위해서는 책에서 배운 것을 성찰하며 자신을 가다듬었다. 그리고 그 핵심은 욕심의 절제와 감정의 다스림이었다.

욕심과 감정을 절제하는 것은 오늘을 살아가는 우리에게도 절실하다. 변화무쌍하고 번잡한 일들, 수많은 사람과의 대인 관계, 벗어나고 싶지만 벗어날 수 없는 일상에서 자신을 지켜 나간다는 것은 결코 쉬운 일이 아니다. 주체하기 어려운 욕망과 끊임없는 유혹 그리고 인간관계의 갈등이 날이면 날마다 우리를 흔든다. 바르고 곧게 서기는커녕 넘어지지 않기도 힘든 상황에서 옛 선비와 같은 절제와 엄정한 자기 관리는 엄두를 내기 힘들 것이다.

특히 변덕스러운 내 마음은 더욱 우리를 힘들게 한다. 《맹자》에서 "붙들면 보존되고 놓아두면 달아난다. 나가고 들어오는 것을 정한 때가 없으니 제 갈 곳도 알 수 없는 것이 바로 사람의 마음이다"라고 한 것처럼 마음은 내 것이지만 내 마음대로 할 수 없다. 살다 보면 감정을 자극하는 일이 있고, 그 일을 만드는 사람이 있다. 끊임없이 마음을 흔들고 그 마음을 잃게 만드는 일들이 생기는 것이다. 때로는 감정을 다스리지 못하고 발산함으로써 큰 곤란을 겪기도 하고, 때로는 감정을 묵혀 둠으로써 마음의 병이 되기도 한다.

인생에서 덜어 내야 할 두 가지, 절제하지 못하는 화와 자족하지 못하는 욕심

도입의 예문이 실린 〈손괘〉는 《역경》의 64괘 중 41괘로 〈해괘〉의 다음에 온다. 〈서괘전〉에서는 이렇게 해설하고 있다.

"해란 느슨해진 것이다. 느슨해지면 반드시 잃는 바가 있으므로 덜어 냄을 상징하는 손괘로 받았다."

解者緩也 緩必有所失 故受之以損

해자완야 완필유소실 고수지이손

해는 어려움에서 풀려난 것인데, 풀려나면 느슨해지므로 잃게 된다. 그래서 〈해괘〉 다음에 〈손괘〉가 오는 것이다.

〈손괘〉는 산을 상징하는 〈간괘〉가 위에 있고 연못을 상징하는 〈태괘〉가 아래에 있는 형태이다. 따라서 '산택손(山澤損)'이라고도 부른다. 산 아래의 물이 산 위의 나무와 풀을 유익하게 한다는 것으로, 아래를 덜어서 위를 증진시킨다는 뜻이다. 사람의 경우를 보면 윗사람이 아랫사람의 것을 취하여 자신을 두텁게 하는 것이다. 윗사람이 아랫사람에게 은혜를 베풀면 증진을 뜻하는 〈익괘〉가 되는데, 〈손괘〉는 이것과 반대이다. 이 두 가지는 모두 아래를 기준으로 이름을 붙인 것이다. 위에서 아래로 내려오면 '보탤 익(益)'이 되고, 아래에서 위로 올라가면 '덜 손(損)'이 된다.

일반적인 관점에서 보면 '보탬[益]'은 좋은 것이고, '덜어 냄[損]'은 나쁜 것이다. 하지만 《역경》에서는 반드시 그렇지는 않다. '손', 즉 덜어 냄도 이로울 수 있다. 물론 무조건적인 것은 아니고 조건이 달리는데, 〈손괘〉의 괘사를 보면 잘 알 수 있다.

"덜어 냄은 믿음이 있으면 크게 길하고 허물이 없어서 올바르게 할 수 있다. 나아가는 것이 이롭다. 어떻게 쓰겠는가? 두 대그릇만으로도 제사에 쓸 수 있다."

損 有孚 元吉 可貞 利有攸往 曷之用 二簋可用享
손 유부 원길 가정 이유유왕 갈지용 이궤가용향

덜어 냄은 과도한 것을 덜어 내어서 중도를 취하는 것이다. 하지
만 반드시 믿음과 진실에 기반을 두고 합당한 이치를 따라야 한다.
그래야 중도를 취할 수 있고 크게 길할 수 있다. 이럴 때는 당연히
계속 나아가는 것이 좋다. 하지만 만약 덜어 내는 데 지나치거나 어
긋남이 있으면 올바르지 않다. 믿음이 생길 수 없기에 당연히 길할
수가 없다. 반드시 멈추어야 한다.

도입의 예문은 〈손괘〉의 〈상전〉에 실린 글이다. 산 아래 연못에
서 생기와 기운을 위로 올리면 산은 더 높고 윤택해지고 연못은 더
깊어진다. 천하의 만물을 이롭게 하는 자연의 이치인 것이다. 군자
는 산과 연못의 이치를 통해서 자신에게서 덜어 내어야 할 것이 무
엇인지를 배운다. 그것은 바로 감정을 절제하지 못하는 화와 자족
하지 못하는 욕심이다.

옛 선인들 역시 가장 다스리기 어려운 감정으로 '성냄'을 들며 스
스로 다스리기 어렵다고 토로하고 있다. '명도선생(明道先生)'이라
고 불리는 북송의 유학자 정호가 장자에게 했던 말이다.

"사람의 감정 중에서 쉽게 일어나 다스리기 어려운 것 중에 분노
가 특히 심하다. 단지 화날 때는 얼른 그 화내는 것을 잊고 사리의
옳고 그름을 살펴보면 외부의 유혹이 미워할 만한 것이 아님을 알
수 있고, 도를 향하는 마음이 이미 절반을 넘어선 것이다."

그런가 하면 북송의 문인 소식은 〈유후론〉에서 분노를 합당하게 발산하는 방법을 일러 준다.

　　"필부가 치욕을 당하면 칼을 뽑아 일어나 싸우지만 이것은 용기가 될 수 없다. 큰 용기란 갑작스러운 어려움을 당하여도 놀라지 않고, 억울한 일을 당해도 화내지 않는다."

　　그리고 그 이유를 "마음에 품은 뜻이 크고 원대하기 때문이다"라고 말한다. 마음에 큰 뜻이 있는 사람은 작은 분노로 자기 앞길을 막지 않는다.

　　욕심과 분노는 사람의 감정 중에서 가장 이겨 내기 힘들다. 가장 본능에 가깝기 때문이다. 옛 선비들이 끊임없이 학문을 닦고 수양을 했던 것도 욕심과 분노의 감정을 다스리기 위해서였다고 해도 과언이 아니다. 오늘을 사는 우리 역시 욕심과 분노로 인해 많은 어려움을 겪는다. 순간적인 분노와 탐욕으로 인해 인생을 망치는 경우도 많다. 스스로 이겨 내기 힘들기에 노력하는 수밖에 없다. 욕심과 분노에 사로잡힐 때 잠깐 멈추어 생각하고, 혼자만의 시간을 가지며 자신을 성찰하는 습관을 기르는 것이다. 인간은 격정에 휩쓸릴 때가 아니라 잠깐 멈출 때 자신의 존재감을 가장 깊이 깨달을 수 있다.
　　남을 이기는 사람이 강한 사람이 아니다. '극기복례(克己復禮)', 자신의 연약함을 알고 날마다 고쳐 나가며, 자기보다 다른 사람을 먼저 배려하는 사람이 가장 강한 사람이다.

4장

사람을 사람답게
만드는 것은 무엇인가

《논어》에서 찾은 삶의 기본 자세

사람답게 사는 바탕을
제시하다

《사기》에서는 공자의 제자는 약 3,000명에 달한다고 전한다. 그 제자 중에 뛰어난 70명의 제자가 있었고, 그중에서 공자는 10명의 제자를 가장 뛰어나다고 〈선진〉편에서 말했다. 이들이 공자의 철학과 사상 그리고 학문을 이어받은 제자로, 치열한 춘추 전국 시대에 각 나라의 재상으로 큰 역할을 맡았다.

《논어》는 바로 이 제자들이 공자의 언행과 가르침 혹은 사적인 대화나 혼잣말까지 기록한 책이다. 물론 제자들이 주류를 이루지만 등장인물은 다양하다. 그 시대의 정치인이나 은자들, 평범한 사람들과의 대화도 나온다. '논어(論語)'의 뜻이 '토론하고 이야기하다'인 만큼 대부분의 내용이 대화로 이루어져 있다.

하지만 그만큼 책의 체계도 전혀 가다듬어지지 않아 철학서라고 하기 부끄러울 정도로 논리적으로 산만하다. 하지만 이런 진솔한 문장과 대화 속에서 오늘날 동양 철학의 근본이라고 할 만큼 심오한 사상이 담겨 있다. 바로 '인(仁)'의 철학이다. '인'은 공자 자신도 명확하게 정의하지는 않았지만 제자 번지와의 대화에서 '사람을 사랑하는 것[愛人]'이라고 정의한다. 사람으로서 가져야 할 최고의 덕목이며, 이상적인 사회를 만들기 위해 반드시 있어야 할 사랑, 그

'사랑'을 이미 2,500년 전에 공자는 설파했다.

《논어》에는 '인'을 이해하고 실현하기 위해 사람들이 반드시 알아야 하고, 실천해야 할 것들이 실려 있다. 그것을 한마디로 집약한 것이 《논어》의 맨 마지막 문장이다.

"천명을 알지 못하면 군자가 될 수 없고, 예를 알지 못하면 세상에 당당히 설 수 없고, 말을 알지 못하면 사람을 알 수 없다."

천명을 안다는 것은 세상일이란 반드시 뜻대로 되지 않음을 아는 것이다. 그때 좌절하고 포기할 것이 아니라 잠잠히 때를 기다리며 힘을 키우면 반드시 기회는 온다. 내가 기대했던 것보다 더 큰 일을 이룰 수도 있고, 하늘이 준 소명을 깨닫기도 한다. 공자는 천하 유람 중에 깨달았고, 다산 정약용도 기약 없는 귀양길에서 그랬다.

그다음 예를 안다는 것은 사람을 배려와 사랑의 대상으로 삼는 것이다. 그 시작은 가장 가까운 사람, 바로 부모 형제다. 가정에서부터 사랑을 세상으로 퍼뜨려 나가는 것이다.

마지막으로 말을 알고 사람을 안다는 것은 "말은 곧 그 사람 자신이다"라는 명제와 연관이 있다. 말을 통해 그 사람을 알고, 뜻이 맞는 사람과 함께 일을 이루어 가는 것이다.

《논어》에는 사람답게 사는 길, 삶의 의미와 가치를 바로 세우고 실천할 수 있는 모든 것이 실려 있다. 변화의 시대인 오늘날에도 변치 않는 지혜다.

01

삶을 소중히 하는 사람에게 행복이 찾아온다

"배우고 때때로 익히면 또한 기쁘지 않은가? 벗이 먼 곳에서 찾아오면 또한 즐겁지 않은가? 남이 알아주지 않아도 성내지 않는다면 또한 군자답지 않은가?"

學而時習之 不亦說乎 有朋自遠方來 不亦樂乎 人不知而不慍 不亦君子乎

학이시습지 불역열호 유붕자원방래 불역락호 인부지이불온 불역군자호

《논어》, 〈학이〉편

《논어》의 맨 첫 번째 구절이다. 《논어》는 공자의 삶과 철학을 집대성한 책이지만 공자의 저작도, 한 사람의 저작도 아니다. 제자들

이 공자의 가르침과 일화들을 모아 편집했기에 논리적인 전개도, 순서의 일관성도 없다. 따라서 맨 첫머리 글에 실린 글이라고 특별히 다른 의미를 둘 필요는 없을지도 모른다.

하지만 예문은 첫머리 글로서 충분한 의미와 가치를 지닌다. 바로 공자 스스로 자신의 삶의 철학을 밝힌 내용이기 때문이다. 그리고 학문과 수양의 정진을 추구하던 옛 선비들이 지향하던 삶이기도 하다. 평생을 두고 멈추지 않는 공부와 뜻이 맞는 친구들과의 교제 그리고 어떤 상황에서도 흔들리지 않는 자족하는 삶의 자세다.

예나 지금이나 좇아야 할
삶의 자세

먼저 첫 구절은 배움을 추구하는 자세를 말한다. '學而時習之[배우고 때때로 익힌다]'에서 '學(학)'은 배움을 말한다. '習(습)'은 그 배움을 익혀 삶에 적용하는 자세다.

'不亦說乎[또한 기쁘지 않은가]'의 '說(열)'은 마음이 즐겁고 통쾌한 것이다. 공부를 통해 몰랐던 것을 알게 되고, 삶을 가로막고 있던 걸림돌이 사라질 때 그 통쾌함은 누구나 절감할 것이다. 여기에서 우리는 배움이란 한순간에 그치는 것이 아님을 알 수 있다. 오늘날 사회에 진출하기 전, 학교에서의 공부를 끝으로 더 이상 배움의 필요도 느끼지 못하고, 추구하지도 않는 것은 진정한 배움의 자세가 아니다.

배움이란 삶에서 실천하고, 삶의 걸림돌을 깨부수는 수단이 되어야 한다. 따라서 배움은 어떤 순간에도 그쳐서는 안 된다. 특히 어려움에 처했을 때 가장 요긴한 수단이 되어야 한다. 공자는 배움에 임하는 사람을 네 가지로 구분하면서 "고난에 처해도 공부하지 않는 사람은 최하의 사람이다"라고 했다. 공부란 좋을 때나 어려울 때나 반드시 해야 할 삶의 필수적인 요소다.

'有朋自遠方來[벗이 멀리서 찾아온다]'에서 벗은 뜻이 같고 마음이 하나가 되는 사람이다. 단순히 같은 장소, 같은 스승에게 배우는 사람이 아니라 함께 길을 가는 사람이라야 진정한 벗이 된다.

여기서 벗은 두 가지 의미로 생각할 수 있다. 비록 멀리 떨어져 있어도 기쁘게 찾아갈 수 있는 사람이 진정한 벗이라고 할 수 있다. 가까이 있을 때는 함께 즐거움을 나누지만 멀리 떨어지면 쉽게 잊는 벗은 진실하지 않다. 최소한 깊은 우정은 아니다. 그다음 새겨야 할 점은 나 자신이 멀리 있는 벗이 찾아올 정도의 사람이 되어야 한다. 이해타산으로 만나지 않고 상황의 변화에 따라 쉽게 변하지 않는 친구, 바로 올바른 뜻을 함께하는 진정한 친구의 모습이다.

이상의 두 구절은 삶의 기쁨과 즐거움을 말한다. 공부를 쉬지 않고, 좋은 벗과의 교제를 즐기는 인생, 행복한 인생을 보내는 비결이라고 할 수 있다.

마지막으로, '人不知而不慍[남이 알아주지 않아도 성내지 않는다]'의 구절은 군자로서의 자격을 말한다. 이러한 자세를 취할 수 있어야 당당히 군자가 될 수 있다는 것이다. 따라서 이 구절은 몇 가지 중요한 의미를 내포하고 있다.

먼저 인생이란 반드시 우리가 생각한 대로 되지 않는다는 점을 일깨워 준다. 학문과 수양을 통해 스스로를 완성해 가는 것은 군자로서 당연히 해야 할 일이다. 그리고 적절한 때가 되면 세상에 뜻을 펼쳐야 한다. 최선을 다한다고 해서 반드시 성공하고 출세하는 것이 아니다. 물론 열심히 공부하고 노력하면 좋은 결과를 만들 확률은 높아진다. 하지만 내가 원하는 시간에 내가 원하는 부와 지위와 명예를 얻는 것은 아니다. 예문에서 말하는 '남이 알아주지 않는 상황'인 것이다. 세상을 살아가면서 누구나 처할 수 있는 상황으로 우리는 이것을 두고 '고난'이라고 한다.

이러한 고난이 닥쳤을 때 사람들은 두 가지 선택을 한다.

첫째, 세상을 원망하거나 스스로 포기한다. 맹자는 "스스로 포기하는 사람, 스스로를 버리는 사람은 하늘도 도울 수 없다"라고 했다.

둘째, 잠잠히 때를 기다리고 실력을 쌓아 나아간다. 이때 얼마든지 또 다른 기회가 온다. 오히려 내가 생각했던 것보다 더 큰 것을 이루기도 한다. 하늘의 소명을 이루는 기회가 되는 것이다. 내가 당초 가졌던 뜻보다 훨씬 더 크고 위대한 소명을 이룰 기회가 바로 지금 겪고 있는 고난일 수도 있다.

그다음, '성내지 않는다'의 구절이 뜻하는 것은 감정을 조절하는 능력이다. 사람들은 원하는 대로 되지 않을 때 화가 나기 마련이다.

하지만 화를 절제하지 않고 함부로 발산하는 것은 군자로서 부족함이 있는 것이다. 따라서 공자는 거듭해서 화를 절제하라고 권했다. 《논어》에 실린 "忿思難(분사난)", '화가 날 때는 나중에 있을 어려움을 생각하라'와 "不遷怒(불천노)", '화를 남에게 옮기지 말라'가 모두 그것을 말한다.

특이한 것은 '기쁘지 않은가?', '즐겁지 않은가?' 그리고 '군자답지 않은가?'같이 예문의 구절들이 모두 의문형로 되어 있다는 것이다. 마치 우리의 의사를 묻는 것처럼 되어 있는 것은 받아들이고 받아들이지 않는 것이 모두 우리에게 달려 있음을 뜻한다. 그 어떤 좋은 것이라도 우리의 선택에 달려 있다. 우리가 마음을 열고 받아들이면 모두 우리의 것이 된다.

배움을 통해 날마다 자기 성장을 도모하고, 마음 맞는 벗과 교류하며, 설사 당장 기회를 잡지 못한다고 해도 감정을 절제하고 잠잠히 자기 실력을 키워 나가는 사람. 자기 삶을 소중히 하는 사람이다. 큰일을 이루지 않아도 좋다. 하루하루 충실히 살며 성장을 멈추지 않는 삶을 살아가면 된다. 공자는 이러한 사람을 두고 '군자다운 사람'이라고 했다. 바로 자기 삶의 의미와 가치를 알고, 날마다 그것을 높이기 위해 노력하는 사람이 품격 있는 사람이다.

02

멀리 있는 빛을 좇지 말고
지금의 자리를 빛나게 만들라

"지위를 얻지 못했음을 걱정하지 말고, 먼저 합당한 실력을 갖추기를 근심하라. 자기를 몰라준다고 근심하지 말고, 남이 알아줄 실력을 갖추기 위해 노력하라."

不患無位 患所以立 不患莫己知 求爲可知也
불환무위 환소이립 불환막기지 구위가지야

《논어》, 〈이인〉편

《논어》, 〈자로〉편을 보면 공자와 제자 자로의 대화가 실려 있다.

자로가 "위나라 임금이 스승님을 모시고 정치를 한다면 스승님께서는 무엇을 먼저 하시겠습니까?"라고 묻자 공자가 대답했다.

"반드시 이름을 바로잡겠다."

정치란 무언가 특별한 일을 해야 하는 것이라고 생각했던 자로는 이렇게 되물었다.

"현실에 맞지 않는 것 같습니다. 어째서 그것을 먼저 바로잡아야 하는지요?"

그러자 공자는 꾸짖으며 말했다.

"이름이 바르지 않으면 말이 사리에 맞지 않고, 말이 사리에 맞지 않으면 일이 이루어지지 않는다. 일이 이루어지지 않으면 예와 음악이 흥성하지 못하고, 예와 음악이 흥성하지 못하면 형벌이 적절하지 못하고, 형벌이 적절하지 않으면 백성은 살아갈 방도가 없다. 그러므로 군자는 바른 이름을 세워야 말을 할 수 있고, 말을 하면 반드시 실천할 수 있다. 군자는 말을 구차하게 해서는 안 된다."

공자는 바른 정치를 묻는 제자의 물음에 핵심을 말하지 않고 에둘러서 말하는 듯하다. 당연히 자로는 지름길이 아닌 둘러 가는 길이라고 여겼을 것이다. 하지만 공자의 말이 좋은 정치의 핵심이다. 바로 '정명론(正名論)'인데, 《논어》에는 정명론에 관한 말들이 거듭해서 나온다.

자기 일에 충실하면
눈 돌릴 틈이 없다

〈안연〉편에 나오는 "임금은 임금답고, 신하는 신하다우며, 아버지는 아버지답고 아들은 아들다워야 한다"라는 구절은 제나라 경공에게 좋은 정치를 가르쳐 준 것이다. 하지만 안타깝게도 제 경공은 그 뜻을 명확하게 이해하지 못해 이렇게 대답했다.

"옳습니다! 진실로 임금이 임금답지 못하고, 신하가 신하답지 못하며, 아버지가 아버지답지 못하다면 비록 곡식이 넘쳐나도 제가 얻어먹을 수 있겠습니까?"

공자는 임금을 비롯해 모두가 제 역할을 다해야 한다고 말했지만, 제 경공은 오직 자기 위주로 해석했다. 공자는 '대의'를 말했지만 경공은 군주인 자신을 위해 모든 사람이 충성을 다해야 한다는 '사욕'을 말했던 것이다. 높은 지위에 있는 사람들이 쉽게 빠지는 오류인데, 실상은 그 어떤 자리에 있든 쉽게 범하는 잘못이다. 공자는 몇 번에 걸쳐 그러한 생각을 경계하고 있음을 드러낸다.

"군자는 자신이 맡은 바에서 벗어나지 않는다."
君子思不出其位
군자사불출기위

《논어》, 〈헌문〉편

군자뿐 아니라 어떤 지위의 사람이라도 자기 일에 충실하다면 주위에 눈 돌릴 틈이 없다. 자신의 직무가 아닌 다른 일에 관여하는 것은 월권이기도 하지만 자기 일에 소홀하다는 반증이기도 하다. 자기 일은 제쳐 두고 공연한 경쟁심에 다른 사람의 문제점만 지적하는 사람이 맡은 일을 제대로 하지 못하는 것은 당연하다. 특히 지도자가 전체를 보지 않고 여기저기 지엽적인 문제에 집착한다면 그 조직은 제대로 돌아갈 수 없다.

"그 지위에 있지 않으면 그 일을 도모해서는 안 된다."
不在其位 不謀其政
부재기위 불모기정

《논어》, 〈태백〉편

만약 아랫사람이 윗사람의 일에 왈가왈부한다면 분수를 넘어서는 일이 될 것이다. 또한 아랫사람이나 동료의 일에 꼬치꼬치 관여한다면 오지랖 넓은 사람이다. 이러한 사람들은 오히려 자기 일은 제대로 못 하는 경우가 많다. 역사적으로 나라가 무너지거나 큰 기업이 무너질 때 꼭 등장하는 사람이다. 자기 일은 제대로 못 하면서 최고 지도자의 신임만 믿고, 여기저기 자신의 영향력을 발휘하는 데만 열중인 부류이다. 이러한 사람의 결과는 항상 정해져 있다. 자신을 망치고 조직을 망하게 한다.

〈이인〉편에 실린 예문은 이름에 합당하게 행하기 위해 필요한 노력을 알기 쉽게 말해 준다. 더 좋은 이름, 더 높은 이상을 이루기 위한 조건이기도 하다. 무엇을 원하든, 원하는 것이 있다면 그에 합당한 노력을 기울여야 한다. 하지만 많은 사람이 원하는 것을 쉽게 이루기를 원한다. 바른길이 아닌 지름길을, 정의로운 방법이 아닌 효율만을 추구한다. 합당한 실력 없이 높은 자리에 오르기만 바라는 사람은 편법을 쓰게 되고 심하면 불법도 행한다. 자격이 없이 이름만 알려지기를 바라는 사람도 마찬가지다. 수단과 방법을 가리지 않고 자신만 내세우다가는 이름만 그럴듯한 허울 좋은 사람이 되고 만다.

반면, 자신이 원하는 자리에 오르기 위해 합당한 노력을 기울인 사람은 그 자리의 의미와 가치를 안다. 자신의 의무 역시 바르게 인식할 수 있다. 뜻하지 않은 행운으로 혹은 권력자의 도움으로 쉽게 그 자리에 오른 사람은 그 가치를 제대로 인식하지 못한다. 지위를 자신이 가진 권리로만 생각하고, 누려야 할 특권으로만 생각하는 사람은 '이름에 걸맞은 사람'이 될 수 없다.

어떤 일을 하든 맡은 자리에서 최선을 다하는 사람이 가장 소중한 사람이다. 당연히 그들에게 더 높은 이상을 이룰 새로운 길이 열린다. 공자가 자신의 삶에서 그것을 증명했다.

《맹자》에 실린 글이다.

"공자가 창고지기를 했을 때를 '회계에 맞게 했을 뿐이다' 하고 말했고, 목장 관리인으로 일할 때는 '소나 양이 살찌고 자라도록 했을 뿐이다' 하고 말했다."

어떤 자리에 있든 자기 자리에 최선을 다하는 사람은 빛이 난다. 스스로뿐 아니라 자기 자리도 빛나게 만든다. 당연히 그 미래도 빛난다.

03

부자를 탐하되
정의로운 부자를 탐하라

"부유함과 귀함은 사람들이 바라는 바이지만, 정당한 방법으로 얻은 것이 아니면 그것을 누려서는 안 된다. 가난함과 천함은 사람들이 싫어하는 바이지만, 도리에 합당하지 않게 그것에서 벗어나서는 안 된다."

富與貴 是人之所欲也 不以其道得之 不處也 貧與賤 是人之所惡也
不以其道得之 不去也
부여귀 시인지소욕야 불이기도득지 불처야 빈여천 시인지소오야
불이기도득지 불거야

《논어》, 〈이인〉편

〈자한〉편에는 "공자는 이익이나 천명 그리고 인에 대해서는 좀처럼 말하지 않았다"라고 실려 있다. 세 가지 모두 제각각 그 이유

가 있겠지만, 공자의 뜻을 쉽게 이해하기는 어렵다. 단지 짐작할 뿐인데 천명을 자주 말하지 않은 것은 심오한 하늘의 이치를 사람들이 오도할 것을 염려했기 때문일 것이다. 인에 대해서는 말보다는 삶과 행동에서 드러나야 하기에 쉽게 말할 수 없었을 것으로 보인다.

이 두 가지에 비해 '이익'에 대해서 말하지 않은 것은 이해하기가 크게 어렵지는 않다. 학문과 수양을 가장 소중히 여겼던 공자의 철학에서 이익이란 가장 배치되는 개념이기 때문이다. 하지만 공자가 이익을 무조건 배척해야 한다고 말하지는 않았다. 오직 이익을 취하는 사람들의 맹목적인 욕심을 경계했을 뿐으로, 정당한 이익의 추구에 대해서는 오히려 긍정적으로 여겼다.

그 대표적인 구절이 《논어》에 거듭해서 실린 '見利思義 見得思義(견리사의 견득사의)'의 구절이다.

"이익을 취하기 전에 먼저 그것이 의에 어긋나지 않은지를 생각하라."

사람들이 이익을 추구하고자 하는 것은 본성에 가깝기에 공자는 그것을 인정하고 있다. 따라서 그는 사람들이 이익에 마음이 가는 것을 무조건 탓하지는 않았다. 단지 그것을 취하는 것이 의로운 일인지를 먼저 생각하는 것이 우선이라고 말한다.

이것을 보면 우리가 흔히 생각하듯이 고전에서는 높은 수양의 경지를 제시하고 무조건 따르라고 강요하는 것이 아님을 잘 알 수 있다. 오히려 인간의 본성과 연약함을 이해하고, 합리적인 실천을 위한 가르침을 주고 있다. 심지어 공자 자신도 부와 재물을 원하는 마음을 솔직하게 인정한 적이 있었다. 〈술이〉편에 실려 있다.

"부가 만약 추구해서 얻을 수 있는 것이라면, 비록 채찍을 드는 천한 일이라도 나는 하겠다. 그러나 추구해서 얻을 수 없는 것이라면 나는 내가 좋아하는 일을 하겠다."

공자는 부에 대해 완전히 부정적이지는 않았다. 단지 삶에서 더욱 소중히 여기는 것이 있기에 부를 추구하는 일을 하지 않을 뿐이었다. 공자가 좋아한 것은 학문과 수양이었기에 온전히 그 일에 평생을 두고 몰입했던 것이다.

"회(안연)는 거의 도를 터득했지만, 쌀통이 빌 정도로 가난했다. 사(자공)는 운명을 그대로 받아들이지 않고 재산을 늘렸는데, 그의 예측은 여러 차례 적중했다."

〈선진〉편에 실린 이 글은 공자가 가장 총애했던 두 제자를 비교한 것이다. 두 제자의 장점을 말하는 것처럼 보이지만, 사실은 단점도 함께 지적하고 있다. 안연은 높은 도와 학문을 이루었지만 생활력을 도외시하는 단점이 있었고, 자공은 이재에 뛰어났지만 학문과 수양에는 부족한 면이 있었다. 실제로 안연은 스승인 공자도 인정한 높은 경지에 도달했지만, 30대 초반의 나이에 굶어 죽고 만다. 반면, 자공은 공자로부터 그 부족한 점을 많이 지적받았지만 높은 지위와 엄청난 부를 이루었고, 공자에게도 많은 도움을 주었다. 둘 다 뛰어난 제자이기는 했지만 지나치게 어느 한쪽에만 치우친 단점을 공자는 지적했던 것이다.

빈천에 처했다면
반드시 정직하게 벗어날 것

예문은 〈이인〉편에 실려 있는데, 부귀와 가난에 대해 명확한 방향을 제시해 준다. 공자는 부귀를 추구하고, 빈천을 벗어나려고 하되 반드시 올바른 도리로써 행해야 한다고 말한다. 이는 앞서 말한 '견리사의'와 같은 뜻이지만 그것보다 한 단계 더 위다. 설혹 부자가 되었더라도 그 수단과 방법이 온당치 않다면 부귀를 누려서는 안 된다는 것이다. 가진 것을 믿고 교만해하거나, 향락에 젖어서 방탕한 생활하는 것은 올바른 삶의 태도가 될 수 없다. 하지만 사람들은 대부분 정의롭지 못한 방법으로 부를 추구한다. 올바른 도리로, 정당한 방법으로 부를 얻었다면 반드시 절제와 겸손의 삶을 살아야 하기 때문이다.

그다음 가난과 천함에 처했을 때도 마찬가지다. 설사 어려움에 처해도 그것을 벗어나는 방법은 반드시 정의로워야 한다. 이 구절에 대해서는 이견이 있는데, 우리가 생각해 볼 여지가 있다.

유학자 하안은 다음과 같이 해석했다.

"시운(時運)에는 막힐 때와 형통할 때가 있기 때문에 군자가 도를 따라 행했어도 도리어 빈천해질 때가 있다. 이는 그 도로써 얻어진 것이 아니며, 비록 이것이 사람들의 싫어하는 바더라도 이것을 버려서는 안 된다."

도에 맞게 행했어도 가난해졌다면 그것에서 벗어나서는 안 된다는 것이다.

하지만 다산 정약용의 생각은 달랐다.

"아니다! 만약 이와 같다면 군자는 끝내 빈천을 떠날 길이 없다. 오직 도로써 이것을 버려야 하는데, 그 도로써 버리는 것을 얻지 못했을 때는 단지 이를 버리지 않을 뿐이다."

다른 유학자의 해석이 소극적이고 숙명론적인 반면 다산은 적극적이고 도전적이다. 우리에게는 다산의 해석이 훨씬 공감이 간다. 빈천에 처했다면 최선을 다해 벗어나야 한다. 단지 그 방법이 정의롭고 올바라야 할 뿐이다. 고난이 힘들어서, 괴로워서 수단과 방법을 가리지 않는다면 그것은 옳지 않다.

오늘날 부귀함은 모든 사람이 원하고 추구하는 바이다. 그 열망이 지나쳐서 짐짓 불의에 눈을 감기도 하는 것이 현실이다. 부귀를 누리는 사람을 부러워하지만 정작 자신이 어떤 수단으로 부귀를 얻을지, 부귀에 처했을 때 그 부를 어떻게 누려야 하는지는 관심이 없다. 사람의 가치는 그가 가진 것, 재물과 지위에 따라 결정되는 것이 아니다. 진정한 사람의 가치는 자신이 가진 것을 어떤 방법으로 취득했는지 또한 그것을 얻고 난 후에 어떻게 쓰느냐에 따라 결정된다.

비록 가진 것이 적어도 나눌 줄 아는 사람. 가난해도 더 어려운 사람을 돌아볼 줄 아는 사람이 가장 귀하다.

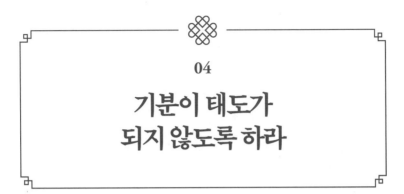

04

기분이 태도가
되지 않도록 하라

"오직 인한 사람만이 남을 좋아할 수도 있고, 남을 미워할 수도 있다."

惟仁者能好人 能惡人
유인자능호인 능오인

《논어》, 〈이인〉편

　《중용》에서는 사람의 감정을 "喜怒哀樂(희로애락)"의 네 가지로 구분하고, 《예기》에서는 "喜怒哀懼愛惡欲(희로애구·애오욕)"의 일곱 가지로 더 세분화했다. 예문의 구절은 감정 중에서 좋아하고 미워하는 감정에 대해 말하고 있다. 좋아하고 미워하는 감정은 여러 가지 요인으로 생길 수 있다. 취향의 문제일 수도 있고, 살아가면서 겪은 경험에 의해 좌우되기도 한다. 따라서 좋아하고 미워하는 감정 그 자체를 탓할 수는 없다. 하지만 그 대상이 사람일 때는 다르다. 반드시 신중해야 한다. 그 사람의 인생에 심각한 영향을 끼칠 수도 있기 때문이다.

〈위령공〉편에서는 다음과 같이 실려 있다.

"많은 사람이 미워한다고 해도 반드시 잘 살펴보아야 하고, 많은 사람이 좋아한다고 해도 반드시 잘 살펴보아야 한다."

衆惡之 必察焉 衆好之 必察焉

중오지 필찰언 중호지 필찰언

다른 사람들의 분위기에 아무런 판단 없이 휩쓸리는 것은 바람직하지 않다는 가르침이다. 흔히 말하는 여론 재판 같은 것이다. 특히 SNS가 일상이 된 오늘날 더욱 조심해야 한다. 사회적으로 물의를 일으킨 사람에 대한 비난에 아무런 생각 없이 동참한다면 한 사람의 인생을 망치는 일에 참여하는 일이 될 수도 있다. 만약 그 물의가 오해이고, 그 사람에게 피해가 크게 발생한다면 되돌릴 수 없는 후회스러운 일이 된다.

그다음은 좋아하고 미워하는 감정에 스스로 도덕적인 판단을 할 수 있어야 한다. 만약 의롭지 않은 사람을 좋아하거나 의로운 사람을 배척한다면 그것은 자신에게 해악을 끼칠 뿐이다.

또 좋아하고 싫어하는 감정을 행동으로 드러낼 때 더욱 조심해야 한다. 자신이 좋아한다고 해서 그 사람도 자신을 좋아하라고 강압적으로 행동하는 것은 범죄다. 미운 감정 때문에 해를 끼치려고 따라다니는 것도 마찬가지다. 스토킹 같은 범죄가 바로 그것이다.

하지만 그 감정을 이겨 내는 것은 결코 쉬운 일이 아니다. 감정은 본능에 가깝기 때문이다. 따라서 공자는 사람에 대한 좋고 싫음의 감정에 대해 기준을 말해 주는데, 반드시 '인'에 기반을 두어야 한다는 것이다. 인이란 끊임없는 성찰의 삶을 통해 '인생이란 나 자신을 사랑하고, 다른 사람을 사랑하는 과정'임을 깨닫는 것을 말한다. 바로 이러한 사람에게 사람을 미워하고, 좋아할 자격이 생긴다. 사심 없이 감정을 조화롭게 발산할 수 있기 때문이다.

동양 최고의 철학자도 미워했던 사람

공자는 칭찬하는 기준을 〈위령공〉편에서 이렇게 말했다.

"내가 사람들에 대해 누구를 비난하고 누구를 칭찬하겠는가? 만약 칭찬한 사람이 있다면 그는 이미 시험해 본 것이다."

吾之於人也 誰毁誰譽 如有所譽者 其有所試矣

오지어인야 수훼수예 여유소예자 기유소시의

당시에 공자가 사어를 칭찬했는데, 공자가 사어를 편파적으로 좋아한다고 사람들이 의심하자 공자가 했던 말이다. 실제로 사어는 군주였던 위 영공에게 '미자하 같은 소인이 아니라 거백옥 같은 충신을 등용해야 한다'고 끊임없이 간언했던 인물이다. 끝내 위 영공이 말을 듣지 않자 심지어 죽은 다음에도 아들에게 유언을 남겨 뜻을 관철했다. 공자는 이를 두고 사어와 거백옥 모두 다음과 같이 칭찬했다.

"곧구나, 사어여! 나라에 도가 행해질 때도 화살처럼 곧았고, 나라에 도가 행해지지 않을 때도 화살처럼 곧았다. 군자로다, 거백옥이여! 나라에 도가 행해지면 벼슬을 하고, 나라에 도가 행해지지 않으면 능력을 거두어 감출 수 있었구나!"

반면에 공자가 미워했던 것은 스스로 사악한 정도가 아니라 선량한 사람들을 현혹해 악으로 이끄는 사람이다. 악한 자신을 지식과 능력으로 교묘히 포장하는 위선적인 사람이다. 바로 〈양화〉편에서 말하는 향원과 같은 사람이다. 〈양화〉편에서는 "향원은 덕을 해치는 사람이다"라고 짧게 실려 있지만, 《맹자》에서는 그 이유를 소상히 말하고 있다.

"그런 사람은 비판을 하려 해도 딱히 잘못이라고 거론할 점이 없고, 공격하려고 해도 공격할 점이 없다. 세상이 흘러가는 대로 따라가고 더러운 세상과 영합하므로, 평소의 생활은 충직하고 신용이 있는 것처럼 보이고 행동은 청렴결백한 것 같아 다른 사람은 물론 스스로도 옳다고 여기지만, 그런 사람과는 함께 요순의 올바른 도에 들어갈 수 없기에 '덕을 해치는 자'라고 했다."

향원은 한 고을에서 그럴듯한 행동으로 존경을 받는 사람이다.

하지만 그 이면에는 시세에 영합하려는 의도가 있는 위선적이고 이중적인 처신을 하는 사람이다. 공자는 이러한 사람을 '사이비(似而非)', 즉 겉은 비슷하지만 속은 전혀 다른 사람이라고 하며 가장 싫어하는 존재라고 했다. 가라지가 진짜 싹과 혼돈하게 하는 것처럼 재능이 있지만 바르지 못한 사람은 의를 어지럽힌다. 무엇보다도 공자가 향원을 미워했던 것은 사람들이 진정한 덕을 혼돈하게 만들기 때문이다.

고대의 위대한 철학자도 우리처럼 미워하고 좋아하는 감정을 가진 사람이다. 하지만 우리와 다른 것은 자신의 확고한 도덕성을 바탕으로 한 분명한 기준이 있었다는 점이다. 그들을 따르기에 우리는 평범한 사람으로, 가능한 일이 아니다. 공자는 그런 사람의 한계를 이해하기에 예문의 글로 가르침을 제시했다. 좋고 미움의 감정을 발산하기 전에 먼저 스스로를 돌아보라는 것이다.

우리가 미움과 호감의 감정을 쉽게 발산하는 만큼 우리도 역시 다른 사람들의 비판의 대상이 될 수 있다. 남을 판단해서 쉽게 미움과 좋음의 감정을 가지기 전에 나 자신이 남들에게 미움의 대상이 되는 행동을 절제해야 한다. 그리고 호감을 줄 수 있도록 스스로 행동을 가다듬어야 한다. 먼저 자신을 바로잡아야 하는데, 가장 기본적인 일이지만 결코 쉬운 일이 아니다.

그 첫걸음이 바로 일상에서 감정을 다스리는 것이다. 사람들이 나의 존재를 인식하는 것은 대단한 일이 아니다. 일상에서 '기분이 태도가 되지 않도록' 절제하는 것, 그것이 나를 말해 준다.

05

내가 원하지 않는 것은
남에게도 하지 않는다

"자기가 원하지 않는 것을 남에게 하지 않는다."

己所不欲 勿施於人

기소불욕물시어인

《논어》, 〈위령공〉편

3세기경 로마 황제 알렉산더 세베루스의 액자에는 "남에게 대접 받고 싶지 않은 대로 남을 대접하지 말라"라고 적혀 있었다. "그러므로 무엇이든지 남에게 대접을 받고자 하는 대로 너희도 남을 대접하라"라는 성경의 구절도 있다.

이 구절들은 미묘한 차이가 있지만 같은 의미로, 서양 윤리 도덕의 황금률로 지켜지고 있다. '자신이 소중한 만큼 다른 사람을 소중하게 여기고, 자신을 사랑하는 것처럼 다른 사람도 사랑하라'는 보편적 사랑의 원리가 사람들이 지켜야 할 도덕률이자 바르게 살아가는 데 필요한 가르침이라고 할 수 있다.

집 밖에 나가면 모든 이에게
손님 대하듯 할 것

도입의 예문도 같은 의미다. 동양과 서양이라는 지역적, 문화적 차이가 있지만 인간관계의 핵심적인 원칙은 다름이 없다는 것을 잘 말해 준다. 공자는 특히 자신의 핵심 철학인 인의 실천 덕목으로서 도입의 예문을 제자들에게 거듭 가르쳤다.

'인'은 인자, 자비 등으로 해석되는데, 공자의 여러 가르침을 집약해 보면 그 해답은 '사랑'으로 결론지어진다. 공자는 사람의 수양은 물론 세상을 인으로 통치할 수 있다면 반드시 태평성대가 온다고 생각했다. 따라서 공자는 스스로 인한 사람이 되기 위해 노력했고, 제자들에게도 인을 알고 실천해야 한다고 거듭해서 가르쳤다.

하지만 공자는 인의 개념을 하나의 논리로 정립하지는 않았고, 인을 묻는 제자들에게도 각각 다르게 가르쳤다. 인이란 말이나 이론이 아니라 반드시 실천이 따라야 한다고 생각했기에 제자들의 성향에 따라 각각 달리 그 실천 방법을 가르쳤던 것이다. 특히 아끼던 제자 자공과는 인을 주제로 가장 많은 대화를 나누었는데, 그 줄거리를 따라가 보면 인을 대략 잘 알 수 있다.

다음은 〈위령공〉편에 실려 있는 자공과의 대화다.

제자 자공이 "한마디 말로 평생을 실천할 만한 것이 있습니까?"라고 묻자 공자는 이렇게 대답했다.

"그것은 바로 '서(恕)'다. 자기가 원하지 않는 것을 남에게 하지 않는 것이다."

여기서 '서'는 인을 다른 말로 푼 것으로 인의 하위 개념이라고 할 수 있다. 그다음 〈공야장〉편에서 공자는 "저는 남이 저에게 하지 않았으면 하는 일을 저 또한 남에게 하지 않으려고 합니다"라고 말하는 제자 자공에게 "그것은 네가 해낼 수 있는 일이 아니다"라고 꾸짖었다. 말을 앞세우는 성향이 있는 자공에게 '말의 신중함'과 함께 인이란 삶에서 실천할 수 있어야 한다고 말해 준 것이다.

〈위령공〉편에서 공자는 자공을 불러 먼저 가르침을 준다.

"사(자공)야, 너는 내가 많은 것을 배워서 그것들을 기억하고 있는 사람이라고 생각하느냐?"

자공이 "그렇습니다. 아닙니까?"라고 대답하자 공자가 말했다.

"아니다. 나는 하나의 이치로 모든 것을 꿰뚫고 있다."

여기서 '하나의 이치로 모든 것을 꿰뚫고 있다'는 원문으로 "一以貫之(일이관지)"다. 바로 인을 말한다.

공자는 정치에 자질이 있는 제자 중궁에게는 정치인이 갖추어야 할 덕목에 맞게 인을 가르친다.

"집 문을 나가서는 큰 손님을 대하듯이 하고, 백성을 부릴 때에는 큰 제사를 받드는 듯이 하며, 자기가 원하지 않는 것을 남에게 하지 말아야 한다. 이렇게 하면 나라에서도 원망하는 이가 없고, 집안에서도 원망하는 이가 없을 것이다."

먼저, '집 밖을 나가서는 큰 손님을 대하듯 하고, 백성을 부릴 때는 큰 제사를 받들듯이 하라'는 것은 사람들을 대하고 공무를 하는 것을 모두 예에 맞도록 해야 한다는 것이다. 지도자들이 백성을 아랫사람이 아닌 존중과 사랑의 대상으로 여길 때 평안한 세상이 될 수 있다는 공자의 인의 철학을 잘 말해 준다.

그리고 '이렇게 하면 나라에 있어도 원망하는 이가 없고, 집안에서도 원망하는 이가 없다'는 인을 실천할 때야말로 누구도 억울한 사람 없이 공정하고 평화로운 세상이 될 수 있다는 것이다. 그 바탕이 되는 것이 바로 '자기가 원하지 않는 것을 남에게 하지 말아야 한다'이다. 이처럼 인의 철학은 개개인의 도리에 그치지 않고, 세상을 평안하게 하는 근본이 되는 것이다.

사람의 일상은 사람과 사람과의 관계로 이루어진다. 그리고 대인관계에서 모든 갈등이 생긴다. 감정과 감정이 부딪치고, 이해관계가 상충되는 경우도 많다. 이때 '자기가 원하지 않는 것을 남에게 하지 않는다' 혹은 '자기가 원하는 대로 남을 대접하라' 같은 조언은 실천하기 어렵다고 생각할 수도 있다. 불가능하다고 생각하는 사람도 있을지 모르겠다.

하지만 좀 더 깊이 생각해 보면 무조건 양보하라는 것이 아니라 사람을 대하는 태도와 취해야 할 나의 자세를 말하고 있다는 것을 알 수 있다. 설사 의견이 일치하지 않더라도 이성적으로 접근하고, 다툼이 생기더라도 감정이 아닌 배려의 정신으로 대할 때 문제가 해결되고 갈등이 봉합된다. 그리고 그 바탕이 되는 것이 상대를 존중하고 인정하는 것이다. 그리고 갈등이 있을 때 상대방의 입장에서 생각해 보는 것이다. 바로 역지사지의 상상력을 발휘하는 것을 말한다.

진정한 어른은 완벽한 논리와 탁월한 웅변력으로 상대를 설득하는 사람이 아니다. 다른 사람의 약점을 찾기보다 장점을 찾고, 비난하기보다 먼저 인정하고, 감정을 발산하기보다 한 걸음 물러서서 잠시 시간을 가질 수 있는 사람이 진정한 어른이며, 사람들의 존경을 받는다. 내가 소중하고 존엄한 존재인 만큼 내 앞에 서 있는 사람도 역시 존엄한 존재다. 서로가 서로를 이해하고 배려하고 존중할 때 조화로운 관계가 이루어진다. 《중용》에서 조화로움에 대해 이렇게 말했다.

"화는 천하에 통하는 도다."
和也者 天下之達道
화야자 천하지달도

조화를 만드는 사람은 작게는 인간관계를, 크게는 세상을 평안하게 만든다.

속으로만 숨지 말고
겉으로만 드러내지 말 것

"바탕이 겉모습을 넘어서면 거칠어지고, 겉모습이 바탕을 넘어서면 형식적이 된다. 겉모습과 바탕이 잘 어울린 후에야 군자답다."

子曰 質勝文則野 文勝質則史 文質彬彬然後君子
자왈 질승문즉야 문승질즉사 문질빈빈연후군자

《논어》, 〈옹야〉편

　공자는 학문과 수양을 가장 소중한 가치로 삼고 평생 실천했다. 학문과 수양으로 내면을 충실하게 채워 나갈 때 진정한 공부가 된다고 생각한 것이다. 하지만 공자는 단지 그것에 그쳐서는 안 된다고 보았다. 반드시 내면의 깊이가 겉으로 자연스럽게 배어날 수 있어야 진정한 배움의 완성이라고 보았다. 예문이 이를 잘 설명한다.

이 구절에서 '質(질)'은 사람의 밑바탕을 말한다. 덕을 근본으로 삼는 내면의 올바름이다. '文(문)'은 외면의 반듯함으로 겉모습을 말한다. 여기서 겉모습이란 내면의 올바름이 겉으로 드러날 수 있는 태도와 예의를 말한다. 당연히 외모도 반듯해야 한다. 또한 쌓은 실력을 세상에 펼치는 것도 포함된다. 올바른 덕성을 기르고, 그것을 대인관계나 자신의 삶에서 잘 드러나게 하는 것이 바로 군자의 진정한 모습인 것이다. 이해하기가 쉽지 않을 수도 있는데, 말에 능숙한 제자 자공이 알기 쉽게 예를 들어 준다.

《논어》, 〈안연〉편에 실린 고사다.

위나라 대부 극자성이 자공에게 "군자는 본디 바탕만 갖추고 있으면 되는 것이지, 겉모습이나 형식을 꾸며서 무엇하겠습니까?"라고 물었다. 자공은 이렇게 대답했다.

"무늬도 바탕만큼 중요하고 바탕도 무늬만큼 중요합니다. 호랑이와 표범의 가죽에 털이 없다면, 개와 양의 가죽과 다를 바 없습니다."

호랑이와 표범은 맹수의 왕이다. 당연히 개와 양보다 더 소중한 가치가 있다. 하지만 만약 털이 사라지고 가죽만 남는다면 그 가죽만 보고 둘을 구분할 수 없다. 사람됨 역시 마찬가지다. 만약 내면의 수양이 훌륭하다면 반드시 그 모습이 겉으로 드러날 수 있어야 한다. 또한 겉모습이 완전한 사람은 내면 역시 잘 갖추어져야 한다.

《장자》에 실린 고사가 이를 실감나게 잘 말해 준다.

노나라의 선표라는 사람은 평생 열심히 도를 닦았지만, 그의 최후는 호랑이에게 잡아먹히는 것으로 끝났다. 장이라는 사람은 열심히 인맥을 쌓았지만, 병에 걸려 죽고 말았다. 이 고사를 들은 공자는 "내면으로 숨지 말고 겉으로만 드러내지 말라. 마른 나무처럼 그 중앙에 서라"라고 말했다.

　두 고사는 극단적인 비유이지만 어느 한쪽에만 치우친 결과를 잘 말해 준다. 내면만 열심히 닦은 사람은 세상 물정에 어두워서 망하고, 외면만 열심히 꾸민 사람은 올바른 도리에 무지하여 망한다. 공자는 한쪽에만 치우쳐 우스꽝스러운 사람이 되지 말고 두 가지에 모두 뒤처지지 않게 힘쓰라고 경계했다. 하지만 굳이 순서를 정하자면 바탕이 먼저다. 바탕이 없는 겉모습은 겉치레일 뿐이기 때문이다.

내면의 깊이는
행동, 말, 얼굴빛에 드러나야 한다

　다산 정약용은 도입부의 예문을 이렇게 해석했다.

　"진실로 질이 아니면 문은 베풀 바가 없기 때문에 먼저 할 것이 질이다. 그러나 질만으로는 성인(成人)이 될 수 없기에 야인(野人) 됨을 면치 못하고, 나라로 보자면 질만 있고 문이 없는 나라는 인이(仁夷)가 됨을 면치 못한다. 그러나 문이란 질을 기다린 후에 이루어지는 것이니, 본래 질이 없다면 따라서 문도 없다. 이미 문이라고 말할 수 있다면 그 바탕에는 질이 있음을 알 수 있다."

내면의 충실함으로 외면을 뒷받침해야 진정한 가치가 있고, 바탕이 든든하게 갖추어져 있어야 반드시 그것이 겉으로 드러난다. 하지만 바탕만 중시하고 겉모습이 따르지 못하면 그 역시 바람직하지 못하다. 예문에 있듯이 거칠고 타인에 대한 배려가 없는 모습이 되기 때문이다. 또한 자신의 수양에도 지장이 된다. 만약 어느 한쪽에만 치우친다면 그것은 제대로 된 수양이나 공부가 아니다.

다산은 두 아들을 가르치며 이러한 이치를 강조했다.

"지난번에 너를 보니 옷깃을 여미고 무릎 꿇고 앉으려 하지 않아 단정하고 엄숙한 빛이 전혀 보이지 않았다. 이는 나의 병통이 한번 옮겨 가서 너의 이 못된 버릇이 된 것이니, 이는 성인이 '먼저 외모로부터 수습해 나가야 바야흐로 마음을 안정시킬 수 있다'고 가르친 이치를 모르는 것이다. 세상에 비스듬히 눕고 삐딱하게 서서 큰 소리로 지껄이고 어지러이 보면서 공경하게 마음을 지킬 수 있는 자는 없다. 그러므로 '몸을 움직이는 것[動容貌]', '말을 하는 것[出辭氣]', '얼굴빛을 바르게 하는 것[正顔色]'이 학문을 하는 데 가장 먼저 해야 할 것이니, 진실로 이 세 가지에 힘쓰지 못한다면 아무리 하늘을 꿰뚫는 재주와 남보다 뛰어난 식견을 가지고 있더라도 끝내 발을 땅에 붙이고 바로 설 수 없다."

'動容貌(동용모)'와 '出辭氣(출사기)', '正顔色(정안색)'은 증자가 《논어》에서 말했던 것을 인용한 것이다. 원전을 살펴보자.

"군자의 도 세 가지가 있으니 몸을 움직일 때는 사나움과 거만함을 멀리하고, 얼굴빛을 바르게 하여 신의에 가깝게 하며, 말을 할 때는 천박함과 도리에 어긋남을 멀리해야 한다."

動容貌 斯遠暴慢矣 正顔色 斯近信矣 出辭氣 斯遠鄙倍矣

동용모 사원폭만의 정안색 사근신의 출사기 사원비배의

증자가 죽음을 앞두고 한 말로, 내면의 깊이를 겉으로 드러내는 것을 강조한 것이다. 평생을 두고 닦아 온 학문과 수양은 반드시 올바른 겉모습을 통해 드러내어야 진정한 군자의 도리가 될 수 있다.

오늘날 품질과 디자인이 모두 뛰어나고 오랜 전통을 가진 것을 명품이라고 한다. 사람도 마찬가지다. 내면의 성숙함과 외면의 유려함이 모두 갖추어진 사람은 명품이다. 그리고 변함없이 일상에서 충실한 모습을 보여 준다면 더할 나위가 없다. 설사 많이 부족하다고 느끼더라도 노력하며 생활하면 된다. 그 시작이 바로 하루하루의 일상이다. 오늘 하루 충실한 삶을 산다면 내일도 할 수 있고, 앞으로도 할 수 있다. 완성된 사람은 말 그대로 완성된 것이 아니라 완성을 향해 나아가는 사람이다. 그 삶이 바로 명품의 삶이고, 그런 삶을 살아가는 사람이 바로 명품이다.

고난 속에서도 충실한 일상과 '과골삼천(踝骨三穿)', 복숭아 뼈가 세 번 구멍이 날 정도로 공부하는 노력을 통해 위대한 걸작을 만들어 낸 다산 정약용이 바로 명품이며, 그의 삶이 명품의 삶이다.

07

배려를 실천하기 위해서는
잠시 멈출 줄 알아야 한다

"공자는 사람들과 노래를 부르는 자리에 있을 때 노래 잘하는 사람이 있으면 반드시 다시 부르게 하고 뒤이어 화답했다.

子與人歌而善 必使反之 而後和之
자여인가이선 필사반지 이후화지

《논어》, 〈술이〉편

공자는 학문과 수양에서 최고의 경지에 오른 사람이다. 지금도 동양 철학의 원조이자 동양적 가치관의 바탕이라고 할 수 있다. 흔히 근엄하고 위엄 있는 모습을 상상하지만, 공자의 일상은 소탈했고 사람들과도 전혀 거리낌 없이 어울리는 사람이었다. 예문의 문장이 잘 말해 준다.

먼저 공자는 어떤 자리에서도 사람에 대한 배려를 잊지 않았다. 함께 노래를 부르며 어울리는 유흥의 자리에서도 마찬가지였다. 노래를 잘 부르는 사람에게 다시 부르게 하는 것은 요즘 하는 말로 '앵콜'을 청하는 것이다. 이는 노래를 다시 듣고 싶다는 표시로, 그 사람의 노래 실력을 인정하는 것이기에 당연히 노래를 부른 사람은 큰 기쁨을 누린다.

그다음 노래를 화답하는 것은 단순한 방관자가 아니라 그 분위기에 녹아들었다는 것을 말한다. 지위가 높다고, 학식이 뛰어나다고 권위를 내세우지 않고, 즐기는 자리에서 스스럼없이 함께 어울리는 사람은 당연히 존경을 받는다. 다가가기 어려웠던 사람에게 가졌던 마음의 벽을 허물 수 있다. 우리는 흔히 높은 지위의 사람이나 사람들로부터 존경을 받는 사람에게 위화감을 느낀다. 그 사람의 머리 뒤에서 후광이 보이기도 하고, 얼굴에서 빛이 나는 것처럼 느끼기도 한다. 그 사람을 어렵게 여기고 쉽게 다가가지 못하는데, 진정한 인격의 사람은 막상 가까이 대해 보면 부드럽고 유연하다. 사람에 대한 존중의 마음이 겉으로 배어 나오기 때문이다.

음악, 취미 이상의 수양 도구

옛 선비들에게 음악은 단순한 취미가 아니라 수양의 도구였다. 배려와 예의의 정신인 '예'와 함께 시와 음악을 공부의 핵심으로 삼은 것이다. 예는 가장 이성적인 것이고 시와 음악은 감성적인 것이다. 사람의 도리에 대해서는 엄격해야 하지만, 사람을 이해하고 사랑하는 감성이 바탕이 되어야 한다는 것이다. 이것이 시와 음악을 통해 얻을 수 있는 덕목이다.

공자는 스스로 음악을 통해 자신을 수양했기에 음악에 대해서는 전문가의 경지까지 이르렀다고 할 수 있다. 《논어》에는 공자가 음악에 대해 말했던 것이 거듭해서 실려 있다.

"음악은 배워 둘 만한 것 같습니다. 처음 시작할 때는 여러 소리가 합하여지고, 이어서 소리가 풀려나오면서 조화를 이루며, 음이 또렷해지면서 끊임없이 이어져 한 곡이 완성됩니다."

다음은 〈팔일〉편에서 공자가 노나라의 태사(太師)에게 했던 말로, 왜 음악을 공부해야 하는지 그 이유를 말해 준다.

"사람이 인하지 못하다면 예를 지켜서 무슨 소용인가? 사람이 인하지 못하다면 음악을 한들 무슨 소용인가?"

이는 예와 음악이 공자가 추구했던 최고의 덕목인 인을 이루는 데 반드시 필요하다는 것을 말하고 있다.

공자는 그 당시 유행한 노래를 전문적으로 평가하기도 했다.

"소(순임금의 음악)는 소리의 아름다움이 지극할 뿐만 아니라 그 내용의 선함도 지극하다. 무(주나라 무왕의 음악)는 소리의 아름다움은 지극하지만, 그 내용의 선함은 지극하지 못하다."

〈자한〉편에서는 공자가 말년에 흐트러진 음악을 바르게 정리했다는 것을 알 수 있다.

"내가 위나라에서 노나라로 돌아온 뒤에야 음악이 바르게 되어 '아(雅)'와 '송(頌)'이 제자리를 찾았다."

'아'는 《시경》에 실린 〈소아〉와 〈대아〉를 가리키고, '송'은 〈주송〉, 〈노송〉, 〈상송〉으로 모두 명곡에 속하는 음악이다. 14년간의 천하 주유를 끝내고 돌아온 후 공자는 학문과 교육에 전념하며 유교의 핵심적인 경전을 정리하고, 편찬하기 시작했다. 음악 역시 다른 학문과 마찬가지로 왜곡되고 훼손된 것을 바르게 정립했던 것이다.

이처럼 옛 선비들에게 음악이란 단순히 풍류를 즐기는 취미가 아니었다. 백성을 다스리는 통치의 수단이면서 개인에게는 치열한 수양의 도구였다. 부조리한 현실에서 겪는 고통을 이기는 진정제 였고, 치열한 삶에서 피폐한 마음을 다스리는 소중한 수단이었다. 또한 창의적 사고를 키워 주고 어려움을 이겨 내는 감성을 풍부하 게 하는 삶의 도구였다는 것을 우리는 잘 알 수 있다.
하지만 공자에게 음악이란 단순한 학문이나 이론만이 아니었다. 생활 속에서 함께 즐기고, 어울리며, 배려를 실천하는 도구였다. 바로 도입의 예문이 말해 준다. 요즘도 시골 장터 같은 곳에서는 사람들이 모여 함께 노래를 부르며 유흥을 즐긴다. 번잡한 도심에서 함께 어울릴 때도 노래방이 빠지지 않는 것이 바로 노래의 귀중한 효능이라고 할 수 있다.

성공을 위해, 가진 목표를 이루기 위해 자기 일에 전문적인 지식을 갖추어야 하는 것은 당연하다. 사람들은 그것을 위해 열심히 노력하며 자신을 담금질한다. 하지만 달리는 말에 계속해서 채찍질을 하면 말이 견딜 수 없듯이 사람에게도 여유와 휴식이 필요하다. 시와 음악과 같은 예술이 필요한 이유다. 음악은 치열하고 힘든 삶에서 조화롭고 균형 있게 마음을 다스리는 좋은 도구다. 교양 있고 품격 있는 삶을 살아가는 데에도 도움이 된다. 또한 사람들과 조화로운 관계를 만드는 데에도 좋은 매개체가 된다. "철학은 삶의 무기다"라는 말이 있듯이, 음악 역시 중요한 삶의 무기가 되는 것이다. 성공하는 인생만이 아닌, 조화롭고 행복한 인생을 만드는 데 음악은 큰 도움을 주기 때문이다.

물론 오늘날 옛 선비들처럼 음악을 중요한 수양의 도구로 삼아 치열하게 매진할 수는 없다. 하지만 오로지 성공만을 인생의 목표로 삼아 매달리는 삶에서 음악은 잠깐 멈추게 만든다. 이성과 지성과 감성이 어우러진 사람을 전인(全人)이라고 부른다. 설사 완전한 사람은 아닐지라도 음악은 휴식과 안정을 통해 여유로운 삶, 행복한 삶, 전인의 삶을 살도록 이끌어 준다.

08

변화에 혹하지 않고
소신을 지키는 사람

"날이 추워진 후에야 소나무와 잣나무의 잎이 더디 시듦을 안다."

歲寒 然後知松柏之後凋也

세한 연후지송백지후조야

《논어》, 〈자한〉편

봄, 여름, 가을, 겨울의 순환이 있는 것이 자연의 이치다. 춥고 혹
독한 겨울의 다음에는 반드시 봄이 온다. 이어서 무더위를 견뎌야
하는 여름이 오고, 곧 가을의 선선한 바람이 무더위를 식혀 준다.
물론 각 계절에는 제각각 소중한 가치가 있다. 봄에는 생명이 움트
고, 여름에는 성장한다. 가을에는 곡식이 무르익어 수확을 거두고,
겨울은 편안한 여유와 휴식을 누릴 수 있다. 따라서 사람들도 각자

의 성향과 취향에 따라서 자신이 좋아하는 계절이 있기 마련이다.

사람의 인생도 마찬가지다. 자신이 원해서 태어난 것도 아닌데, 누구나 변화와 굴곡의 삶을 살아야 한다. 사람마다 이러한 인생의 굴곡을 어떻게 받아들이느냐에 따라 삶의 의미와 가치가 달라진다. 부귀를 누릴 때는 나눔과 베풂의 삶을, 어려움에 처했을 때는 잠잠히 때를 기다리며 실력을 쌓아 나간다면 때와 상황에 좌우되지 않는 삶을 살아갈 수 있다.

"곤욕이 근심거리가 아니라 곤욕을 괴로워하는 것이 근심이다. 영화가 즐거운 것이 아니라 그 영화를 잊어버리는 것이 진정한 즐거움이다."

困辱非憂 取困辱爲憂 營利非樂 忘營利爲樂
곤욕비우 취곤욕위우 영리비락 망영리위락

《격언련벽》에서 말해 주듯이 상황에 좌우되지 않고, 흔들리지 않는 삶을 살아갈 수 있다면 어떤 상황에서도 평온함을 유지할 수 있다. 하지만 이러한 달관의 이치를 알더라도 막상 어려움이 닥치면 받아들이기가 쉽지 않다. 스스로 힘들고 어려운 것도 있지만 격변하는 인심의 변화는 더욱 아프고 괴롭다.

공자도 56세의 늦은 나이에 조국인 노나라에서 뜻을 이루지 못하고 14년간의 천하 주유를 떠나야 했다. 그 과정에서 도적으로 오인받아 공격을 당하기도 했고, 쌀이 떨어져 굶어 죽을 고비도 넘겨야 했다. 그러나 이 시기에 공자는 천명을 깨달았고, 자신의 소명을 완성해야 한다는 깨달음을 얻었다. 이러한 깨달음 아래서 동양 철학의 정수이자 오늘날 동양적 가치관의 핵심이 되는 학문과 철학을 완성할 수 있었다.

도입의 예문은 공자가 어려움을 겪던 시절 스스로 자신을 가다듬으며 한 말이라고 할 수 있다. 공자는 어렵고 힘든 시기가 오면 사람의 진정한 가치와 품격이 드러난다는 뜻으로 이 말을 했다. 거칠었던 공자 자신의 삶에서 평생 붙들었던 인생의 철학이었을 것이다. 공자는 학자로서, 정치가로서, 제자를 가르치던 교육자로서 칠십 평생을 살았지만 결코 순탄한 길은 아니었다. 뜻을 이루기 위해 세상과 타협하라는 유혹도 많았지만 끝까지 선비로서의 꼿꼿한 지조를 지켜 나갔다. 특히 56세의 늦은 나이에 뜻을 이루기 위해 떠났던 14년간의 천하 주유의 시간은 공자 생애에서 가장 가혹한 고난기라고 할 수 있을 것이다. 공자는 이때 이 구절을 되뇌이며 스스로를 다잡았을지도 모른다.

권력과 이익보다
의리를 지킨 이상적

추사의 〈세한도〉는 예문의 문장을 모티프로 지은 시로, 우리에게도 익숙하다. 추사는 《논어》에 실린 이 구절을 따서 자기 작품에 '세한도'라고 이름을 붙였다. 제주도에서 유배하던 시절 제자 이상적의 의리와 우의에 감사하며 직접 그려 선물로 주었던 작품이다. 역관이었던 이상적은 추사가 권세를 잃고 유배 중이었음에도 잊지 않고 중국에서 구한 귀한 책을 보내 주며 교류를 이어 갔다. 추사는 권력만을 좇는 각박한 세태에서 변함없는 이상적의 의리에 크게 감동했는데, 세한도에 적어 놓은 추사의 글에서 그의 감격을 엿볼 수 있다.

"지금 세상은 권세와 이익만을 좇아 따르는 것이 거부할 수 없는 시대의 풍조이다. 어찌 비싼 값을 주고 산 이 귀한 책을 권세가에게 보내지 않고 먼 바닷가 초라한 처지의 나에게 보냈는가? 사마천이 말하기를 '권력과 이익을 좇아 모인 사람은 그것이 사라지면 멀어진다'고 했는데, 그대도 세간의 한 사람일진데 어찌 그것에서 벗어나 초연한가? 그대는 나를 권력과 이익의 대상으로 보지 않는가? 아니면 사마천의 말이 틀렸다는 말인가? 공자가 '날이 추워진 후에야 소나무와 잣나무 잎이 더디 시듦을 안다'고 했듯이, 송백은 사시사철 시들지 않는다. 추운 겨울이 오기 전에도 송백이요, 추운 겨울이 온 후에도 마찬가지로 송백인데 성인은 특별히 한겨울 이후의 변함없음을 칭찬하였도다."

《사기》의 저자 사마천은 '사람은 이익에 따라 움직인다'고 하며 이익을 추구하는 것이 사람의 본성이라고 했다. 그랬기에 추사는 이상적의 의리에 더욱 감동했다. 공자의 때에도, 추사의 시대에도 사람들은 변함없이 권력과 이익을 따라 행동했다.

공자는 이러한 세태가 안타까워 "군자는 의리를 추구하고 소인은 이익을 추구한다"라고 가르쳤지만, 눈앞의 이익에 흔들릴 수밖에 없는 것이 평범한 사람들의 한계일 것이다. 이러한 한계를 쉽게 벗어나기는 어렵지만, 사람에 대한 의리를 굳게 붙잡는 남다른 사람들이 있다. 이러한 사람들은 어떤 상황에서도 사람에 대한 의리를 지킨다. 또한 아무리 어렵고 힘든 상황이 와도 자신의 소신과 가치관을 지킨다. 눈앞의 이익에 혹해 의를 추구하는 자기 삶의 소중함을 포기하지 않는 것이다.

화려한 가을의 단풍이나 풍성한 한여름의 짙은 녹음은 차가운 겨울이 오면 곧 시들어 버리고 만다. 어떠한 상황에서도 변함없이 마음의 푸르름을 추구하는 사람이 바로 '송백' 같은 사람이다.

09

상대의 단점이 아닌
장점을 보는 눈을 기를 것

"군자는 남의 좋은 점은 이루어 주고, 남의 나쁜 점은 이루어 주지 않는다. 소인은 이와 반대로 한다."

君子成人之美 不成人之惡 小人反是

군자성인지미 불성인지악 소인반시

《논어》, 〈안연〉편

　〈선진〉편에는 아끼던 제자들에 대해 공자가 직접 말해 주는 장면이 나온다.

　"진나라와 채나라에서 고생할 때 나를 따르던 이는 이제는 모두 곁에 없구나. 덕행으로 모범이 된 사람은 안연, 민자건, 염백우, 중궁이 있었고 언변에 뛰어나기는 재아, 자공이 있었고 정치에 능하기는 염유, 자로가 있었으며 문장과 학문으로는 자유, 자하가 있었다."

이 구절은 공자가 14년간의 주유 기간 중 함께했던 제자들을 그리워하는 내용이다. 하지만 이 구절에는 한 가지 새겨야 할 점이 있다. 공자가 제자들의 장점을 정확하게 짚고 있다는 것이다. 공자는 각자의 장점에 따라 제자들을 가르쳤다. 위 구절 뒤에는 공자가 제자들의 단점을 말해 주는 구절도 나온다.

"시(자고)는 어리석고, 삼(증자)은 노둔하고, 사(자장)는 편벽되고, 유(자로)는 거칠다."

앞선 칭찬과는 달리 공자의 지적은 신랄하다. 제자들에게는 모두 심각한 단점이 있었지만 이들은 크게 성장하여 혼란스러운 춘추 전국 시대에 중요한 역할을 한다. 증자는 매일 증진하여 공자 학문의 후계자가 되었고, 자로는 정치적으로 중요한 역할을 맡았다.
이들이 심각한 단점이 있었지만 크게 성장할 수 있었던 것은 스스로의 노력과 함께 공자의 적절한 교육이 있었기 때문이라고 할 수 있다. 바로 장점은 키워 주고 단점은 막아 주는 가르침이다.

마음을 쓰는 자는 사람을 다스리고 힘을 쓰는 자는 신체를 다스린다

사람들은 누구나 장점이 있고 단점도 있다. 완벽한 사람은 없기

때문이다. 맹자는 "어떤 사람은 마음을 쓰고 어떤 사람은 힘을 쓴
다. 마음을 쓰는 자는 다른 사람을 다스리고 힘을 쓰는 사람은 다스
림을 받는다"라고 말했다. 지혜로운 사람은 지식과 경륜으로 사람
을 다스리고, 창의적인 결과를 만들어 낸다. 힘이 좋은 사람은 힘이
필요한 일을 해낸다. 세상이 돌아가는 데 이들은 모두 중요한 역할
을 하는 것이다. 유능한 지도자는 이들에게 합당한 임무를 부여함
으로써 성과를 만들어 낸다.

《한비자》에는 다음과 같이 실려 있다.

"지도자는 슬기롭지 않으면서도 슬기로운 자를 거느리고, 지혜
롭지 못하면서도 지혜로운 자의 우두머리가 된다."

不賢而爲賢者師 不智而爲智者正

불현이위현자사 부지이위지자정

지도자의 지혜는 자신만의 우물에서 벗어나 뛰어난 다른 사람의
지혜를 쓸 수 있는 능력인 것이다. 이를 위해서 반드시 필요한 능력
이 있다. 아무리 뛰어난 인재가 있어도 그를 알아볼 수 있는 능력이
없다면 무용지물이다.

이를 두고 《여씨춘추》에서는 이렇게 말한다.

"눈앞에 천리마가 있어도 좋은 감정사가 없으면 없는 것과 마찬
가지다."

이를 잘 말해 주는 또 다른 고사가 있다. 서한 시절 유향이 편찬한 역사 고사집 《설원》에 실린 이야기다.

위나라의 재상이 죽자 혜시가 재상의 자리를 잇기 위해 위나라의 수도로 길을 재촉하고 있었다. 도중에 큰 강을 만나 혜시는 그만 실족하여 강에 빠지고 말았다. 그때 배에 타고 있던 사공이 다가와 그를 구해 주었다. 뱃사공은 혜시에게 물었다.

"얼마나 바쁜 일이 있기에 그리 급히 가는 길이요? 당신은 뭐 하는 사람이오?"

혜시가 "나는 위나라의 재상이 되기 위해 가는 사람이오"라고 말하자 뱃사공은 가소롭다는 듯이 말했다.

"아까 당신이 물에 빠져서 살려 달라고 외치는 모습이 얼마나 가련했던지…. 당신처럼 헤엄도 못 치는 사람이 어떻게 나라를 맡아 다스린다는 말이오?"

혜시가 대답했다.

"배를 젓거나 헤엄을 치는 일은 내가 당연히 당신보다 못하겠지만, 나라를 다스리는 일은 당신은 꿈도 꾸지 못할 일일 것이오."

두 사람의 차이가 극단적으로 드러난다. 뱃사공은 배를 다루는 능력을 기준으로 사람을 판단하지만, 혜시는 사람의 장단점을 보고 해야 할 일을 정확하게 알고 있다. 지혜로운 사람의 능력인 것이다.

사람의 장점을 키워 주고, 단점을 고쳐 주거나 용인해 주는 태도는 지도자만이 아니라 우리에게도 반드시 필요하다. 다른 사람의 장점을 보고 질투하거나 단점을 보고 비웃는 사람은 인간관계가 좋을 수 없다. 다른 사람의 장점을 배워 자신의 것으로 만들고, 단점은 타산지석으로 삼은 사람만이 크게 성장할 수 있다. 주위의 많은 사람이 그 사람을 존경하고 도움을 아끼지 않을 것이기 때문이다.

여기서 또 하나 중요하게 여겨야 할 것이 있다. 바로 자신의 장단점을 대하는 자세다. 나의 장점은 최고의 강점으로 키워 나가고 단점은 보완해야 한다. 그러기 위해서는 나 자신을 정확하게 볼 수 있어야 한다. 《도덕경》에는 "다른 사람을 아는 것은 지혜이고, 나를 아는 것은 명철함이다"라고 실려 있다. 명철함이란 지식에 통찰력과 균형 잡힌 시각을 겸비한 것이며, 사람을 아는 것의 근본은 바로 나 자신을 아는 것에서 시작된다.

우리는 스스로를 돌아보며 열등감이나 우월감에 사로잡히기 쉽다. 하지만 모두 나 자신을 정확히 보지 못할 때 일어나는 감정이다. 때로는 가까운 사람과 비교하는 습관 때문에 힘들어하기도 한다. 곁에 있는 사람과 비교하며 감정이 흔들리는 사람은 평안한 삶을 살 수 없다. 언제나 마음이 흔들리기에 해야 할 일에 집중하지 못하고, 가야 할 올바른 방향을 잡지 못한다.

누구든 장점과 단점이 없는 사람은 없다. 상대방의 장점을 인정하고 키워 줄 때 그 장점은 내 것이 된다. 반면 다른 사람의 단점을 비난하는 사람은 그 단점이 자기 것이 된다. '이단공단(以短攻短)'이라는 성어가 있다. 자신에게 있는 단점으로 다른 사람의 단점을 공격한다는 말이다. 이러한 사람은 영원히 자기의 단점에서 벗어나지 못한다.

　나의 단점으로 겸손을 얻고, 다른 사람의 단점으로 성찰할 때 한 걸음 더 성장한다. 다른 사람의 장점을 배우고 나의 장점을 더 강화할 때 그것이 바로 성공의 요체인 강점 혁명이다.

10

진정한 어른은
상황에 맞추어 녹아든다

"공자는 온화하면서도 엄숙하고, 위엄이 있으면서도 사납지 않고, 공손하면서도 편안했다."

子溫而厲 威而不猛 恭而安
자온이려 위이불맹 공이안

《논어》, 〈술이〉편

《논어》에는 군자에 대한 이야기가 많이 실려 있다. 군자란 고전에서는 여러 가지로 쓰이지만 대부분 학문과 수양이 뛰어난 인물로 그려진다. 예전에는 깊은 학문을 바탕으로 도덕성을 바로 세우고, 주위에 선한 영향을 끼치며 올바른 삶을 살아가는 사람을 군자라고 생각했다. 따라서 많은 경우 그 대상이 되는 인물로 시대의 스승인 공자를 모범으로 삼았고, 공자 스스로도 군자가 되려면 어떻게 해야 하는지를 가르쳤다.

물론 공자는 그보다는 훨씬 더 높은 경지의 사랑과 배려를 상징하는 인물인 인인(仁人), 더 나아가 지혜와 덕이 뛰어나 두고두고 존경을 받을 위대한 인물인 성인으로까지 추앙받았다. 하지만 공자의 평상시 삶은 그렇게 비범해 보이지는 않았다. 평범함과 평온함 속에 탁월함이 숨어 있는 경지가 바로 공자의 모습이라고 할 수 있다.

〈술이〉편에는 공자가 직접 말했던 군자의 모습이 실려 있다.

"군자는 평온하고 너그럽지만, 소인은 늘 근심에 싸여 있다."
君子坦蕩蕩 小人長戚戚
군자탄탕탕 소인장척척

소인이 근심에 싸여 있는 것은 마음속의 욕심이 채워지지 않기 때문이다. 가난할 때는 부자가 되려는 욕심 때문에 항상 마음이 괴롭고, 부자가 되어서도 더 많은 부를 가지려는 탐욕 때문에 괴롭다. 설사 가졌다 하더라도 가진 것을 잃지 않을까 걱정하는 마음으로 항상 초조하고 두렵다. 다른 사람을 볼 때도 '저 인간이 내 돈을 뺏으려는 것은 아닐까' 하는 마음 때문에 의심을 거두지 못한다. 인간관계 역시 좋을 수가 없다.

군자가 평온하고 너그러운 것은 환경의 지배를 받지 않기 때문이다. 가진 것이 없어도 스스로 만족하고, 가진 것이 많으면 베풀고 나누기에 항상 즐겁다. 추구하는 것이 물질이 아니라 도이기에 '안빈낙도(安貧樂道)'의 삶을 살 수 있는 것이다.

도입의 예문은 직접적으로 공자의 모습을 말한다. 온화하면서도 지나치게 유하지 않아서 허술하지 않고, 위엄이 있으면서도 사람을 대할 때는 부드러워 따뜻한 마음이 잘 드러난다. 예의를 지키지만, 상대에게 강요하지 않아 어렵게 느끼지 않도록 한다. 이것이 바로 좋은 덕목을 더욱 빛나게 하는 중용의 힘이다. 어떤 상황에서도 적절하게 행동하는 사람은 주위 사람들을 편안하게 해 주고, 그 마음을 끌어당긴다. 특별히 뛰어난 것처럼 보이지는 않아도 대하면 마음이 편안해진다. 바로 공자가 추구하는 사람됨의 모습이다.

군자가 지녀야 할 세 가지 덕목

《논어》, 〈자장〉편에는 자하가 군자에 대해 말했던 것이 실려 있다. 자하는 잘 알다시피 학문에는 뛰어났으나 소극적인 성품 때문에 공자로부터 항상 지적을 받아온 제자다. 심지어 공자로부터 "너는 군자다운 선비가 되어야지 소인 같은 선비가 되어서는 안 된다"라고 지적을 받기도 했다. 군자가 되기 위해 날마다 수양하고 증진하는 선비에게는 치명적인 지적이라고 할 수 있다. 자하는 그 말에 자극을 받아 소극적이고 고지식한 자신의 단점을 극복하고 군자다운 선비가 되기 위해 날마다 노력했을 것이다. 그 목표가 바로 자하가 말했던 군자의 세 가지 변화, 즉 '군자삼변(君子三變)'이다.

"군자에게는 세 가지 변화가 있다. 그를 멀리서 바라보면 위엄이 있고, 가까이서 대해 보면 온유하며, 그의 말을 들어 보면 엄정하다."

君子有三變 望之儼然 卽之也溫 聽其言也厲

군자유삼변 망지엄연 즉지야온 청기언야려

여기서 군자란 자하가 공자의 모습을 항상 가까이에서 접하면서 느꼈던 생각일 것이라고 짐작할 수 있다. 멀리서 또 가까이서 스승의 모습을 보면서 '아, 군자의 모습이 바로 이러한 것이구나' 생각하며 자하는 스스로를 가다듬었을 것이다. 여기서 군자의 변화란 군자가 스스로 변화하는 것은 아니다. 군자는 어떤 상황에서도 변함 없는 모습을 하고 있다. 하지만 그를 지켜보는 사람들은 각각의 상황에 따라 그를 다르게 느낀다. 스스로는 변함이 없지만, 상황에 따라 적절하게 녹아드는 군자에게서 받는 느낌이 다른 것이다.

먼저 '멀리서 볼 때 위엄이 있는 것'은 겉모습이 가볍지 않고 의젓한 것이다. 이는 겉을 꾸며서 얻는 엄숙함이 아니라 내면의 수양에서부터 자연스럽게 우러나오는 품격 있는 모습을 말한다. 그래서 사람들은 그를 가까이하기 어려워한다. 바라보기만 해도 엄숙하고 당당한 모습에 압도당하기 때문이다.

그다음 '가까이에서 그를 대해 보면 온유하다'는 것은 다가가기는 어렵지만, 막상 가까이에서 보면 멀리서 볼 때와는 달리 따뜻한 인간미가 드러난다는 의미다. 바로 공자의 핵심 철학인 '인'이 삶에서 드러나는 모습이다. 인은 스스로를 바로 세우는 '충'과 다른 사람을 배려하는 '서'의 정신이다. 한마디로 하면 사람을 사랑하는 것이다. 사람을 사랑하는 마음을 가진 사람은 어떤 사람을 대하든 태도에 다름이 없다. 부와 권세가 있는 사람도, 가난하고 비천한 사람에게도 마찬가지다. 예의와 배려의 마음이 사람에 따라 달라지지 않기 때문이다.

마지막으로 군자는 '진실하고 엄정한 말의 능력'을 가지고 있다.

비록 달변은 아닐지라도 했던 말은 반드시 지키는 신의가 있다. 〈이인〉편에 실려 있는 "군자란 말은 더디지만 행동은 민첩하다"가 그것을 뜻한다. 말보다 앞서 실천하고, 다른 사람에게 강요하기 전에 먼저 모범을 보이기에 말보다 행동이 더 앞선 것으로 보이는 것이다.

엄숙함과 온화함 그리고 말의 엄정함은 서로 어울리는 덕목은 아닐 것이다. 하지만 이러한 세 가지 품성이 어긋남 없이 조화롭게 어우러지는 것이 바로 군자의 모습이다. 굳이 드러내지 않아도 깊은 수양과 높은 덕성에서 우러나오는 품격. 진정한 어른, 존경받는 지도자의 모습이다.

5장

고난을 이겨 내는 사람은
위기에서 무엇을 찾는가

《맹자》에서 찾은 난세를 돌파하는 힘

혼란함에서 기회를 보는
정신적인 힘을 가르치다

　맹자는 공자의 철학을 이어받은 유교의 계승자이다. 성인으로 일컫는 공자 다음가는 성인이라고 해서 '아성(亞聖)'이라고 부른다. 하지만 공자의 철학과 학문을 이어받았던 것에 그치지 않고 공자의 학문을 이론적으로 정립했고, 한 단계 더 새로운 주장을 펼쳤다. 단순히 150년이라는 시대적인 격차가 주는 학문적, 문화적, 사회적 차이만은 아니었다. 온화와 포용의 공자와 단호하고 추상과 같은 맹자의 성향이 빚어낸 차이라고도 할 수 있다.

　공자는 지배층의 권위를 인정했지만, 맹자는 설사 군주라고 해도 백성을 못살게 하는 군주는 갈아치워도 된다고까지 말했다. 맹자의 이 철학은 우리 조선의 창업에도 큰 영향을 미쳤는데, 조선의 설계자 정도전의 역성혁명의 이론적 근거가 되었다.

　이처럼 세상의 권력에 담대하게 맞섰던 한편 맹자에게는 백성을 진정으로 아끼는 마음이 있었다. 맹자의 시대, 끊임없이 벌어지는 전쟁의 시대에 가장 큰 피해를 입는 것은 백성이다. 병사로 전쟁에 끌려가서 목숨을 잃는 일도 다반사지만, 여성과 어린아이들 역시 전쟁의 우환에서 자유롭지 않았다. 살던 터전을 떠나야 했고 전쟁으로 궁핍해진 나라 재정으로 인해 굶어 죽는 일도 다반사였다.

맹자는 무엇보다도 사람들에게 고난을 맞서는 정신적인 힘을 길러 주려 했다. 고난은 삶을 살아가다 보면 누구에게라도 닥칠 수 있다. 고난의 시기에는 말할 것도 없지만, 아무리 평온한 시대를 살아가는 사람이라도 마찬가지다. 의도치 않게 고난을 맞닥뜨려야 하고, 그 고난과 끊임없이 싸워 나가는 것이 바로 평범한 우리들의 삶일지도 모른다. 그때 고난을 이겨 내기 위해서는 자신에게 닥친 고난의 의미를 알아야 한다. 조급해하지 말고 잠잠히 때를 기다릴 수 있어야 하며, 평온하고 안정되게 마음을 다스릴 수 있어야 한다. 〈고자하〉편에서 맹자는 이렇게 말했다.

"하늘이 장차 그 사람에게 큰 사명을 내리려 할 때는 먼저 그의 마음을 괴롭게 하고, 뼈와 힘줄을 힘들게 하며, 육체를 굶주리게 하고, 그에게 아무것도 없게 하여 그가 행하고자 하는 바와 어긋나게 한다. 마음을 격동시켜 성정을 강하게 함으로써 그가 할 수 없었던 일을 더 많이 할 수 있게 하기 위함이다."

어떠한 어려움 속에서도 포기하지 않고, 하늘이 나에게 준 소명을 생각하며 나를 연단한다면 곧 어려움을 이기고 큰일을 이룰 수 있는 바탕이 된다. 고난은 나의 삶이 도약할 수 있는 기회다. 그 힘이 되는 것이 '知言(지언)', 즉 말의 능력과 '浩然之氣(호연지기)'다. 맹자 자신이 그 힘으로 험난한 세상을 돌파했고, 뜻을 펼쳤다.

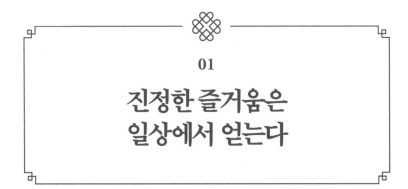

01

진정한 즐거움은
일상에서 얻는다

"군자에게 세 가지 즐거움이 있으니 천하의 왕 노릇은 포함되지 않는다. 부모 형제가 모두 살아 계시고 무탈한 것이 첫 번째 즐거움이고, 하늘을 우러러 부끄럽지 않고 사람들에게 부끄럽지 않은 것이 두 번째 즐거움이다. 그리고 천하의 영재를 얻어 이들을 교육하는 것이 세 번째 즐거움이다. 천하의 왕 노릇은 그 안에 포함되지 않는다."

君子有三樂而王天下不與存焉 父母俱存 兄弟無故 一樂也 仰不愧於天 俯不怍於人 二樂也 得天下英才而敎育之 三樂也 君子有三樂 而王天下不與存焉
군자유삼락 이왕천하불여존언 부모구존 형제무고 일락야 앙불괴어천 부부작어인 이락야 득천하영재이교육지 삼락야 군자유삼락 이왕천하불여존언

《맹자》, 〈진심상〉편

맹자는 참혹한 전쟁의 시대를 온몸으로 살아 낸 철학자이다. 무력과 불의로 다스려지는 세상과 처참했던 백성의 삶이 학자로서의 평안한 삶에 안주하지 못하게 했던 것이다. 맹자는 양혜왕, 제선왕 등 그 당시 가장 권세 있던 왕들을 만나 전쟁이 아닌 사랑으로 백성을 다스려야 한다고 말했고, 사랑으로 다스릴 때 오히려 천하의 패권을 쥘 수 있다고 설득했다.

《맹자》의 맨 첫머리에 실린 양혜왕과의 만남이 이를 잘 말해 준다.

"먼 길을 오셨으니 저희 나라를 이롭게 할 계책이 있으시겠지요?"라고 묻는 양혜왕에게 맹자는 이렇게 말했다.

"왕께서는 하필 이익에 대해 말씀하십니까? 오직 인의만이 있을 뿐입니다."

그리고 "왕이 이익만을 추구하면 밑의 신하들 역시 자기 이익만을 추구할 것이고, 자기의 이익만을 추구하는 신하들은 결국은 왕의 나라를 빼앗고 말 것입니다"라고 설득했다.

이는 '인의가 아닌 자신의 이익만을 추구하는 나라는 결국 혼란에 빠지고 말 것'이라는 설득이었다. 지금으로서는 충분히 공감할 수 있는 말이지만, 그 당시 무력을 키워 천하를 쟁패하려는 왕들에게는 맹자의 주장이 단지 학자로서의 이상에 불과하다고 여겨졌다.

맹자는 천하를 평안하게 하려는 담대한 꿈을 가지고 있었다. 그 유일한 수단은 인, 바로 사랑이었다. 오직 사랑을 무기로 천하를 무대로 활동했고, 강력한 나라의 왕들을 상대했다. 하지만 맹자가 진정으로 즐겁게 여기는 것은 의외로 소박했다. 평범한 사람들의 작은 소망이라고 해도 과언이 아닐 정도다. 도입의 예문에 실린 '군자의 세 가지' 즐거움이 잘 말해 준다.

맹자가 말한
인생의 세 가지 즐거움

맹자는 세상의 권세를 쥐고 누리는 것은 자신의 즐거움이 아니라고 말했다. 문장의 맨 첫머리와 마지막 결론으로 되풀이해서 말함으로써 자신의 의지와 뜻을 명확히 했다.

첫 번째 즐거움은 '부모 형제의 안녕'이다.

아마 평범한 우리 역시 공감할 것이다. 부모 형제를 비롯해 가족들의 평안은 누구에게나 가장 큰 즐거움이 아닐 수 없다. 하지만 안타깝게도 평상시에는 이러한 행복을 실감하지 못하는 것이 우리 현실이다. 가족의 존재를 당연히 여기기 때문이다. 정작 그 행복을 상실하면 가장 큰 아픔을 겪게 되는데도 말이다. 마치 물과 공기처럼 가장 흔하면서 가장 소중한 존재의 가치를 우리는 모르고 지낸다.

두 번째 즐거움은 '부끄럽지 않은 삶'이다.

맹자는 부끄러움의 철학자로 불릴 정도로 사람의 부끄러움에 대해 많이 거론했다. 그리고 스스로 부끄럽지 않은 삶을 살기 위해 치열하게 노력했다. 인생의 목적을 인의의 삶을 사는 것으로 삼은 맹자에게 그것에 어긋나는 삶은 지극히 부끄러웠기 때문이다. 하늘에 부끄럽지 않고, 사람에게 부끄럽지 않은 삶은 결코 쉬운 일이 아니다. 평범한 우리는 하늘은커녕 사람에게도 부끄러운 일을 하고, 그것을 후회하며 괴로워하는 삶을 반복한다. 따라서 우리는 날마다 자신을 돌아보고 반성하는 성찰의 삶을 살기 위해 노력해야 한다.

우리 민족의 시인 윤동주는 〈서시〉에서 맹자의 이 말을 인용하며 스스로 부끄럽지 않은 삶을 위해 치열하게 노력했음을 보여 준다.

"죽는 날까지 하늘을 우러러 한 점 부끄러움이 없기를 잎새에 이는 바람에도 나는 괴로워했다."

참혹한 일제 강점기를 살아가면서 자신을 지키고자 했던 처절한 노력이었다. 하지만 맹자는 그것을 즐거움이라고 표현했다. 바로 인의의 삶에 완전히 젖어 들어 노력하지 않아도 자연스럽게 드러나는 경지라고 할 수 있다. 하지만 우리가 이러한 경지에 쉽게 도달하기는 어렵다. 날마다 실수하고, 반성하면서도 더 나은 삶을 살기 위해 날마다 스스로 돌아보는 삶. 그것을 위해 최선을 다하는 일상을 우리는 살아갈 뿐이다.

마지막 맹자의 즐거움은 '가르침'이다.

배움은 지식의 습득과 함께 그것을 삶에 적용해 나가는 과정이다. 그래서 배움은 죽을 때까지 계속되어야 한다. 진정한 배움이란 가르침과 함께하는 것이다. 가르침을 통해 배움은 스스로에게도 큰 성장의 기회가 되기 때문이다. '敎學相長(교학상장)', '斅學半(효학반)' 등의 성어가 말해 주는 바와 같다.

맹자는 스스로 배움 못지않게 가르침을 통해 배움을 이어 나가기를 원했다. 이는 맹자와 같은 특별한 사람에게만 해당하는 것은 아니다. 사람들은 모두 자신이 가진 것을 후학에게 내어 주고 떠나야 하는 의무가 있다. 진정한 어른이라면 지식을 전수만 할 것이 아니라 자신의 삶을 통해 자식에게, 후배에게 그리고 모르는 사람에게도 올바른 삶의 모습을 보여 주어야 한다.

맹자가 말했던 세 가지 즐거움은 일상에서 보이는 것이다. 하루하루 주어지는 일상을 소중히 여기고, 날마다 최선을 다해 부끄럽지 않은 삶을 살기 위한 노력. 내 인생의 가치를 찾고 삶이 즐거워지는 비결이다.

다산 정약용도 〈유수종사기〉에서 자신의 세 가지 즐거움을 말했던 적이 있다.

"어렸을 때 뛰놀던 곳에 어른이 되어 다시 오는 것, 가난하고 궁색할 때 지나던 곳을 성공해서 오는 것, 혼자 외롭게 찾던 곳을 마음 맞는 벗들과 함께 오는 것."

탁월한 인물들의 즐거움은 모두 소박하다. 아무리 위대한 일을 하는 사람이라도 일상의 소중함을 놓치지 않는다. 일상의 충실함이 곧 비범한 결실의 바탕이 된다는 것을 그들은 안다.

02

만물을 사랑으로 대하면 당할 자가 없다

"사랑은 사람이다. 사랑과 사람이 하나가 되면 그것이 바로 도다."

仁也者 人也 合而言之 道也

인야자 인야 합이언지도야

《맹자》, 〈진심하〉편

공자는 군자의 삶에서 '인의예지'를 중요한 덕목으로 삼았다. 그래서 제자들에게도 가르쳤고, 공자 자신도 그에 합당한 삶을 살기 위해 노력했다. 공자 이후로 옛 선비들은 인의예지를 수양과 학문의 목표로 그리고 삶의 기준으로 삼았다. 하지만 공자는 체계적이고 학문적인 정의를 내려 주지는 않았다. 그 학문적인 체계를 완성한 것은 공자의 후계자로 꼽히는 맹자다.

맹자는 자신의 책 《맹자》에서 인의예지는 사람의 본성으로서 마음에서 작용한다고 정의했다.

"측은히 여기는 마음은 '인'의 단서이고, 불의를 미워하고 의롭게 살려는 마음은 '의'의 단서이고, 사양하고 배려하는 마음은 '예'의 단서이고, 옳고 그름을 가리는 마음은 '지'의 단서이다."

惻隱之心 仁之端也 羞惡之心 義之端也 辭讓之心 禮之端也 是非之心 智之端也

측은지심 인지단야 수오지심 의지단야 사양지심 예지단야 시비지심 지지단야

사람의 선량한 덕목인 인의예지는 모두 사람의 마음에서 비롯되었다는 것으로, 마치 사람에게 사지가 있는 것처럼 사람의 마음에는 이러한 선한 본성이 있다는 것이다. 따라서 맹자는 "만약 사람에게 이러한 마음이 없다면 사람이라고 할 수 없다"라고까지 말했다. 선량한 마음을 사람이 사람일 수 있는 조건, 즉 인의예지의 근본이라고 정의한 것이다.

사랑은 천하 제패도
가능하게 한다

이 네 가지 덕목 중에서 가장 핵심이 되는 것은 '인'이다. 인(仁)은 '사람 인(人)'과 '둘 이(二)'로 이루어진 한자다. 사람과 사람과의 관계, 그중에서도 나와 가장 가까운 가족 그리고 바로 내 앞에 있

는 사람에게 베풀고 도리를 다하는 것이 바로 사랑이다. 공자는 자신이 가진 도와 수양의 핵심은 "단 하나의 글자로 통한다"라고 했는데, 그것이 바로 인이다.

도입의 예문은 이러한 인에 대해 맹자가 정의한 글로, 그 표현이 간결하면서도 핵심을 찌른다. 사랑은 공허한 이상이나 이론이 아닌 사람에게 행하는 것이다. 가장 가까운 사람, 바로 눈앞에 있는 사람에게 사랑을 베풀지 않는다면 거창하게 외치는 인류의 사랑은 공허할 뿐이다. 그리고 그 당시 수양의 최고 가치였던 도를 구하는 것도 사랑을 바탕으로 하지 않으면 될 수 없다는 것을 한마디로 말해 준다. 사람과 사람이 사랑이라는 띠로 하나가 될 때 진정한 수양의 목표인 도를 얻을 수 있다는 것이다. 마치 기독교에서 "사랑이 모든 덕목을 온전하게 매는 띠다"라고 말하는 것과 같다. 아무리 좋은 덕목도 사랑이 바탕이 되지 않으면 완전할 수 없다.

맹자가 험난한 시대에 여러 나라의 왕들을 만나며 세상의 평안을 구하려고 했던 것은 백성을 향한 사랑 때문이었다. 하지만 공자가 그랬듯이 맹자 역시 사랑을 이론이나 구호로만 전하지는 않았다. 언어의 달인답게 왕들의 마음을 움직일 수 있는 적절한 표현으로 왕들을 설득했다.

그 대표적인 말이 '인자무적(仁者無敵)'이다. 이 말은 우리가 흔히 아는 '인자한 사람은 그 온유함으로 적이 없다'는 뜻이 아닌 '사랑으로 다스리는 나라에는 가장 큰 힘이 있기에 당할 나라가 없다'는 뜻이다. 천하 제패를 원하는 왕들의 마음을 움직이게 하는 가장 확실한, 당근과 같은 말이다. '만약 다른 나라를 제압하고 천하를 제패하기를 원한다면 사랑으로 나라를 다스려라. 그러면 그 사랑에 감동한 백성들이 왕을 위해 한마음으로 충성을 다할 것이고, 그때는 어떤 적과 싸워도 승리할 수 있다'는 뜻이 담겨 있다.

〈공손추하〉편에 실린 다음의 글도 같은 의미를 담고 있다.

"하늘의 때는 지리적 이점만 못하고, 지리적 이점도 인화보다는 못하다."

天時不如地利 地利不如人和

천시불여지리 지리불여인화

맹자는 날씨나 계절과 같은 하늘이 준 기회보다는 지리적으로 이점이 있는 것이 훨씬 낫고, 지리적 이점보다는 사람들이 화합을 이루어 힘을 합치는 것이 더 낫다고 말한다. 사람들 간의 화합은 사랑과 배려로 하나가 될 때 가능하다.

테레사 수녀는 "오늘날 서구의 가장 큰 질병은 폐결핵이나 나병이 아니다. 사랑받지 못하고 배려에서 제외되고 무시당하는 것이 가장 큰 질병이다. 신체적 질병은 의약품으로 치료할 수 있다. 그러나 외로움, 절망, 희망 없음을 치료하는 약은 사랑뿐이다"라고 말했다. 물질적인 풍요의 저변에 가려진 인류의 아픔을 질병으로 보고 그 처방으로 '사랑'을 제시하고 있는 것이다.

이미 2,300년 전의 철학자 맹자는 그보다 한 걸음 더 나아간다.

맹자는 사람의 존재 이유, 삶의 의미, 더 나아가 사람 그 자체를 사랑으로 보았다. 그리고 그 당시 많은 학자가 최고의 가치로 추구했던 '도'는 사람이 학문과 수양을 넘어 사랑과 하나가 될 때 완성된다고 했다. 또한 사랑을 알고 나눌 줄 아는 사람이 가장 강력한 사람이라고 보았다.

오늘날도 마찬가지다. 가장 강한 사람, 경쟁력이 있는 사람이 되려면 마음에 사랑을 담아야 한다. 사랑이 있는 사람은 자신이 가진 것을 아낌없이 베풀기에 사람들의 마음을 얻는다. 내가 사랑의 마음으로 상대방을 존중과 배려의 마음으로 대한다면 그 사랑은 존경과 존중으로 되돌려 받는다. 설사 돌려받지 않는다고 해도 괜찮다. 사랑과 배려의 삶을 살아가려는 내 삶의 의미와 가치로 충분하기 때문이다.

마흔부터는 미혹되지도, 흔들리지도 말라

"나는 나이 사십에 마음이 동요되지 않았다."

我四十不動心

아사십부동심

《맹자》, 〈공손추상〉편

공자는 "마흔이 되면 미혹되지 않는다"라는 유명한 이야기를 했다. 《논어》, 〈위정〉편에 있는 말인데, 마흔이 되면서 세상의 유혹과 자신의 욕심에 흔들리지 않고 마음을 굳게 지킬 수 있었다는 뜻이다. 또한 《예기》, 〈곡례상〉편에서도 "마흔이 되면 벼슬에 나아갈 수 있는 나이"라고 실려 있다. 공직에 나서기 위해서는 최소한 마흔까지의 공부와 경험 그리고 수양을 통해 근본을 든든히 해야 한다는 것이다.

마음이 의로우면
두려움 앞에서도 당당하다

맹자도 역시 미혹되지 않는 마음, 세상의 유혹과 자신의 욕심에 흔들리지 않는 마음을 갖게 되는 시기를 마흔으로 보았다. 제자 공손추와의 대화에서 나오는 말이다. 공손추는 맹자의 제자로《맹자》에 중요하게 등장하는 인물이다. 공손추는 스승인 맹자의 능력에 확신이 있어서 '스승님이 때를 만나지 못해서 그렇지, 때만 만난다면 얼마든지 패업을 이룰 수 있을 것'이라는 마음을 품고 있었다. 〈공손추상〉편에서 공손추의 물음이 그의 생각을 말해 준다.

"스승님께서 제나라에서 요직을 맡으신다면 관중과 안자가 이루었던 공적을 다시 이룰 수 있겠습니까?"

춘추 시대 관중은 제환공을 5대 패왕의 한 사람으로 만들었고, 안자는 제나라 군주의 명성이 드러나게 했던 제나라 역사상 가장 뛰어난 재상들이었다. 공손추는 맹자 역시 이들처럼 제나라의 부흥을 이끌 수 있을 거라는 믿음으로 물었던 것이다. 이는 질문하는 형식을 취했지만, 맹자는 반드시 그만한 업적을 이룰 수 있을 거라는 확신과도 같다.

공손추는 당연히 긍정적인 대답을 기대했지만, 맹자는 다음과 같이 답했다.

"관중과 안자와 같이 세상의 패권이나 명예를 차지하는 일에는 관심도 없고 하고 싶은 마음도 없다."

자신이 말했던 '군자의 세 가지 즐거움'에서 "천하의 왕 노릇은 군자의 즐거움이 아니다"라고 강조했던 것과 같다. 그러나 여기서 맹자는 하나를 덧붙인다. 만약 하게 된다면 천하의 왕 노릇은 손바닥 뒤집는 것만큼이나 쉬운 일이라고 말한다.

"오늘날 만 대의 전차를 가진 나라에서 사랑으로 백성을 다스린다면, 백성들은 거꾸로 매달려 있다가 풀려난 것처럼 기뻐할 것이다. 이렇게 일은 옛사람의 절반만 하고도 공이 반드시 배가 되는 것은 오직 지금 이 시대에만 가능할 것이다."

일은 절반만 하고 공이 배가 된다는 것은 가장 효율적인 방법이라는 말이다. 요즘 쓰는 말 '가성비가 좋다'와 의미가 같다. 그 당시 백성은 극심한 굶주림과 학정에 시달렸다. 나라의 왕들은 물론 백성도 그러한 취급과 대우를 당연한 것으로 받아들였다. 맹자의 말은 이러한 백성에게 사랑의 정치를 베푼다면 반드시 백성들이 한마음으로 따르고 나라의 부흥을 이룰 수 있다는 확신이다. 앞서 말했던 '인자무적'이 뜻하는 바와 같다.

공손추는 다음의 대화에서도 제나라에 대해 묻는다. 본인 스스로가 제나라 출신으로서 스승이 제나라에서 큰 공적을 이루었으면 하는 소망이 있었을 것이다. 앞에서는 스승이 제나라에서 안자나 관중처럼 큰 공을 이룰 수 있겠는가를 물었다면 이번에는 당연히 큰 공을 이룰 수 있다는 전제하에 마음의 다스림에 대해 물었다.

"스승님께서 제나라의 재상으로 계시면서 도를 행할 수 있다면, 이로 인해 패업을 이룰 수 있다고 해도 이상할 게 없을 것입니다. 이와 같다면 마음이 동요되시겠습니까, 그렇지 않겠습니까?"

맹자가 대답했다.

"아니다. 나는 나이 사십에 마음이 동요되지 않았다."

"그렇다면 스승님은 맹분보다 훨씬 뛰어나신 것입니다."

"아니다. 그것은 어렵지 않다. 고자도 나보다 먼저 마음이 동요되지 않았다."

맹분은 진나라 무왕의 시대에 가장 용맹한 장수였다. 그 힘이 대단해서 싸우는 소의 뿔을 맨손으로 뽑아 버렸을 정도의 장수였다. 공손추는 맹자의 부동심을 외적인 무력이나 무모한 용기와 같은 것으로 생각하고 있었던 것이다. 하지만 맹자는 고자의 예를 들어 제자에게 진정한 부동심을 가르쳤다.

고자는 성선설(性善說)을 주장하는 맹자에 맞서서 인간의 본성은 선하지도 악하지도 않고 중립적이라는 '성무선악설(性無善惡說)'을 내세운 사람이다. 맹자의 관점에서 보면 왜곡된 주장을 하며 논쟁했던 철학 사상가다. 맹자는 비록 고자와 생각이 달랐지만 고자의 용기에 대해서는 인정했던 것이다.

맹자는 겉으로 드러나는 용기보다, 내면의 기세보다, 반드시 의로움에 기반을 둔 용기를 가장 큰 용기이자 지킬 만한 용기라고 했다. 진정한 용기는 그 어떤 것도 두려워하지 않는 것이 아니라 두려워할 만한 것은 두려워하는 것이다. 단지 두려움으로 인해 스스로 지켜야 할 의지나 신념을 포기하지 않는다. 이를 통해 알 수 있는 맹자의 소신과 신념은 바로 '의로움'이다. 사람은 의로울 때 그 내면의 기세가 자연스럽게 겉으로 드러나고, 천만 명의 군대 앞에서도 당당하게 맞설 힘이 생긴다.

부동심이란 단순한 용기가 아니라 세상의 명예와 권세 앞에서도 흔들리지 않는 마음을 말한다. 그 기반이 되는 것도 바로 의로움이다. 마음이 의로움으로 굳게 서 있으면 어떤 무력 앞에서도 당당할 수 있고, 유혹과 탐욕 앞에서도 무너지지 않는다.

또 한 가지 생각해 볼 것은 마흔의 의미이다. 맹자는 왜 마흔에 부동심이 되었다고 했을까? 많은 고전에서 마흔의 의미에 대해 이야기한다. 옛날부터 마흔은 인격이 여물어 세상의 풍파와 유혹에 흔들리지 않고, 책임 있는 일을 맡아서 당당히 사회적인 책무를 맡을 나이라고 생각했다.

하지만 오늘날의 관점으로 보면 마흔은 가장 흔들리기 쉬운 때이자 급격한 변화의 시기이기도 하다. 직장 생활을 하든 직장에서 독립하여 자기 사업을 하든 마찬가지다. 직장에서는 승진을 위해 치열한 경쟁을 치러야 하고, 만약 사업에서 실패한다면 재기를 기약할 수 없다. 그러나 이럴수록 현실에 당당히 맞설 수 있는 용기와 마음을 다스리는 지혜가 필요하다. 그리고 맹자는 그 기반이 되는 것이 바로 '의로움'이라고 가르쳐 준다.

　우리는 불혹이나 부동심의 경지를 쉽게 가질 수 없다. 세상의 큰 일이 아니라 평범한 일상에서도 수없이 넘어지고, 유혹에 빠져 잘 못된 길로 갈 때도 많다. 이때 반드시 붙잡아야 할 것이 아무리 어 려워도 올바른 길을 가겠다는 의지다. 빨리 성공하려는 욕심으로 잘못된 길을 용인하거나 더 쉬운 길을 위해 불법과 편법에 빠지지 않는 것이다.

　마음의 중심은 날마다 성찰함으로써 굳건해진다. 마치 처마에서 떨어지는 물이 바위를 뚫고, 작은 티끌이 모여 큰 산을 이루는 것과 같다. 날마다 자신을 돌아볼 수 있는 성찰의 자세로 살아간다면 비 록 부동심의 경지는 아니더라도 성장하는 삶, 오늘보다는 더 나은 내일을 만들어 갈 수 있을 것이다.

04

치열한 시대에 굴복하지 않고 살아가는 두 가지 힘

"나는 말을 알고 호연지기를 잘 기른다."

我知言 我善養吾浩然之氣
아지언 아선양오호연지기

《맹자》, 〈공손추상〉편

사람에게는 누구나 자신만의 장점과 단점이 있다. 아무리 뛰어난 사람이라고 해도 부족한 면이 있고, 설사 어리석은 사람이라고 해도 어떤 부분에서는 남들보다 뛰어난 점이 있기 마련이다. 따라서 사람마다 가진 장단점을 잘 파악하는 것이 인생을 살아가는 데 큰 도움이 된다.

하지만 사람에 대해 아는 것은 쉬운 일은 아니다. 그래서 "열 길

물속은 알아도 한 길 사람 속은 모른다"라는 속담이 있는 것이다. 사람을 알기 위해서는 지식과 경험에서 비롯된 지혜가 있어야 한다.

노자는 이보다 더 어려운 것이 나 자신을 아는 것이라고 했다. 바로 '명철함'이 있어야 한다고 했는데, 명철함이란 단순한 지식이 아니라 사람과 세상을 제대로 볼 수 있는 밝음, 즉 통찰력이다. 나의 장단점과 성품을 정확히 파악하고, 스스로 높아지려는 교만을 절제하고, 나를 낮출 수 있는 겸손으로 나의 지식을 뒷받침할 때 얻을 수 있다. 이러한 통찰력을 기반으로 나의 강점을 키워 나가고, 약점을 고쳐 나갈 때 타고난 능력을 헛되이 소비하지 않고 아낌없이 발휘할 수 있다.

평범한 사람이
위대한 일을 이루는 방법

맹자는 자신이 전국 시대의 혼란 속에서 높은 경지의 학문과 세상의 권세에 담대하게 맞설 수 있는 담력을 갖출 수 있었던 강점으로 '知言(지언)'과 '浩然之氣(호연지기)'를 들었다. 다음은 맹자가 제자 공손추와의 대화에서 했던 말이다.

제자 공손추가 "스승님은 무엇을 잘하십니까?"라고 묻자, "나는 말을 알고 호연지기를 잘 기른다"라고 대답했다. 그리고 그 연유를 설명해 주었는데, 먼저 '지언'에 대해 이렇게 설명했다.

"편파적인 말을 들으면 한쪽이 가려진 것을 알고, 과장된 말을 들으면 그 자가 무엇에 빠져 있는지를 알며, 사악한 말에서는 도리에 벗어난 것을 알고, 핑계 대는 말을 들으면 그가 궁지에 몰렸다는 것을 안다."

맹자는 마음은 사람의 본성이고, 그 본성이 겉으로 표현된 것이 말이라고 했다. 따라서 맹자가 말을 안다고 했던 것은 사람의 본성을 이해하고 있다는 뜻이다. 흔히 쓰이는 '말은 곧 그 사람 자신이다' 같은 명제를 맹자는 증명하고 있는 것이다. 맹자가 이처럼 말의 능력을 중요시했던 것은 말로 인해 정치가 혼란스러워지고, 천하가 어지러워지기 때문이다.

맹자는 그 당시 최고 권력자였던 왕들을 만나 대화를 통해 그들을 파악하고, 평화의 길로 이끌려고 설득했다. 여기서 또 하나 맹자의 능력을 알 수 있다. 맹자가 왕들을 담대히 설득할 수 있었던 것은 그가 지닌 대화 능력 때문이다. 맹자는 명쾌한 논리와 높은 말의 경지로 생각이 다른 사람들을 설득했다. 요즘도 흔히 쓰이는 '오십보백보(五十步百步)', '연목구어(緣木求魚)', '인자무적(仁者無敵)', '알묘조장(揠苗助長)', '자포자기(自暴自棄)' 등은 모두 맹자가 사람을 설득하기 위해 사용했던 말들이다.

그다음 '호연지기'에 대해서는 맹자 자신도 잘 설명하기 어렵다고 하며 이렇게 말했다.

"그 기운은 지극히 크고 강하여, 곧게 길러 해치지 않으면 하늘과 땅 사이에 가득 차게 된다. 그 기운은 의와 도와 함께하는 것으로,

그렇지 않으면 기운은 곧 시든다. 이것은 의가 부단히 모여서 된 것이지, 의가 밖에서 엄습하여 이루어진 것이 아니다. 행하고 나서 마음에 흡족하지 않으면 역시 호연지기는 시들해지기 마련이다."

먼저 호연지기는 사람의 마음에 가득 차 있는 지극히 크고 광대한 기운이다. 그 능력은 무궁무진하고, 그 힘은 천하를 가득 채울 정도로 크고 위대하다. 하지만 호연지기에는 한 가지 조건이 있다. 반드시 선하고 바르게 키워 스스로 해치지 않아야 한다. 마음은 하늘로부터 받은 것이지만 그것을 키우고 해치는 것은 모두 자신에게 달려 있다.

그다음 호연지기는 반드시 '의'와 '도' 같은 선한 덕성을 기반으로 해야 한다. 이러한 훌륭한 덕성을 기반으로 하지 않으면 그 기운은 호연지기가 될 수 없다. 또 한 가지, 호연지기는 반드시 내면에 있는 의를 꾸준히 모으고 연마해야 생길 수 있다. 호연지기는 의라는 덕목을 쌓아 나가서 만들어지는 것이며, 외부에서 갑자기 얻거나 찾을 수 있는 것이 아니다. 따라서 호연지기는 자기 마음속에서 구해야 한다. 물질과 권세를 얻는 것과 같이 외부에서 아무리 찾으려 해도 얻기가 어렵다.

또한 호연지기는 반드시 삶에서 꾸준히 구현되어야 한다. 만약 의에 기반을 둔 행동을 하지 않으면 마음이 흡족할 수 없고, 마음이 흡족하지 않으면 역시 호연지기는 곧 시들고 만다.

맹자는 호연지기를 기르는 데 있어서 반드시 염두에 두어야 할 일을 말해 준다.

"호연지기를 기르기 위해 매사에 잊지 말고 노력해야 하지만, 그 결과를 기대하지 말 것이며 빨리 기르기 위해 조급해하지 말아야 한다."

호연지기란 단시간에 얻어지는 것이 아니라 꾸준히 쌓아 감으로써 얻을 수 있는 기운이다. 맹자는 전쟁과 혼란의 전국 시대를 지언과 호연지기로 뜻을 펼쳐 나갔다. 어렵고 힘든 상황에서 스스로를 지켜 내었고, 자신의 학문과 이념도 지켜 낼 수 있었다. 맹자가 지켜 내었던 유학은 동양 철학의 뿌리로서, 동양적 세계관으로서 동양은 물론 전 세계적으로 깊은 영향을 끼쳤다. 그 기반이 된 것이 바로 혼란의 시대에 굴복하지 않고 돌파해 나간 맹자의 돌파력이다.

오늘날도 어쩌면 전국 시대 못지않은 치열한 시대일지도 모른다. 잠깐 뒤처지면 도태되는 치열한 경쟁의 시대를 살아가는 힘, 지언과 호연지기로 얻을 수 있다. 말을 통해 사람을 이해하고 호연지기를 통해 담대한 꿈과 이상을 성취한다. 평범한 사람이 평범하지 않은 일을 이룰 수 있는 비결이다.

05

묵묵하고 당당하게
자신의 길을 가는 사람

"천하의 가장 넓은 집에 살고, 천하의 가장 올바른 자리에 서고, 천하에 가장 큰길을 걷다."

居天下之廣居 立天下之正位 行天下之大道
거천하지광거 입천하지정위 행천하지대도

《맹자》, 〈등문공하〉편

대인(大人). 맹자가 자신의 책에서 많이 언급했던 단어다. 말 그대로 해석하면 덩치가 큰 사람 혹은 어린아이에 대비해 성인(成人)이 된다. 하지만 맹자가 했던 말의 의미는 좀 다르다. 맹자는 인격적으로 훌륭한 사람이나 본받을 만한 사람을 대인, 즉 '어른'이라고 말했다.

맹자가 말했던 진정한 어른이란 생물학적으로 나이가 많다고 혹은 부와 지위가 높다고 될 수 있는 것은 아니다. 요즘도 마찬가지만 당시에도 어른다운 어른을 찾아보기 힘들었기에 맹자는 그 자격 조건에 대해 많이 언급했던 것 같다. 아마 좀 더 많은 사람이 진정한 어른이 되었으면 하는 바람이었을 것이다.

《맹자》, 〈이루하〉편에는 다음과 같이 실려 있다.

"대인이란 어린아이의 마음을 잃지 않은 사람이다."
大人者 不失其赤者之心者也
대인자 부실기적자지심자야

어른이 어른다울 수 있는 것은 어린아이와 같은 순수함을 지니고 있기 때문이다. 아마도 이는 맹자의 바람을 가장 잘 표현했던 말이라고 할 수 있겠다. 맹자 철학의 핵심인 '성선설'을 바탕으로 두고 있기 때문이다. 맹자에 따르면 사람이면 누구나 하늘로부터 선한 마음을 본성으로 받는다. 이 마음을 가장 잘 보존하고 있는 것은 어린아이다. 누구나 태어날 때는 선한 마음을 가지고 태어났지만, 세상을 살면서 점차 잃어버린다. 바로 욕심 때문이다. 맹자는 처음 받은 선한 마음을 어린아이와 같이 잘 보존하고 있는 사람을 진정한 어른이라고 보았다.

맹자는 이렇게도 말했다.

"예가 아닌 예와 의가 아닌 의를 대인은 하지 않는다."

非禮之禮 非義之義 大人弗爲

비례지례 비의지의 대인불위

속마음은 전혀 다르면서 겉으로만 예와 의를 갖추는 것은 위선일 뿐이다. 이러한 위선을 옛 현자들은 가장 미워했다. 자기 자신이 나쁜 것만이 아니라 다른 사람들을 나쁜 길로 이끄는 사람이기 때문이다. 진정한 어른은 겉으로 보이는 행동과 속마음이 같다.

또한《맹자》에서는 대인을 다음과 같이 설명한다.

"스스로를 바르게 함으로써 만물을 바르게 하는 사람."

有大人者 正己而物正者也

유대인자 정기이물정자야

대인은 자기 자신만 바른 것에 그쳐서는 안 된다. 주위의 다른 사람들도 바르게 이끌어야 하는 책임이 있다. 그 시작은 스스로 바르게 하는 것이다. 주위의 사람들은 그의 모습을 보고 바른길을 따른다.

대장부, 빈천함도 뜻을 바꾸지 못하고
위협도 뜻을 굽히지 못하는 사람

맹자는 대인의 모든 것을 집대성해 '대장부'라고 불렀다. 도입의 예문이 그 핵심이 되는 문장인데,《맹자》,〈이루하〉편에 실려 있다.

경춘이 말했다.

"공손연과 장의는 어찌 진정한 대장부가 아니겠습니까? 한번 노하면 제후들이 두려워하고, 편안히 있으면 천하가 잠잠해지니 말입니다."

그러자 맹자는 예상 밖의 대답을 한다. 그 당시 가장 이름이 알려진 공손연과 장의지만 대장부의 자격이 없다는 것이다. 전국 시대에는 수많은 학파가 있었는데, 종횡가는 외교적 책략과 변론을 통해 권력을 쟁취하려는 사상가들을 말한다.

경춘 역시 종횡가에 속한 변론가로서 종횡가의 대표적 인물이었던 공손연과 장의를 대장부로서 손색이 없다고 여겼던 것 같다. 그래서 맹자에게 은근히 그들을 내세우며 동의를 구하고 있는 것이다. 제후들과 함께 천하를 다스렸던 인물들이니 최고의 대인, 즉 대장부가 아니냐는 물음이다. 실제로 공손연은 합종책의 주창자로서 전국 시대 7대 강국 중 다섯 나라의 외교를 담당하는 재상이었다. 장의는 연횡책의 주창자로서 최고 강대국 진나라의 재상으로 활약하며 합종책을 와해시켰던 인물이다.

공손연과 장의는 그 당시 가장 영향력이 있는 두 사람이었지만, 맹자는 그 둘을 남편에게 순종하는 아녀자에 비유했다. '왕의 비위만 맞추고 왕의 뜻에 순종만 하는 것은 진정한 대장부가 아니라 아녀자의 도리에 불과하다'는 것이다. 권모술수로 천하를 호령했지만 옳은 길을 가지 않고, 천하를 다스리는 올바른 방법을 왕에게 간언하지 않는 것은 당당한 태도가 아니다.

맹자는 이 두 사람 역시 인의로 다스려지는 세상이 정의롭다는 것을 알고 있다고 여겼다. 몰라서 못 하는 것이 아니라 알면서도 하지 않기에 더 큰 잘못이고 비겁한 태도라는 것이다.

맹자는 진정한 대장부에 대해 이렇게 말했다.

"천하의 가장 넓은 집에 살고, 천하의 가장 올바른 자리에 서 있으며, 천하의 가장 큰길을 걸어 뜻을 얻으면 백성과 함께 그 길을 따라 걷고, 뜻을 얻지 못하면 홀로 그 길을 걷는다. 부귀함도 마음을 어지럽히지 못하고, 빈천함도 뜻을 바꾸지 못하며, 위협에도 뜻을 굽히지 않으니 이러한 자가 진정한 대장부이다."

居天下之廣居 立天下之正位 行天下之大道 得志與民由之 不得志獨行其道 富貴不能淫 貧賤不能移 威武不能屈 此之謂大丈夫

거천하지광거 입천하지정위 행천하지대도 득지여민유지 부득지독행기도 부귀불능음 빈천불능이 위무불능굴 차지위대장부

위의 구절에서 천하의 넓은 집은 '인'을 뜻하고, 올바른 자리는 '예', 천하의 큰길은 '의'의 삶을 산다는 것을 의미한다. 맹자는 하늘로부터 부여받은 선한 본성을 지키며 사는 것이 바로 인의예지의 삶이며, 때와 상황에 좌우되지 않고 그러한 삶을 묵묵히 가는 사람을 진정한 대장부라고 보았다.

오늘날 흔히 착각하듯이 지위가 높다고, 권세와 부를 누린다고 대장부가 되는 것은 아니다. 성공과 출세를 위해 수단 방법을 가리지 않고, 온갖 비굴한 행동으로 높은 자리에 오르는 것은 오히려 부

끄러운 일일 뿐이다. 맹자의 대장부는 그 어떤 부귀영화도 옳지 않으면 과감히 박차고 나올 수 있는 사람, 바로 '사람답게 사는 사람'을 말한다. 비록 드러나지 않아도 묵묵히 자신의 길을 가는 사람, 처한 상황에 따라 변하지 않고 당당하게 의로운 길을 가는 사람이 진정한 대장부다. 이런 사람에게는 그 어떤 권력도, 부도 함부로 하지 못한다.

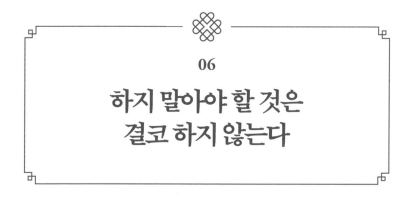

06

하지 말아야 할 것은
결코 하지 않는다

"하지 않아야 할 것을 하지 않고, 하지 않아야 할 것을 원하지 않는다.
이와 같을 뿐이다."

無爲其所不爲 無欲其所不欲 如此而已矣
무위기소불위 무욕부소불욕 여차이이의

《맹자》, 〈진심상〉편

　공자와 맹자로 대표되는 유가는 '유위(有爲)'의 철학, 즉 세상의
혼란과 도덕적 파산을 막으려면 반드시 인간성을 회복시켜야 한다
고 주장했다. 학문과 수양에 정진해야 하고, 그것을 기반으로 세상
을 다스려야 더 좋은 세상을 만들 수 있다는 것이다.
　하지만 유가에서는 무엇을 제대로 이루기 위해서는 반드시 하지

말아야 할 것을 하지 않는 것을 그 전제로 삼았다. 만약 학문에 정진하려면 학문에 방해되는 것을 피할 수 있어야 하고, 예를 지키고 싶다면 예가 아닌 것을 명확히 알아야 한다.

《예기》, 〈곡례〉편에 실린 다음의 구절이 잘 설명한다.

"공경스럽지 않은 일은 하지 말라."

毋不敬

무불경

"재물 앞에서 구차하게 구하지 말고, 고난 앞에서 구차하게 피하지 말라."

臨財毋苟得 任難毋苟免

임재무구득 임난무구면

"이기기를 구함에 정도를 어기지 말고, 지나치게 많은 것을 구하지 말라."

很毋求勝 分毋求多

흔무구승 분무구다

심지어 "다른 사람의 신을 밟거나 앉아 있는 좌석을 넘지 말라", "남의 이론을 표절하거나 무조건 따르지 말라", "곁눈질로 보거나 게으르고 해이하지 말라" 등 평상시의 삶에서 지켜야 할 사소한 부분까지 망라했다.

금해야 할 것은 크게 두 가지를 생각할 수 있다.

먼저, 부정행위이다.

가지고 싶은 것이 있을 때 사람들은 마음이 흔들린다. 간절히 원하지만 쉽게 얻을 수 없다면 더욱 그렇다. 편법과 불법 등 해서는 안 될 일을 저지르게 된다. 하면 안 된다는 것은 알지만 가지고 싶은 마음 때문에 절제하지 못하는 것이다. 이러한 사람의 연약함을 알기에 고전에서는 해서는 안 될 일을 정해 지키게 했다. 특히 가장 소중한 가치인 학문과 수양에 관해서는 어떠한 부정한 성취도, 행위도 용납하지 않았다.

또 하나는 사소한 일에 쉽게 타협하는 것이다.

많은 사람이 '이 정도는 …' 하고 정도에서 벗어난다. 《예기》에서 말하는 다른 사람의 신을 밟거나 곁눈질로 사람을 쳐다보는 것은 그리 중요한 일은 아니다. 하지만 그렇기에 가볍게 여기고, 부주의하게 행동함으로써 다른 사람에게 폐를 끼친다.

어떠한 결실도 의롭지 않다면
얻지 않는 것만 못하다

어떤 일을 하고자 한다면 반드시 그 일이 정당한지, 왜 그 일을 해야 하는지를 분명히 인식해야 한다. 맹자는 〈진심상〉편에서 다음과 같이 말했다.

"하면서도 왜 그렇게 해야 하는지를 밝게 알지 못하고, 왜 그렇게 하는지 살피지 못해서 평생 그 일을 하면서도 알지 못하는 사람이 많다."

자기 삶의 분명한 뜻을 정하지 않으면 그때그때 대충 살아가게 된다. "생각대로 살지 않으면 사는 대로 생각하게 된다"라는 유명한 말이 이를 잘 말해 준다. 일단 저질러 놓고 자기 합리화를 하는 사람의 속성을 정확하게 지적한 말이다.

맹자는 올바른 일이 아니면 그 일을 하지 않아야 하고, 바라지도 말아야 한다고 말한다. 일을 시작하기 전에 하지 않아야 할 것을 명확히 정해 배제해야 한다는 것이다. 애초에 방향이 잘못되어 있거나 훼손되어 있다면 어떤 성과를 거두더라도 그 일의 정당성을 확보할 수 없다.

그다음은 수단과 절차의 중요성이다. 무엇을 하든지, 무엇을 이루었든지 그 과정에 잘못이 있다면 그것은 옳지 않은 것이다. 예를 들어 성공과 명예를 추구하면서 정작 그 방법이 의롭지 않다면 얻지 않음만 못하다. 원하지 않아야 할 것을 원하지 않는 것은 지나친 욕심과 탐욕을 추구하지 않는 것이다. 맹자는 수양의 맨 처음을 욕심을 줄이는 데 두었다. 사람으로서 욕심을 가지지 않을 수는 없지만, 그 욕심을 절제하지 못해 탐욕으로 흐르는 것을 경계했던 것이다.

맹자는 이 생각을 정리해 "하지 않아야 할 것을 하지 않고, 원하지 않아야 할 것을 원하지 않는다. 이와 같을 뿐이다"라고 밀했다. 자신의 소신인 동시에 올바른 수양과 도를 이루기 위한 가장 기본적인 전제라고 할 수 있다. 최소한 잘못된 것을 하지 않고, 과도한 욕심과 탐욕을 갖지 않는다면 수양과 학문에 있어서 큰 잘못을 저지르지는 않을 것이라는 통찰이다.

사람의 품격은 잘못된 일 앞에서 과감하게 물러설 줄 알 때 드러난다. 다산 정약용은 죄인의 명부에서 빠져 18년간의 귀양을 끝마칠 수 있는 기회를 잡았지만, 당시 실권자이자 다산을 미워했던 정적들의 반대로 고향으로 돌아오지 못하고 있었다. 그 당시 다산의 상황은 최악이었다. 오랜 귀양 생활의 여파로 몸과 마음이 무너졌고, 중풍은 점차 심해져 마비와 오한에 시달려야 했다. 게다가 이를 앙다물며 집필에 매진했던 나머지 이가 하나둘 빠져 음식을 먹기도 힘든 상태였다. 아들은 이러한 아버지가 안타까운 나머지 정적들에게 사면을 애원하는 편지를 보내자고 권했지만 다산은 단호하게 거절하며 이렇게 말했다.

　"천하에는 두 가지 큰 기준이 있는데 하나는 옳고 그름이요, 또 하나는 이익과 손해다. 이 기준에서 네 종류의 등급이 생긴다. 옳은 것을 지켜서 이익을 얻는 것이 가장 큰 등급이고, 옳은 것을 지켜서 해를 받는 것이 그다음이며, 나쁜 것을 좇아서 이익을 얻는 것이 그다음 등급이다. 가장 나쁜 것은 나쁜 것을 좇아서 해를 받는 것이다. 네가 말하는 것은 세 번째 등급이지만, 끝내는 네 번째 등급으로 떨어지고 말 것이다. 내가 무엇 때문에 그런 짓을 하겠는가?"

　다산이 추구한 것은 오직 '옳음'이다. 다산은 이익을 보든 손해를 보든 올바름을 포기하지 않는 삶을 추구했다. 결국 그는 얼마 지나지 않아 귀양에서 풀려 고향으로 돌아갈 수 있었다. 눈앞의 이익에 흔들리지 않고 올바름을 좇는 사람은 지는 것 같지만 결국 이긴다.

07

작은 이익에 굽히지 않고
올바름 앞에 타협하지 않는다

"자신을 굽히면서 다른 사람을 바로잡을 수는 없다."

枉己者 未有能直人者也

왕기자 미유능직인자야

《맹자》, 〈등문공하〉편

맹자의 가르침에 한계를 느낀 제자 공손추가 스승의 학문이 너무 높고 깊어서 도저히 따르기 힘들다는 하소연을 했다.

"도는 높고 아름답습니다. 하지만 마치 하늘에 오르는 것과 같아서 도저히 도달하지 못할 것 같습니다. 왜 도달할 수 있도록 해서 날마다 부지런히 힘쓰도록 만들지 않습니까?"

요즘도 흔히 보이듯이 많은 일을 제대로 못 하는 사람들의 전형적인 모습이다. 자신의 부족함을 돌아보는 것이 아니라 목표가 너무 높다고 억지를 부리는 것이다. 공손추의 말에 맹자는 이렇게 대답했다.

　"훌륭한 목수는 서툰 목수를 위해 먹줄을 고치거나 없애지 않고, 활의 달인 예(羿)는 서툰 사수를 위해 활을 당기는 기준을 고치지 않는다. 군자는 다른 사람을 가르칠 때 활쏘기를 가르치는 것처럼 활을 끝까지 당길 뿐 발사하지 않음으로써 화살이 막 튀어 나가고 싶게 만든다."

　맹자는 목공과 활쏘기를 예로 들어 진정한 배움에 대해 말한다. 목공이 목수 일을 할 때 가장 중요한 도구는 먹줄이다. 선을 바르게 하여 곧고, 제대로 나무를 가다듬을 수 있게 한다. 만약 좀 더 쉽게 일을 하려고 먹줄을 고치거나 없앤다면 기준이 없어지는 것과 같다. 따라서 목수는 먹줄을 비롯한 목공 도구에 대해서는 타협할 수 없다.

　활을 쏘는 것도 마찬가지다. 활의 고수는 제자가 제대로 쏘지 못한다고 해서 거리를 줄여 주거나 기준이 되는 점수를 낮춰 주지 않는다. 진정한 실력자를 키워 낼 수 없기 때문이다. 따라서 활쏘기의 장인은 명확한 목표를 보여 주되 모든 것을 가르쳐 주지는 않는다. 단지 제자의 열의를 북돋우고 의욕을 갖도록 만들어 줄 뿐이다.

큰일을 이루고자 하면
작은 일부터 지켜야 한다

제자 진대도 역시 제후들을 대하는 맹자의 기준이 너무 높다고 생각해 이렇게 말했다.

"선생님께서 제후들을 만나지 않는 것은 작은 절차에 구애되는 것은 아닌지요. 한번 만나기만 하면 크게는 천하에 왕도 정치를 펼칠 수 있고, 작게는 패도 정치를 구현할 수 있을 것입니다. 기록에도 '한 자를 굽혀 여덟 자를 편다'고 했으니, 이는 해 볼 만한 일이라고 생각합니다."

맹자는 제후들을 만날 때 직접 찾아가서 만나지 않고 제후들이 예법을 지켜 모셔야만 만났다. 자신은 제후들의 일개 신하가 아니라 제후들에게 가르침을 주고 존중을 받는 스승과 같은 존재라는 것이다. 진대가 보기에는 이러한 맹자가 답답했을 것이다. 이미 세상에 명성이 퍼진 맹자가 만나고자만 한다면 만나지 못할 제후가 없고, 일단 제후를 만나기만 하면 충분히 뜻을 펼쳐 자신이 원하는 왕도 정치를 할 수 있을 터인데 왜 그렇게 하지 않느냐는 의문이다.

이에 맹자는 두 가지 고사를 예로 들어 자신을 이해하지 못하는 제자를 가르쳤다.

"옛날에 제나라 경공이 사냥을 하다가 대부를 부르는 깃발로 동산을 지키는 하급 관리를 불렀다. 하지만 하급 관리가 오지 않자 그를 죽이려고 했다. 이를 두고 공자는 '뜻이 있는 지사는 언제라도 곤경에 빠질 준비가 되어 있고, 용사는 목숨을 버릴 각오가 되어 있다'고 했다. 공자는 이 이야기에서 무엇을 취했겠느냐? 부름이 예법에 합당하지 않을 경우에는 가지 않는다는 점을 취한 것이다. 만약 합당한 부름을 기다리지도 않고 간다면 어떻게 되겠느냐? 한 자를 굽혀 여덟 자를 편다는 것은 이익을 두고 말한 것이다. 만약 이익을 두고 말한다면, 여덟 자를 굽혀서 한 자를 펴는 이익이라도 과연 할 만한 것이겠느냐."

이 고사에서 하급 관리가 군주의 부름에도 가지 않은 이유는 군주가 하급 관리를 부르는 깃발이 아닌, 대부를 부르는 깃발을 들어 불렀기 때문이었다. 공자는 하급 관리의 이러한 자세를 칭찬하며, 그것이 진정으로 지혜로운 행동이라고 말했다. 만약 잘못된 부름에 응했다면 당장은 목숨을 부지할지 몰라도 언젠가는 반드시 이로 인해 큰 처벌을 받게 될 것이고, 그때는 목숨뿐 아니라 명예도 잃게 된다.

오늘날에도 흔히 보이듯 큰 권력에 기대어 불법과 부정을 저질렀던 고위 관리들이 시간이 지난 후 처벌을 받고 명예를 잃는 것이 잘 말해 준다.

또 다른 고사는 한 자를 굽혀 여덟 자를 펴는 것은 오직 이익을 좇는 자세이므로 따라서는 안 된다는 것을 말해 준다. 진대는 사소한 예절을 지키지 않는 것을 작은 일로 보고, 왕도나 패도를 이루는 것을 큰일로 보았다. 하지만 맹자는 예법을 지키는 것이 모든 일의 근본이며 애초에 근본을 어길 경우에는 어떠한 큰일도 정의롭지 않다고 보았다. 이를 말해 주는 고사가 다음의 구절이다.

옛날 조간자가 왕량을 시켜 총애하는 신하인 해가 사냥을 할 때 말을 몰게 했다. 종일 사냥을 했는데 단 한 마리도 잡지 못했다. 그러자 해가 돌아와 이렇게 말했다.

"왕량은 천하의 무능한 말몰이꾼입니다."

누군가 이 말을 왕량에게 전하자, 왕량은 '다시 한번 그를 위해 말을 몰게 해 달라'고 조간자에게 청했다. 왕량은 승낙을 받고 다시 말을 몰았는데, 이번에는 아침나절에만 10마리를 잡았다. 해가 만족하여 돌아와 이번에는 이렇게 보고했다.

"왕량은 천하에 제일가는 말몰이꾼입니다."

그러자 조간자는 왕량에게 자신이 총애하는 해를 위해 말몰이꾼이 되라고 명령했고, 왕량은 이렇게 말하며 사양했다.

"제가 그를 위해 법도에 맞게 달렸을 때는 하루 종일 한 마리도 잡지 못했습니다. 하지만 법도를 지키지 않고 편법으로 말을 몰자 아침나절에만 10마리 이상을 잡았습니다. 저는 소인을 위해 말을 모는 데 익숙하지 않으니 부디 사양하게 해 주십시오."

"일개 말몰이꾼도 나쁜 사수와 함께 일하는 것을 부끄럽게 여겨 산더미처럼 짐승을 잡는다고 해도 하지 않았다. 만약 도를 굽혀 그런 제후를 따른다면 어떻겠느냐? 게다가 너는 틀렸다. 자신을 굽히면서 다른 사람을 바로잡을 수는 없다."

모두가 좋은 기회가 왔을 때 어떻게든 그것을 잡으려고 한다. 하지만 정작 그 일이 올바른지, 정도에 맞는지는 잊을 때가 많다. 그 기회를 놓치기 싫은 마음이 앞서기 때문이다. 그리고 목적을 이루기 위해 정당한 절차와 과정을 무시하고 불법이나 편법을 하는 경우도 있다. 바로 자신을 굽히는 일이다. 눈앞의 이익이나 작은 욕심 앞에서 타협한다면 당장 작은 이익을 얻을 수는 있다. 하지만 더 큰 것, 정말 소중한 것은 잃어버리게 된다. '소탐대실(小貪大失)'이 바로 그것을 말한다. 바른길을 가려는 내 삶의 소중한 의미와 가치를 잃게 되고, 함께하는 사람들의 신망을 잃게 된다.

우리의 삶이 바로 이러한 모습일지도 모른다. 눈앞의 이익에 연연하여 하루하루를 살아가며 작은 이익에 기뻐하여 하루가 즐겁고, 작은 손해에 잠 못 이룬다. 이러한 삶이 행복할 리 없다. 그러니 이루고 싶은 꿈이 있다면 작은 이익에 연연해서는 안 된다. 작은 이익과 손해에 하루를 잃어버린다면 인생을 잃어버리고 있는 것과 같다. 특히 사람들과 함께 큰일을 하려는 꿈이 있다면 반드시 작은 일에서부터 충실하게 자신을 지켜야 한다. 사람들은 올바름 앞에서 타협하지 않는 사람을 믿고 따른다.

08

진정한 스승은
배움을 그치지 않는다

"가까운 좌우에서 근원을 만난다."

左右逢其原

좌우봉기원

《맹자》, 〈이루하〉편

《논어》, 〈자장〉편에는 위나라 대부 공손조와 공자의 제자 자공의 대화가 실려 있다.

공손조가 "공자는 어디서 배웠습니까?"라고 묻자 자공은 이렇게 대답했다.

"문왕과 무왕의 도가 아직 땅에 떨어지지 않고 사람들에게 남아 있습니다. 현명한 자는 그중에서 큰 것을 기억하고, 현명함이 부족한 자는 그중 작은 것을 기억합니다. 결국 문왕과 무왕의 도는 없는 데가 없다고 할 수 있습니다. 그러니 스승님께서 어디에선들 배우지 않은 데가 있겠습니까? 또한 어찌 일정한 스승이 있었겠습니까?"

문왕과 무왕은 공자가 이상적인 국가로 삼고 있던 주나라를 창업한 인물들이다. 그 나라의 올바른 도리들이 아직도 사람들에게 남아 있으니 공자는 이들로부터 배움을 얻었다는 것이다. 공자는 언제 어느 곳에 가든지 접할 수 있는 모든 것에서 배움을 얻었기에 어떤 순간에도 멈추지 않고 배움의 길을 갈 수 있었다.

실제로 《논어》를 비롯하여 공자에 관한 많은 고전에는 공자가 다양한 방법으로 가르침을 얻는 고사들이 실려 있다. 공자는 새를 잡는 사냥꾼으로부터 군자의 처신을 배웠고, 매미를 잡는 사냥꾼에게는 집중의 지혜를 얻었다. 심지어 평범한 아낙네로부터도 삶의 지혜를 배웠다. 이는 '공자천주(孔子穿珠)'의 고사로, 그 어떤 사람으로부터도 배움을 얻을 수 있고, 배울 수 있어야 한다는 가르침이다.

공자의 이러한 정신은 《논어》에 실린 다음의 유명한 구절로 집약된다.

"세 사람이 길을 같이 가면 반드시 내 스승이 있다. 좋은 점은 가려서 본받고, 좋지 않은 점으로는 나를 바로잡는다."
三人行必有我師焉 擇其善者而從之 其不善者而改之
삼인행필유아사언 택기선자이종지 기불선자이개지

세상에는 훌륭한 사람이 있는가 하면 잘못된 사람도 있기 마련이다. 사람들은 이들 중에 훌륭한 사람에게는 당연히 배우려고 한다. 그리고 잘못된 사람에게는 누구나 쉽게 비난과 질책하며 그들로부터 배움을 얻으려고 하지 않는다. 하지만 공자는 사람의 긍정적인 측면뿐 아니라 부정적인 것에서도 배울 수 있어야 한다고 가르친다. 상대의 잘못을 보면서 '혹시 나에게도 저런 나쁜 점이 있는 것은 아닌가'를 살펴서 '반면교사(反面教師)', '타산지석(他山之石)'의 배움을 얻으라는 것이다. 이것이 바로 진정한 배움과 성찰의 자세라고 할 수 있다.

이와 같은 공자의 가르침을 종합하면 '삶이 곧 배움이 되어야 한다'이다. 배움이 단순히 지식을 습득하는 데 그친다면 그 지식은 탁상공론이 될 수밖에 없다. 지식이란 삶의 곳곳에서 다양한 경험으로 뒷받침할 때 쓸모 있는 지식이 된다.

일상에서 배울 수 있다면
누구나 높은 곳에 오른다

《맹자》, 〈진심상〉편에서는 전설의 황제 순임금이 어떻게 큰 인물이 될 수 있었는지에 대해 이렇게 말하고 있다.

"순이 깊은 산중에 살 때는 나무와 돌과 함께 지냈고, 사슴과 멧돼지와 함께 노닐어서 깊은 산 중에 사는 야인들과 다를 바가 거의 없었다. 하지만 선한 말 한마디를 듣고 선한 행동 하나를 보고 나서는 마치 강의 물길을 터놓은 것처럼 세차게 흘러 그 무엇도 막을 수 없었다."

야인과 다름없었던 순임금을 변화시킨 것은 단 한마디의 선한 말과 선한 행동이었다. 산속에서 생활하던 사람이 정해진 스승이 있을 리 없었으므로 순이 들었던 말과 행동은 우연히 접했던 사람으로부터 얻었을 것이다. 순은 이들로부터 귀한 가르침을 듣게 되자 그 무엇도 막을 수 없을 만큼 배움의 열정이 타올랐고, 결국 훌륭한 황제가 될 수 있었다는 말이다.

오늘날로 치면 순이 접했던 말과 행동은 우리가 일상에서 마주할 수 있는 사람이나 환경일 것이다. 이처럼 일상에서 배움을 얻을 수 있다면 누구라도 자신을 변화시킬 수 있고, 더 높은 경지에 이를 수 있다. 바로 축적의 힘이다. 수많은 평범한 상황에서 좋은 것을 받아들이는 노력을 게을리하지 않을 때 그 힘이 쌓여 비범함과 탁월함이 된다.

이를 두고 맹자는 이렇게 말했다. 도입의 예문이 실린 글의 전문이다.

"군자가 학문과 수양을 깊이 파고드는 데 도리에 맞게 하는 것은 스스로 경험하여 얻으려는 것이다. 스스로 경험하여 얻게 되면 그것에 거하는 것이 안정되고, 안정되면 자질이 더 쌓여 깊어지고, 쌓인 것이 깊어지면 좌우 가까운 데서 취하더라도 그 근원을 얻을 수 있다. 그래서 군자는 스스로 체득하여 얻고자 하는 것이다."
君子深造之以道 欲其自得之也 自得之則居之安 居之安則資之深

資之深則取之左右逢其原 故 君子欲其自得之也

군자심조지이도 욕기자득지야 자득지즉거지안 거지안즉자지심
자지심즉취지좌우봉기원 고 군자욕기자득지야

이 글의 핵심은 스스로 체득하여 얻고자 한다는 뜻의 '自得(자
득)'이다. 스스로 얻고자 노력할 때 일상에서도 많은 배움을 얻을
수 있고, 그 배움이 내면에 깊이 쌓여 높은 경지에 이를 수 있다. 도
입의 예문인 "가까운 좌우에서 근원을 얻는다"라는 구절이 그것을
말한다. 공자가 말했던 '하학이상달' 역시 그 이치를 말하는 것이다.
일상의 모든 장소와 순간을 배움의 대상으로 삼을 때 하늘에 도달
할 정도의 높은 경지에 이를 수 있다.

지식이 많다고, 학식이 높다고 자부하고 남을 가르치려고만 하
는 사람은 진정한 스승이 될 수 없다. 맹자는 그것을 탓하며 "사람
들의 병폐는 남의 스승이 되기를 좋아하는 데 있다"라고 말하기도
했다. 진정한 스승이란 배움을 그치지 않는 사람을 말한다. 자신이
가진 지식과 경험을 다른 사람과 아낌없이 나누고, 그들이 가진 것
에서 배움을 얻고, 함께 성장해 나가는 사람이 진정한 스승이며 존
경받을 만한 어른이다.

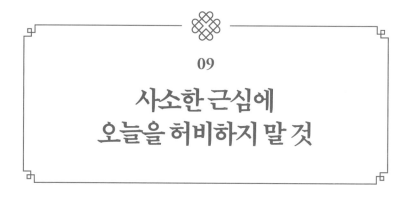

09

사소한 근심에
오늘을 허비하지 말 것

"군자에게는 평생의 근심은 있어도 하루아침의 근심은 없다."

君子有終身之憂 無一朝之患

군자유종신지우 무일조지환

《맹자》, 〈이루하〉편

다음은 《논어》, 〈안연〉편에 실려 있는 공자와 제자 사마우의 대
화다.

사마우가 군자에 대해 묻자 공자가 말했다.

"군자는 근심하지도 않고 두려워하지도 않는다."

"근심도 않고 두려워하지도 않으면 곧 군자라고 할 수 있습니까?"

사마우가 되묻자 공자가 말했다.

"마음을 살펴 반성하고 거리낌이 없다면 무엇을 근심하고 무엇을 두려워하겠느냐?"

공자는 제자에게 수양의 높은 경지인 군자에 도달하기 위해서는 자신의 감정을 이겨 낼 수 있어야 한다고 말한다. 그 방법은 바로 스스로 성찰함으로써 자기 내면의 힘을 기르는 것이다. 근심과 두려움 같은 감정은 외부 환경에 영향을 받아 마음이 상하는 것이다.

실제로 사마우는 반란을 일으켜 도피를 일삼는 형 사마환퇴로 인해 항상 마음이 불안했다. 심지어 사마환퇴는 공자를 죽이려고 시도했던 전력이 있어 사마우는 더욱 마음에 거리낌이 있었을 것이다. 요즘으로 말하면 심각한 콤플렉스라고 할 수 있겠다. 공자는 그 콤플렉스를 이겨 내고 마음의 수양에 집중하라고 가르쳤다.

하지만 평범한 우리가 근심과 두려움 같은 감정을 쉽게 이겨 내기는 어렵다. 높은 수양의 경지에 있던 옛 선비들도 마찬가지였다. 고사에 나오는 사마우 역시 공자의 가르침에도 스스로 절제하지 못해 여러 나라를 전전하다가 죽음을 맞고 만다.

근심과 두려움은 마치 족쇄같이 우리 삶을 지배한다. 우리 영혼을 상하게 하고, 행복한 삶을 사는 데 큰 걸림돌이 되며 쉽게 벗어날 수도 없다. 그렇기에 동서양의 많은 학자가 근심과 걱정에서 벗어날 수 있는 다양한 방법을 제시하는 것이다.

맹자 역시 사람들에게 걱정과 근심을 이겨 낼 수 있는 방법을 제시하고 있는데, 도입의 예문도 그중의 하나다. 맹자의 시대는 참혹한 전쟁의 시대였다. 오죽하면 그 시대를 '전국시대(戰國時代)'라고 부르겠는가? 약육강식의 시대에 수많은 나라가 망해서 사라졌고, 그 와중에 사람들은 전쟁과 굶주림에 목숨을 잃었다. 맹자는 그 시절 막강한 권력을 가진 왕들을 만나 평화를 설득하는 한편, 백성을 짓누르는 어려움에서 벗어날 수 있도록 도와주기를 바라며 이렇게 말했다.

"군자에게는 평생토록 근심하는 것은 있어도, 하루아침의 근심은 없다."

맹자는 먼저 어차피 근심에서 쉽게 벗어날 수 없다면 좀 더 의미 있는 근심을 하라고 권했다. 여기서 하루아침의 근심은 원문으로 '一朝之患(일조지환)'이다. 말 그대로 하룻밤 자고 일어나면 사라지는 근심을 말한다. 마치 파도가 밀려왔다가 그냥 사라지는 것과 같다.

다음 날 아침이면 사라질
걱정에 발목 잡히지 말라

심리학자 어니 젤린스키는 다음과 같이 말했다.

"사람들의 걱정 중 40퍼센트는 결코 일어나지 않고, 30퍼센트는 이미 일어난 일이고, 22퍼센트는 아주 사소한 일이며, 4퍼센트는 우리 힘으로 해결할 수 없는 일이고, 나머지 4퍼센트만이 진짜 걱정거리다."

돌이킬 수 없는 과거에 후회하고, 아직 오지 않은 미래에 불안해 하며, 현실의 어려움에서 헤어 나오지 못하는 우리들의 심리를 잘 말해 주는 통찰이다.

맹자가 말했던 것도 마찬가지다. 그렇게 다음 날 아침이면 사라 질 덧없는 걱정 때문에 괴로워할 바에는 차라리 '終身之憂(종신지 우)', 평생을 두고 해야 할 의미 있는 근심을 하라는 것이다. 맹자의 종신지우란, 나의 삶을 어떻게 가치 있게 만들어 나갈 것인가에 대 한 근심을 말한다.
그 예를 맹자는 이렇게 들었다.

"만약 근심할 것이 있다면 이러한 것이다. 순임금도 사람이고 나 도 사람인데, 순임금은 천하의 모범이 되어 후세에 전할 만한 데 비 해 나는 시골 사람을 면치 못하고 있으니 이는 근심할 만하다."

순임금은 고대의 황제로 중국 역사에서 가장 위대한 사람으로 꼽힌다. 맹자는 순임금을 존경하여 닮고 싶어 했고, 그같이 되기 위 해 노력하는 것을 평생의 신조로 삼았다.

맹자는 〈등문공상〉편에서 공자의 제자 안연 역시 같은 근심을 갖고 있었다는 것을 소개한다.

"순임금은 어떤 사람입니까? 저는 또 어떤 사람입니까? 하려고 만 한다면 누구나 그와 같을 수 있습니다."

이 말은 사람으로 태어나 누구나 노력을 한다면 탁월한 인물이 될 수 있다는 뜻이다. 심지어 순임금과 같은 최고의 성군으로 꼽히는 인물이라고 해도 못 오를 나무는 아니다. 하려고 하는 마음과 의지를 가지고 포기하지만 않으면 될 수 있다. 안연은 공자의 수제자로 인정받았던 인물이다. 심지어 공자는 안연을 두고 '나보다 더 뛰어나다'고 말하기도 했다. 하지만 《논어》에서 안연은 학문과 수양은 뛰어나지만 담대한 이미지는 아니었다. 어떻게 보면 유약하다고 보일 정도였다.

반면 《맹자》에서의 안연은 당당하고 담대하게 자기 소신을 이야기한다. '호연지기'를 평생의 신조로 삼은 맹자의 이미지와 닮았다고 할 수 있는데, 맹자는 안연을 빌려 자신의 생각을 말하고 있는지도 모르겠다. 사람이라면 누구나 순임금과 같은 인물이 될 수 있고, 단지 스스로 노력하지 않기에 되지 못할 뿐이라는 것이다. 따라서 진정으로 근심해야 할 것은 나 자신에게 큰 가능성이 있지만, 그것을 살리지 못함이다. 그런 근심이 바로 맹자가 말했던 '종신지우'다.

물론 평범한 우리가 쉽게 감정을 다스리고, 큰 뜻만 생각하기는 어렵다. 하지만 일상의 어려움과 근심에만 빠져 허우적대는 자신을 내버려두는 것도 부끄러운 일이다. 높은 수양의 경지에 이를 수는 없어도, 좀 더 높은 이상을 바라보고 노력한다면 하루하루 나아지는 자신을 만날 수 있다. 그리고 높은 이상으로 한 걸음 더 나아가는 것이다. 〈고자하〉편에서 맹자는 걱정과 어려움의 가치를 다시 한번 강조한다.

"걱정과 어려움이 살게 하고, 안락함이 죽음으로 이끈다."
生於憂患 死於安樂
생어우환 사어안락

당장의 안락함에 안주한다면 자신의 인생을 주저앉히는 것과 같다. 사소한 근심에 오늘을 허비하는 것도 마찬가지다. 지금의 내 모습은 진정한 나 자신이 아니다. 내가 오늘을 쌓아서 만들 미래의 내가 진정한 나 자신이다. 날마다 자신을 성찰하고, 내가 가진 꿈과 내 삶의 의미를 생각하며, 자신을 바루어 가는 사람은 결코 멈추지 않는다. 인생은 길다. 그 인생을 가치 있게 만들기 위해 당장 대단한 성과나 결실을 거두어야 하는 것은 아니다. 오늘 내딛는 한 걸음이 그 시작이다.

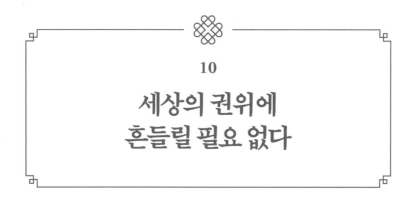

10

세상의 권위에
흔들릴 필요 없다

"《서경》을 맹신하는 것은 《서경》이 없는 것만 못하다."

盡信書則 不如無書

진신서즉 불여무서

《맹자》, 〈진심하〉편

공자는 유학의 시조이자 동양 철학의 기본을 다진 사람이다. 맹자는 공자와 시대는 달리하지만 후계자를 자부하면서 스스로 공자를 사숙했다고 밝히고 있다. 시대적인 간격이 있어 직접 문도가 되지는 못했지만 이어져 내려오는 공자의 학문을 스스로, 또 다른 사람들로부터 배웠다는 것이다. 맹자의 이러한 노력을 통해 춘추 전국 시대의 난세에 공자의 도는 명맥을 유지할 수 있었으며, 맹자는 성인으로 일컫는 공자에 이어 '아성(亞聖)', 즉 공자에 버금가는 성인으로 인정받을 수 있었다.

맹자는 스스로 공자의 제자라고 자부했지만, 그의 철학은 공자와는 분명한 차이가 있었다. 공자와 맹자 모두 세상의 평안을 위해 힘쓴 것은 같았지만 공자는 세상의 권위에 순응해야 한다고 생각했고, 맹자는 세상의 권위에 당당히 맞설 수 있어야 한다고 생각했다. 학문 역시 공자의 뜻을 이어받았지만, 자신만의 색깔을 분명히 했다. 공자가 맹자의 정신적 지주이기는 했으나 무조건 그 학문과 철학을 받아들이지는 않았던 것이다.

〈고자상〉편에 실린 '天爵(천작)'과 '人爵(인작)'의 개념이 맹자의 생각을 잘 드러낸다.

"하늘이 주는 작위가 있고 사람이 주는 작위가 있다. '인, 의, 충, 신, 선(仁義忠信善)'을 좋아하기를 게을리하지 않는 것은 하늘이 준 작위다. '공, 경, 대부(公卿大夫)'는 사람이 주는 작위다. 옛사람들은 하늘이 준 작위를 잘 닦아 사람이 준 작위가 그것에 뒤따랐다. 요즘 사람들도 하늘이 준 작위를 잘 닦아 사람이 주는 작위를 추구한다. 하지만 정작 사람이 주는 작위를 얻은 다음에는 하늘이 준 작위를 버린다. 이는 심히 미혹된 것으로 결국 사람이 준 작위 또한 잃고 말 것이다."

하늘이 준 권위는 사람의 선한 본성이다. 바로 사랑, 의로움, 충실함, 신의, 선함이다. 사람이 준 권위는 세상의 성공과 높은 지위다. 사람들은 하늘이 준 작위, 즉 인의예지의 학문과 수양을 통해 사람들로부터 인정을 받고 높은 지위에 오를 수 있다. 하지만 정작 성공을 하고 난 뒤에는 올바른 삶을 살지 않고 권세를 누리고 즐기는 데에만 열중하기에 결국은 망하고 만다. 여기서 맹자가 말하고자 했던 것은 하늘의 권위가 아닌 세상의 권위는 영원하지도, 완벽하지도 않다는 것이다. 물거품처럼 쉽게 사라져 버리기에 완전히 믿고 의존할 것이 못 된다는 말이다.

맹자를 아성의 자리에 올린 힘,
스스로 올바르다는 확신

도입의 예문은 맹자가 자신의 생각에 대해 실례를 든 것이다. 맹자는 예문에서 학문의 권위 역시 무조건 받아들일 것이 아니라 반드시 비판적인 검증을 거쳐야 한다고 말하고 있다. 전문을 살펴보자.

"《서경》을 맹신하는 것은 《서경》이 없는 것만 못하다. 나는 〈무성〉편에서 죽간 두세 쪽만 취했을 뿐이다. 인한 사람은 천하에 적수가 없다. 지극한 의의 힘으로 지극히 불인한 것을 친 것인데 어찌 피가 강을 이루어 절굿공이를 떠다니게 했을 것인가."

《서경》은 사서삼경 중 하나로, 고대 중국의 가장 오래된 역사서이다. 유교의 시조인 공자가 편찬한 책으로서 중국 인문학의 결정판이라고 볼 수 있다. 그 당시에도 가장 권위 있는 책으로, 공자와 맹자를 비롯한 많은 학자가 이 책을 인용했다. 유학의 최고 경전인

《논어》와 《맹자》에도 《서경》에서 인용한 글들이 많이 실려 있다. 권위 있는 책을 인용해서 자신의 주장을 뒷받침하고 확실한 정당성을 부여하려고 했던 것이다.

하지만 맹자는 《서경》이 위대한 책이기는 하지만 그것을 무조건적으로 맹신해서는 안 된다고 말했다. 《서경》, 〈무성〉편의 내용 중에서 '피가 강처럼 흘렀다'는 말이 지나치게 과장되었다는 것이다. 천하에서 가장 인한 주 무왕이 폭정을 일삼던 은나라(상나라)의 주왕을 치는데 어찌 피가 강처럼 흐를 정도로 많은 사상자가 날 수 있었겠느냐는 뜻이다.

하지만 맹자의 주장도 지나치게 이상적이고 편견과 선입견이 담겨 있다. 아무리 선한 의도를 가진 전쟁이라고 해도 전쟁에는 어쩔 수 없이 희생이 따르기 마련이다. 맹자의 가르침에 따라 냉철하고 비판적으로 이 글을 본다면 맹자의 생각에도 오류가 있음을 알 수 있다.

이 글이 지향하는 핵심은 오직 '인의'만이 진정한 가치일 뿐 세상의 권위를 인정하지 않는 맹자의 소신과 철학이다. 맹자의 말에서 우리는 두 가지 가르침을 얻을 수 있다.

그 한 가지는 좋은 책이나 권위 있는 학자의 가르침을 읽고 대하는 올바른 자세이다. 아무리 훌륭한 책, 권위가 있는 사람이라고 해도 그 책의 내용을 무조건 맹신해서 받아들이는 것은 결코 좋은 방법이 아니다. 가르침에서 좋은 점은 생각과 적용의 과정을 통해 나 자신의 것으로 받아들여야 한다. 하지만 그 과정에서 의구심이 드는 내용은 반드시 비판적 검증을 거쳐야 한다. 비판적 검증 역시 나만의 생각에 사로잡혀 혼자 결론을 내리는 독단이 아니라 철저히 묻고 확인하는 과정이 필요하다.

또 한 가지는 세상의 권위와 권력을 대하는 자세이다. 우리는 흔히 높은 지위에 있거나 부를 가진 사람을 올려다보는 자세를 취할 때가 많다. 높은 학위를 가진 사람도 마찬가지다. 그 사람이 가진 것이 그 사람의 가치를 대변한다고 생각한다. 하지만 그가 가진 것이 반드시 그 사람을 말해 주지는 않는다. 비록 가지지 못했어도 사람됨이 훌륭한 사람이 있고, 많은 것을 가져도 사람 구실을 못하는 사람도 있다. 맹자는 이러한 신념이 있었기에 세상의 어떤 권세와 권위 앞에서도 당당할 수 있었다. 심지어 무소불위의 권력을 가진 왕 앞에서도 마찬가지였다.

그 힘이 된 것이 바로 스스로 올바르다는 확신이었다. 이러한 확신으로부터 담대한 호연지기를 얻었고, 당당하게 자신의 뜻을 표현할 수 있는 말의 능력을 얻었다. 물론 오늘날의 세태에서 맹자처럼 하는 것은 무모한 일이라고 생각될지도 모른다. 하지만 권세에 억눌려 무조건 따르는 것은 자신을 잃는 길이다. 당장은 안전하다고 여겨질지 모르지만 정작 가장 소중한 것을 잃게 된다. 하늘이 준 선한 본성이자, 스스로 바른길을 가려는 의지다. 내가 바라는 이상이자 이루고자 하는 꿈이다.

어느 누구 앞에서도, 어떤 상황에서도 옳고 그름에서는 양보하지 않아야 한다. 그것이 난세에 자신을 지키는 최선이다.

6장

즐기면서 성장하는 사람은
무엇이 다른가

《대학》에서 찾은 어른의 공부법

자신을 다스리는
진정한 어른의 덕목을 담다

《대학》은 원래 《예기》에 속해 있었으나 별도로 독립한 책으로 공자의 제자 증자가 자신의 제자들과 함께 저작했다. 증자는 원래 뛰어난 제자 10명을 일컫는 '공문십철(孔門十哲)'에 속하지도 않았고, 다른 제자들에 비해 공자로부터 크게 인정받지도 못했던 제자였다. 심지어 공자는 증자를 두고 "둔하다"라고 평가하기도 했다. 이를테면 증자는 좀 소외된 제자라고 할 수 있는데, 의외로 공자의 철학과 학문은 증자를 통해 이어졌다. 그 이유를 《논어》, 〈학이〉편에서 증자가 자신의 생활신조를 말했던 것에서 찾을 수 있다.

"나는 날마다 세 가지를 반성한다. 다른 사람을 위해 일하면서 진심을 다하지 않았던 적은 없었는가? 벗과 사귀면서 신의를 지키지 못한 일은 없는가? 배운 것을 제대로 익히지 못한 적은 없는가?"

'일일삼성(一日三省)', 즉 하루에 세 가지 점을 미루어 자신을 끊임없이 수양해 나갔던 노력이 쌓여 비록 초기에는 부족했으나 스승의 학문과 도를 이어 나갈 수 있는 재목으로 성장했던 것이다.

《대학》은 원래 옛날 최고위층의 학문이었다. 왕과 재상 그리고 그 자재들을 위한 학문이지만 점차 시대의 변화에 따라 어른을 위한 학문이 되었다. 사회에서 맡은 바 일이 무엇이든 자기 역할을 다하고, 바르고 품격 있는 삶을 살기 위한 도리를 배우는 것이다.

《대학》에서 가장 잘 알려진 성어는 '修身齊家治國平天下(수신제가치국평천하)'다. 나라를 다스리고 천하를 평안하게 하려는 높은 이상이 있다면 반드시 자기 집안을 다스릴 수 있어야 하고, 집안을 잘 다스리려고 한다면 반드시 자기 자신을 닦아야 한다. 하지만 그 이전에 반드시 근본을 닦아야 하는데, '格物致知誠意正心(격물치지성의정심)'이 바로 그것이다. 폭넓은 공부와 경험 그리고 올바른 뜻과 바른 마음으로 자신을 단련해야 비로소 수신의 단계에 이를 수 있다. 진정한 어른으로서의 뜻을 펼칠 수 있는 자격은 바로 '정심', 올바른 마음이다.

《대학》은 높은 수준의 도덕성과 올바른 가치관으로 오늘날의 어른에게 반드시 필요하다. 대부분의 사람이 높은 지위와 많은 부 그리고 사람들로부터 추앙받는 명예를 추구하지만, 그 내면을 살펴보면 실제 행실은 턱없이 미치지 못하는 것이 현실이다. 나이를 먹어서 되는 '어른', 지위가 높아서 되는 '어른'이 아닌, 진정한 '어른'이 되기 위해 대학은 반드시 해야 하는 공부다. 말이 아니라 행동으로, 묵묵히 앞장서서 걸어가는 사람의 뒷모습은 크다.

01
사람의 도리를
알아야 어른이다

"대학의 공부는 밝은 덕을 밝히는 데 있고, 백성을 새롭게 하는 데 있으며, 지극한 선에 머무는 데 있다."

大學之道 在明明德 在親民 在止於至善

대학지도 재명명덕 재친민 재지어지선

《대학》, 〈경문〉, 제1장

    《대학》은 원래 임금을 비롯해서 재상 그리고 그들의 자제를 가르치는 학문이었다. 따라서 일반인들을 가르치는 교육과는 그 맥을 달리한다. 서두에 제시한 《대학》의 맨 첫머리의 글을 보면 잘 알수 있다. 《대학》의 삼강령(三綱領)인데, 《대학》에서 가르치는 핵심내용이다. 나라의 지도자는 이 정신을 가지고 자신을 수양하고, 백성을 바르게 이끌어야 한다는 것이다.

하지만 신분상의 귀천이 없어지면서 《대학》은 어린아이를 가르치는 《소학》과 대비하여 대인, 즉 성인(成人)을 가르치는 학문으로 바뀌었다. 《소학》은 어린아이에게 합당한 예절과 생활 태도를 가르치는 것으로, 그 핵심은 어른으로서 바른 삶을 살기 위한 준비를 시키는 것이다. 그리고 어른의 학문인 《대학》은 어른으로서 자기 역할을 다하게 하기 위한 학문이다. 사회에서 맡은 바가 무엇이든 자기 역할을 다하고, 바르고 품격 있는 삶을 살기 위한 도리를 배우는 것이다.

특히 옛날 지위가 가장 높은 사람을 대상으로 했던 만큼 《대학》은 높은 수준의 도덕성과 올바른 가치관에 대한 내용을 담고 있어 오늘날의 사회 지도층에게도 반드시 필요하다. 높은 지위와 많은 부 그리고 사람들로부터 추앙받는 명예는 있으나 내면과 행실은 그에 턱없이 미치지 못하는 사람들이 너무 많지 않은가. 나이를 먹어서 되는 '어른', 지위가 높아서 되는 '어른'이 아닌 진정한 '어른'이 되기 위해 서두의 글은 그 세 가지 핵심이 된다.

**사람의 도리를 다하는 것이
진정한 성인의 공부다**

"밝은 덕을 밝힌다."

在明明德

재명명덕

사람의 마음은 본래 하늘이 준 선한 본성을 타고 난다. 그 선한 본성에서 비롯된 덕목이 바로 인의예지로, 유학의 가장 중요한 가치라고 할 수 있다. 덕은 바로 이러한 도리를 실천하는 것을 말한다. 그래서 밝은 명이 겹쳐 있는 것이다. 德(덕)의 글자는 '行[행함]'과 '直[곧음]' 그리고 '心[마음]'으로 구성된다. 마음에 있는 올바름이 행동으로 드러나는 것이 바로 덕이다. 단순히 마음을 선하게 하는 것이 아니라 반드시 그 선한 마음이 행동으로 드러나야 올바른 덕이 될 수 있다. 특히 지도자라면, 아니 그 누구라도 자신의 선한 마음을 행동으로 표현하지 않으면 안 된다. 행동이 따르지 못하는 사람들이 흔히 하는 "내 마음 알잖아…"라는 말은 변명일 뿐이다.

다산 정약용은 정조에게 밝은 덕이란 '효(孝)'와 '제(弟)' 그리고 '자(慈)', 세 글자로 집약된다고 말했다. 이는 인의예지의 덕목에서 '인'을 말하는 것으로, 사람의 올바른 도리인 인륜을 지키는 것을 말한다.

"신의 망령된 생각으로는 《대학》의 극치와 《대학》의 실용은 '효, 제, 자' 세 가지에서 벗어나지 않습니다. 이제 《대학》의 요지를 설명드리고자 하면 반드시 이 세 글자를 분명하게 한 뒤에야 온전한 형식[體]과 쓰임[用]이 밝아질 수 있습니다. 경전에서 '밝은 덕을 천하에 밝힌다'고 했으니 '밝은 덕을 밝힘'의 최종적인 의미는 '천하를 평안하게 한다'의 절에 있습니다. 효도를 일으키는 법과 고아를 보살펴 백성들이 배신하지 않게 하는 가르침이 과연 밝은 덕을 밝히는 진면목이 아니겠습니까?"

'수신제가치국평천하'에서 최종적인 목표인 '평천하'의 시작점이
자 근본이 되는 것이 바로 인간의 도리를 지키는 것이라는 말이다.
다산이 조정의 월과(月課)에서 정조로부터 수석을 받은 답이다. 하
지만 이후 시험관들로부터 주자의 《대학장구》와 어긋난다는 이유
로 2등으로 밀려난다. 주자학을 불변의 진리로 떠받들었던 풍토에
서 다산의 창의적이고 주체적인 학문은 고리타분한 선비들이 받아
들이기 어려웠던 것이다. 그나마 창의 군주인 정조가 있었기에 다
산의 능력과 학문이 인정받을 수 있었다.

"백성을 화목하게 한다."
在親民
재친민

옛날 학자들 사이에서는 도입의 예문에 대해 이견이 있었다. 성
리학의 이론적인 바탕을 마련했던 정자(程子)는 "친(親)은 당연히
신(新)이 되어야 한다"라고 말했다. 백성을 친하게 하는 것이 아니
라 새롭게 해야 한다는 것이다. 하지만 양명학의 창시자 왕양명은
"친은 잘못되지 않았다"라고 말하며 반론을 폈다. 다산은 두 이론에
서 《효경》에 있는 공자의 말을 근거로 들어 왕양명의 편에 섰다.

"백성을 화목하게 하는 데는 효도보다 나은 것이 없고, 백성을

예법에 따라 순종케 하는 데에는 공경만한 것이 없다'고 했는데, '백성이 화목하다'는 말은 백성이 친하게 지낸다는 말이다."

하지만 전문가가 아닌 우리에게는 '화목하다'와 '새롭다'의 차이가 그다지 중요하지 않은 것 같다. 사람들을 이끄는 사람에게든 사람들 간의 교제를 바라는 사람에게든 '화목'은 가장 필요하고 중요한 덕목이라고 할 수 있다. 또한 '새로움' 역시 마찬가지다. 사람들이 화목하고 긴밀하면 서로의 개성을 존중하게 되고, 이러한 바탕위에서 개인의 창의적인 발현이 가능하다. 공자가 말했던 '화이부동(和而不同)'이 그것을 말한다. 조화로운 관계를 만들되 서로의 개성을 인정하고 존중하면 가장 바람직한 인간관계가 된다.

"지극한 선에 머물다."
在止於至善
재지어지선

여기서 지극한 선도 역시 앞서 말했던 대로 인류의 가장 높은 경지를 말한다. 먼저 머문다는 것은 이미 그 경지에 이르렀다는 것을 전제로 한다. 자식은 효도를 다하고, 신하는 충성과 공경을 다하고, 군주는 스스로 노력하여 인에 도달하는 것이다. 이것이 바로 《대학》에서 말하는 수신의 근본이다. 그다음에 거기서 옮기지 않고 머물러 바뀌지 않는 것이다.

《대학》에서 말하는 '덕을 밝히는 것[明明德]', '백성을 새롭게 하는 것[親民]', '지극한 선에 머무는 것[止於至善]'은 모두 인륜을 다하는 것을 말한다. 이로써 보면 어른의 공부는 사람의 도리를 다하는 것이 전부라고 할 수 있다. 하지만 반드시 염두에 두어야 할 것이 있다. 이 모두는 스스로 해야 한다. 자신을 수양하는 것도, 다른 사람을 가르치는 것도 마찬가지다. 스스로 마음에서 우러나 정성을 다해야만 도달할 수 있다. 공자가 수제자 안연에게 '인'을 가르치면서 "인을 행하는 것이 자기에게 달린 것이지 다른 사람에게 달린 것이겠느냐?"라고 말했던 것이 바로 그것이다.

지도자가 다른 사람을 따르게 하는 것도 마찬가지다. 지시나 강요가 아니라 먼저 자기 자신을 바르게 함으로써 그 모습을 보고 따르게 하는 것이 바로 어른의 공부다. 진정한 어른은 말이 아닌 삶을 통해 보이는 뒷모습으로 다른 사람을 가르친다.

02

무엇을 원하든
멈출 줄 알아야 한다

"멈출 줄 안 후에야 정해질 수 있고, 정해진 후에야 고요해질 수 있으며, 고요해진 후에야 편안해질 수 있고, 편안해진 후에야 생각할 수 있으며, 생각한 후에야 얻을 수 있다."

知止而后 有定 定而后 能靜 靜而后 能安 安而后 能慮 慮而后 能得
지지이후 유정 정이후 능정 정이후 능안 안이후 능려 여이후 능득

《대학》, 〈경문〉, 제1장

"마음은 생각을 한다. 생각을 하면 얻지만 생각이 없으면 얻지 못한다. 이것들은 하늘이 우리에게 부여해 준 것이다. 먼저 큰 것을 바로 세우면 작은 것은 빼앗아 갈 수 없다. 이것이 대인이 되는 이유이다."

心之官則思 思則得之 不思則不得也 此天之所與我者 先立乎其
大者 則其小者 弗能奪也 此爲大人而已矣

심지관즉사 사즉득지 불사즉부득야 차천지소여아자 선립호기
대자 즉기소자 불능탈야 차위대인이이의

《맹자》, 〈고자상〉편에 실린 말로 제자인 공문자의 '어떻게 하면
큰 사람이 될 수 있느냐'는 물음에 대한 맹자의 답이다. 대인, 즉 어
른다운 어른이 되기 위해서는 반드시 생각을 할 수 있어야 한다는
것이다.

생각의 가치에 대해서는 공자도 말했는데, 맹자보다 좀 더 포괄
적이다. 《논어》, 〈계씨〉편에 실려 있는 '군자로서 항상 생각해야 하
는 것 아홉 가지[君子有九思]'이다. 이는 군자는 반드시 삶의 모든
순간에 생각을 해야 한다는 것으로, 역시 인격적으로 완성된 존재
인 군자의 자격을 말한다.

"볼 때는 밝게 볼 것을 생각하고, 들을 때는 똑똑하게 들을 것을
생각하고, 얼굴빛은 온화하게 할 것을 생각하고, 말을 할 때는 진실
하게 할 것을 생각하고, 일할 때는 공경스러울 것을 생각하고, 의심
이 들 때는 질문할 것을 생각하고, 화가 날 때는 어려움을 생각하
고, 이득이 되는 것을 보면 그것이 의로운지를 생각한다."

視思明 聽思聰 色思溫 貌思恭 言思忠 事思敬 疑思問 忿思難 見
得思義

시사명 청사총 색사온 모사공 언사충 사사경 의사문 분사난 견

득사의

공자의 생각은 삶의 모든 순간을 말해 준다. 군자가 되려면 어떠한 순간에도 반드시 생각이라는 과정을 거쳐야 한다는 것이다. 도입의 예문도 역시 생각의 중요성에 대해 말하고 있다. 생각을 하면 자신이 원하는 것을 얻을 수 있다는 말인데, 여기서 얻는다는 것은 해야 할 일에 대해 깨닫는 것을 말한다. 바로《대학》의 궁극적인 목표인 '평천하'로 나아가는 길을 알게 된다는 뜻이다. '평천하'는 사람의 가장 궁극적인 이상이라고 할 수 있을 텐데, 그 길로 나아가기 위해서는 생각을 해야 한다. 그리고 그 시작은 멈추는 것이다.

멈출 줄 알아야 얻을 수 있다는 것은 천하를 다스리는 큰일뿐 아니라 일상의 작은 일에서도 마찬가지다. 우리는 무엇인가를 원하면 반드시 바쁘게 일하고 열심히 노력해야 얻을 수 있다고 생각한다. 하지만《대학》에서는 먼저 멈추어야 한다고 말한다. 예문의 '멈춤'에는 두 가지 의미가 있다.

먼저 생각을 위해 행동을 멈추는 것이다. 사람은 행동을 잠시 멈출 때 깊은 생각을 할 수 있다.

그다음은 지극한 선, 즉 올바른 곳에 멈출 수 있어야 한다. 사람의 올바른 도리를 알아야 자신이 나아갈 바를 분명히 정할 수 있고, 흔들리지 않고 올바른 방향으로 나아갈 수 있다. 이것이 바로 '유정(有定)', 즉 정해진다는 것이 말하는 바다.

그다음 단계인 '고요함[靜]'은 마음이 한결같다는 뜻이다. 자신이

가고자 하는 방향이 정해지고, 그곳에 도달하려는 의지가 확고하면 다른 어떤 자극에도 쉽게 영향을 받지 않는다. 굳건하고 동요하지 않는 마음을 얻을 수 있는 것이다. 자신이 처한 상황이 어떻든 편안하고 안락한 마음을 가질 수 있다. '안빈낙도(安貧樂道)'의 마음이다. 마음이 고요하고 평안한 단계가 되면 비로소 생각을 할 수 있다.

시급한 일에 쫓겨
중요한 일을 미루지 말 것

'내가 이루고자 하는 뜻은 무엇인가?'

'내 삶의 의미와 가치는 무엇인가?'

'나의 뜻과 이상을 이루기 위해 어떤 일을 먼저 시작해야 하는가?'

이 생각들이 바로 꿈을 이루기 위한 첫걸음이다. 그다음 한 걸음 한 걸음 나아가면 꿈을 이룰 수 있다. 원하는 것을 얻게 되는 것이다. 도입의 예문에서 이어지는 글이 그것을 잘 말해 준다.

"사물에는 근본과 말단이 있고, 일에는 끝과 시작이 있으니, 먼저 할 것과 나중에 할 것을 알면 도에 가까울 것이다."

物有本末 事有始終 知所先後 則近道矣

물유본말 사유시종 지소선후 즉근도의

내가 가지고 싶은 것, 이루고 싶은 일이 있으면 사람들은 조급해진다. 욕심이 몸과 마음을 조종하면 올바른 생각을 할 수 없게 된다. 지름길을 찾기 위해 편법을 쓰고, 정도를 벗어난 일을 행한다. 이때 해야 할 일은 중요한 일이 무엇인지, 먼저 이루어야 할 일이 무엇인지를 아는 것이다. 이를 잘 말해 주는 고사가 《논어》에 실려 있다.

제자 자하가 스승인 공자에게 거보 땅의 읍재(邑宰)가 되어 어떻게 하면 정치를 잘할 수 있을지 물었다. 새롭게 관직에 진출하며 스승의 가르침을 받아 새기려는 마음이었을 것이다. 공자는 이렇게 대답했다.

"서두르지 말고 작은 이익에 집착하지 말라. 서두르면 도달할 수 없고, 작은 이익에 집착하면 큰일을 이룰 수 없다."

중요한 일, 먼저 해야 할 일은 근본을 지키는 것이다. 근본은 바로 나를 닦는 일, 즉 '수신'을 말한다. 그리고 말단은 '제가치국평천하'를 말한다. 세상에서 내가 이루고자 하는 일이다. 이 역시 귀한 것이기는 하나 나 자신을 바르게 닦지 않고, 세상의 일을 빨리 이루려고 한다면 반드시 큰 문제가 생긴다. 일을 빨리 이루고자 하는 욕심, 눈앞에 보이는 작은 이익에 마음을 뺏겨 일을 망치게 되는 것이다. 따라서 일을 시작하기 전에는 반드시 근본을 굳건하게 해야 한다. 그때 필요한 것이 바로 생각이다.

평범한 사람들의 일상에서도 일의 경중과 우선순위를 아는 것은 매우 중요하다. 중요한 일은 내가 이루고자 하는 뜻이고, 시급한 일은 일상의 일들이다. 우리는 시급한 일에 쫓겨 중요한 일을 미루며 살고 있다. 중요한 일은 크게 급하지 않다고 여기기 때문이다. 드와이트 아이젠하워는 이렇게 말했다.

"내게 있는 문제는 시급한 것과 중요한 것 두 종류다. 시급한 문제는 중요하지 않고, 중요한 문제는 절대 시급하지 않다."

일할 때 아무리 많은 일이 닥쳐도 별로 당황하지 않고 일을 잘 처리해 나가는 사람이 있다. 그를 유심히 보면 어떤 능력이 탁월하다기보다 중요한 일과 서둘러야 하는 일을 잘 분별한다는 것을 알 수 있다. 이러한 사람은 평상시에는 여유가 있지만, 막상 일에 임하면 활력이 넘친다. 굳이 앞서 나가지 않아도 언제나 중심이 든든히 잡혀 있어 믿음이 간다.

일의 경중과 완급을 아는 능력, 일과 삶에서 승리하는 비결이다. 그 힘이 되는 것이 생각이다. 생각은 잠깐 멈출 수 있어야 할 수 있다.

03

날마다 변화하면 날마다 새로워진다

"진실로 날마다 새로워질 수 있다면 날마다 새로워지고 또 날로 새로워져야 한다."

苟日新 日日新 又日新
구일신 일일신 우일신

《대학》,〈전문〉, 제2장

　우리는 누구나 변화를 원한다. 변화를 통해 정체된 자신을 벗어나 새로운 자신을 만날 수 있기 때문이다. 새롭게 변화한 자신을 통해 우리는 기존에 할 수 없었던 일을 새롭게 시작할 기회와 가능성을 갖는다. 마치 애벌레가 자신을 둘러싸고 있던 껍질을 벗어야 나비가 되어 하늘을 날 수 있는 것과 같다. 사람도 역시 마찬가지다.

기존에 자신을 둘러싸고 있던 생각, 타성과 고정 관념에서 벗어나야 새로운 사람이 될 수 있다. 그리고 그동안 못 했던 일들을 과감하게 시작할 수 있는 것이다. 공자는 이러한 점을 알았기에 여러 차례에 걸쳐 가르침을 주었다.

"아침에 도를 들으면 저녁에 죽어도 좋다."

朝聞道 夕死可矣

조문도 석사가의

《논어》, 〈이인〉편

이 말은 학문과 수양에 관한 열망을 말하고 있지만 진정한 변화의 의미도 함께 말해 준다. 변화란 '죽었다 깨어났다'고 할 만큼 완전히 변화해야 하는 것이다. 마치 화장을 한 것처럼 겉만 꾸민다고 해서 변화라고 할 수 없다. '환골탈태(換骨奪胎)'라는 말처럼 뼈와 껍질이 함께 벗겨질 정도로 완전히 변화해야 한다.

"옛것을 익혀 새로운 것을 알다."

溫故而知新

온고이지신

《논어》, 〈위정〉편

공부란 기존의 지식을 공부하는 것에 그쳐서는 안 된다. 머릿속에 지식만 집어넣는 공부는 진정한 공부라고 할 수 없다. 진정한 공부란 기존의 지식을 통해 새로운 것을 알 수 있어야 한다. 기존의 지식만 답습해서는 발전과 성장이 있을 수 없다. 새로운 것을 아는 창의성이 반드시 발현되어야 하는데, 우리가 고전을 공부하는 이유도 여기에 있다.

변화를 이룰 수 있는
세 가지 단계

우리는 길이 막혔거나 어려움이 있을 때 스스로 변화를 추구한다. 매년 새해가 되면 새로운 변화를 결심해 책상 앞에 결심의 구호를 써 붙이기도 한다. 하지만 대부분 작심삼일에 그친다. 변화의 올바른 의미도, 방법도 모르기 때문이다.

《대학》에서는 도입의 예문을 통해 변화의 올바른 방법을 말해준다. 중국 고대의 위대한 황제 탕왕이 자신이 쓰는 세숫대야에 새겼던 글이다.

"진실로 날마다 새로워질 수 있다면 날마다 새로워지고 또 날로 새로워져야 한다."

苟日新 日日新 又日新

구일신 일일신 우일신

첫째, '苟日新(구일신)'이다.

변화란 진정으로 변화를 갈구하는 '진실한 마음'으로 해야 한다. 일이 잘 풀리지 않아서 혹은 갑자기 바라는 것이 생겨서 즉흥적으로, 순간적으로 변화를 결심하면 그 변화는 사흘을 넘기기 어렵다.

둘째, '日日新(일일신)'이다.

'날마다 새롭게' 해야 한다. 마치 이벤트처럼 구호를 외치기만 하는 변화는 결코 지속될 수 없다. 비록 조금씩이라도 날마다 쌓아 나가는 것이 진정한 변화다. 이러한 변화가 쌓여서 결국 완전히 변화한 자신을 만날 수 있다.

마지막으로 '又日新(우일신)'이다.

어떤 순간에도 '변화를 그치지 않고 거듭해서' 해야 한다. 어떠한 상황을 만나도, 포기하고 싶은 순간이 와도 마음을 굽혀서는 안 된다. 그 어떤 일도, 특히 소중한 일은 쉽게 이루어지지 않는다. 변화는 더욱 그렇다. 그 어떤 순간에도 포기하지 않을 때 진정한 변화라는 소중한 결실을 맺을 수 있다.

탕왕이 말해 주는 변화의 또 하나의 진정한 의미는 '스스로 변화해야 한다'는 것이다. 탕왕은 누구도 범접할 수 없는 가장 높은 지위에 올랐지만 스스로 변화하는 길을 택했다. 자신이 날마다 대하는 세숫대야에 글을 새겼다는 것은 스스로 변화하겠다는 진정한 열망을 보여 준다. 그가 이렇게까지 했던 것은 자신이 이끄는 백성의 변화를 바랐기 때문이다.

흔히 지도자의 반열에 오른 사람들, 처음 조직의 수장을 맡은 사람들은 변화를 취임 제일성으로 하는 경우가 많다. 기존의 타성에서 벗어나기 위해 혹은 자신의 새로운 지휘 방향을 주입시키기 위해 이들은 '변화' 그리고 '개혁'을 외친다. 하지만 다스리는 사람들을 변화시키기 위해서는 지도자 자신의 변화가 가장 먼저 우선되어야 한다. 자신이 변화하지 않으면 아무리 변화와 개혁을 외쳐도 통하지 않는다.

이러한 변화는 평범한 우리 인생에 마찬가지로 적용된다. 우리는 변화하는 세상을 살고 있다. 그것을 느끼든 느끼지 않든, 스스로 변화하든 그렇지 않든 우리 역시 변화하며 살아간다. 만약 우리가 스스로 변화해 나간다면 우리가 변화를 주도하는 것이고, 만약 스스로 변화하지 않는다면 세상의 변화에 휩쓸려 갈 수밖에 없다. 결국 내가 의도한 바와는 전혀 다른 삶을 살게 된다.

하지만 기존의 틀에서 벗어나 변화하기 위해서는 큰 용기가 필요하다. 자신이 가진 것을 포기해야 하기 때문이다. 따라서 높은 지위에 있는 사람일수록 변화가 어렵다. 자신이 가진 것에 집착하고 안주하기를 바라기 때문이다. 지금 누리고 있는 지위와 권위, 명예 등 기득권을 포기해야 진정한 변화를 이룰 수 있다.

이들의 더 큰 문제는 스스로 안주하기에 그치지 않는다는 점이다. 자신의 생각이나 신념을 다른 사람에게 강요한다. 소위 '꼰대'라는 소리를 듣는 사람들이다. 이들은 스스로 어른을 자부하지만 주위의 누구도 어른이라고 인정하지 않는다. 진정한 어른이 되려면 정체하고 안주하는 것이 아니라 스스로 변화할 수 있어야 한다. 그리고 열린 마음으로 주위의 생각과 의견을 받아들일 수 있어야 한다. 설사 아랫사람의 것이라고 해도 말이다. 아랫사람에게 물어도 부끄러워하지 않는, '불치하문(不恥下問)'이라는 성어가 이를 뒷받침한다.

스스로 변화하기 위한 가장 좋은 방법은 공부다. 진정한 공부란 나 자신이 변화하여 생각이 바뀌고 삶이 바뀌는 것이다. 공부를 통해 그동안 몰랐던 새로운 지식이 내 머릿속에 들어가면 생각이 바뀐다. 내 생각이 바뀌면 세상을 보는 사고방식이 바뀌고, 행동이 바뀐다. 내 삶의 의미와 가치관이 변화하고, 그에 따라 내 삶도 바뀐다.

삶을 바꾸고 싶다면, 답답한 상황에서 무언가 돌파구를 찾고 싶다면 '어른의 공부'를 시작해야 한다.

04

자신을 믿는 사람의
능력은 무한하다

"사람의 마음은 신통하여 온 힘을 다하면 모르는 것이 없고, 천하 만물에는 이치가 없는 것이 없다."

蓋人心之靈莫不有知 而天下之物莫不有理

개인심지령막불유지 이천하지물막불유리

《대학》,〈전문〉, 제5장

　　다음의 여덟 가지는《대학》의 핵심으로 이를 일러 팔조목이라고
한다.

格物致知 誠意正心 修身齊家 治國平天下

격물치지 성의정심 수신제가 치국평천하

《대학》은 이들 여덟 가지 조목에 대해 그 이치와 해설을 하고 있는데, 그중에 격물치지의 장에 대한 해설이 원래 경전에는 빠져 있었다. 하여 주자가 정자의 해석을 빌려 보충한 것이 바로 《대학》의 제5장인 격물치지 장이다. 이를 두고 주자의 '보망장 사건(補亡章事件)'이라고 부른다.

사건이라고 이름한 것은 그 당시 학문의 전통으로 보았을 때 주자의 이러한 행동이 보통 파격적이고 도전적인 것이 아니었기 때문이다. 실제로 한나라와 당나라의 훈고학자들은 주자의 행동에 대해 오만하고 독선적이라고 강력하게 비판했다.

이와 유사한 시도가 조선의 사대부에게도 있었다. 바로 '사문난적(斯文亂賊)'의 논란인데, 사문난적이란 성리학의 교리를 어지럽히고 사상의 혼란을 가져오는 사람을 뜻한다. 이들은 모두 그 당시 기득권자였던 사대부들로부터 배척당하고 심하면 목숨의 위협까지 받았었다. 하지만 역설적이게도 성리학자들이 주장했던 것은 주자의 학문에 대한 절대적인 순종이었다. 이들에 대해 《대학》의 빠진 글에 담대하게 자기 글을 덧붙인 주자가 과연 어떻게 생각할지 궁금하다.

경험하고 생각하며
공부하는 사람만이 일을 이룬다

도입의 예문은 주자가 덧붙인 글에 있는 구절이다. 그 전문은 이렇다.

"이를 일러 근본을 안다고 하고, 앎이 지극해졌다고 한다[此謂知本 此謂知之至也]' 나는 대학의 가르침에서 정자의 뜻을 남몰래 취해 이를 보충해서 말했다. 앎에 이르는 것이 격물에 있다는 말은 나의 앎을 지극히 하고자 하면 그것은 사물에 나아가 그 이치를 궁구하는 데 달려 있다는 뜻이다. 이는 '사람의 마음은 신통하여 온 힘을 다하면 모르는 것이 없고, 천하 만물에는 이치가 없는 것이 없기' 때문이다. 단지 이치를 궁구하지 않기에 앎에 미진함이 있는 것이다.

그러므로《대학》에서는 공부하는 자로 하여금 반드시 천하 만물을 겪게 한다. 자신이 알고 있는 이치를 바탕으로 그것을 한층 더 깊이 연구하게 함으로써 궁극에 이르게 한다. 오랫동안 힘을 다하면 어느 순간 하루아침에 환하게 깨달아 모두 알게 되고, 모든 사물의 겉과 속, 정미한 것과 거친 것에 이르지 않는 것이 없게 된다. 결국 내 마음의 온전한 모습과 큰 쓰임이 분명해진다. 이를 사물이 깊이 연구되었다고 하고, 이를 앎이 지극해졌다고 한다."

이 구절의 맨 앞의 문장, '이를 일러 근본을 안다고 하고, 앎이 지극해졌다고 한다'는 원래 경전에서 남아 있던 글이다. 멸실되기 전의 구절에 대해 결론으로 말했던 것으로 짐작된다. 주자는 이 글에 덧붙여 격물치지에 대한 자신의 생각을 밝혔다. 진정한 지식은 무엇인지 그리고 그것을 위해 어떤 마음가짐을 가져야 하는지에 대해 말해 준 것이다. 단순히《대학》의 구절에 대해 해설한 것이지만 오늘날 우리가 새겨야 할 점이 많다. 공부에 대한 진정한 뜻과 의미를 말해 주기 때문이다.

먼저 공부란 사물, 즉 세상만사의 이치에 대해 철저히 공부하는 것이다.

이를 위해서는 반드시 경험이 필요하다. 원문에 있는 '사물에 나아가는 것'이 경험의 필요성을 뒷받침한다. 내가 알고 싶은 것, 연구하고 싶은 것이 있으면 그것을 철저히 경험해야 한다. 그리고 생각을 통해 온전한 나의 지식으로 삼아야 한다. 단순히 머릿속에 집어넣은 지식이 아니라 철저히 경험하고 생각하고 실천해 보아야 진정한 나의 것이 된다.

그다음 공부란 쌓아 나가는 것이다. 어떤 공부든 바로 깨닫는 것은 없다.

오랫동안 연구하고 생각을 거듭해서 쌓아 나가야 한다. 길고 지루한 과정이지만 지치지 않고 계속할 때 어느 순간 깨달음이 온다. 아르키메데스가 외쳤던 "유레카!"의 순간이 오는 것이다. 마치 딱딱한 대나무가 갈라지듯이 깨달음은 한순간에 온다. 그때 그 지식의 핵심은 물론 부수적인 모든 것이 밝혀지고 분명해진다.

그다음 모든 공부는 바로 나를 아는 것으로 귀결된다.

나를 아는 것은 나의 마음을 아는 것이고, 내가 이루고자 하는 뜻을 아는 것이다. '내 마음의 온전한 모습과 큰 쓰임이 분명해진다'가 바로 그것이다. 팔조목에서 '성의(誠意)', 즉 '참되고 정성스러운 뜻'으로 나아갈 수 있게 된다.

마지막으로 새겨야 할 것은 예문의 글, '사람의 마음은 신통하여 온 힘을 다하면 모르는 것이 없고, 천하 만물에는 이치가 없는 것이 없다'이다.

사람은 누구나 하늘로부터 존귀함을 얻어 태어난다. 하늘과 땅과 함께 세상을 이루는 가장 중요한 존재가 바로 사람이다. 사람이 삼재(三才) 중의 하나가 될 수 있었던 것은 바로 마음을 가지고 있기 때문이다. 하늘로부터 받은 존귀함을 얻고 태어난 만큼 사람의 마음은 무한한 능력을 가지고 있다. 단지 자신이 가진 재능과 능력을 믿지 못하기에 발휘하지 못할 뿐이다.

큰 뜻을 이루고 높은 이상을 추구하는 사람은 처음부터 대단한 사람이 아니다. 학문뿐 아니라 세상의 모든 일이 그렇다. 자기 존재의 소중함을 알고, 담대하게 도전하는 사람이 결국 일을 이룬다. 그때 필요한 것이 바로 자신을 믿는 것이다. 그리고 인생의 목표를 향해 한 걸음 내딛는 용기다.

하늘은 사람에게 무한한 능력을 부여해 주었다. 나도 그중의 한 사람이고, 내가 제외될 이유는 없다.

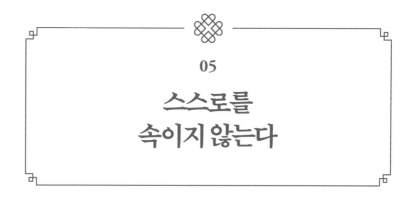

스스로를
속이지 않는다

"이른바 뜻을 성실하게 한다는 말은 자기 자신을 속이지 않는다는 뜻이다."

所謂誠其意者 毋自欺也

소위성기의자 무자기야

《대학》, 〈전문〉, 제6장

"유독 이른바 '나'라는 것은 그 성품이 달아나기를 잘하여 드나듦에 일정한 법칙이 없다. 아주 친밀하게 붙어 있어서 서로 배반하지 못할 것 같으나 잠시라도 살피지 않으면 어느 곳이든 가지 않는 곳이 없다. 이익으로 유도하면 떠나가고, 위험과 재화가 겁을 주어도 떠나가며, 새까만 눈썹에 흰 이빨을 한 미인의 요염한 모습만 보아도 떠나간다. 그런데 한번 가면 돌아올 줄 몰라 붙들어 만류할 수 없다. 그러므로 천하에서 '나'보다 더 잃어버리기 쉬운 것이 없다. 그러니 어찌 실과 끈으로 매고 빗장과 자물쇠로 잠가서 지키지 않는가."

다산 정약용이 〈수오재기〉에 쓴 글이다. 사 형제 중 맏형인 정약현이 당호를 '수오재(守吾齋)'로 짓자 다산이 기념으로 적어 주었다. 화를 입었던 다산의 형제 중 유일하게 자신을 지켰던 형을 부러워하며, 한편으로는 자신을 지키지 못했던 회한을 담았다. 선한 본성을 지키려고 애를 썼지만, 이익에 의해, 위험과 재화로, 아름다운 여인의 미색에 미혹되어 자신을 지키지 못했다는 것을 고백한다.

이처럼 가장 높은 경지에 있는 옛 선비조차 세상을 살아가며 많은 유혹에 흔들렸다. 비록 나쁜 행동을 실제로 하거나 죄를 짓지는 않았으나 유혹에 이끌리는 마음은 지키지 못했던 것이다.

자신에게 솔직하지 않으면 자신에게 해를 끼치는 것이다

도입의 예문은 《대학》의 팔조목 중에서 '성의'에 대한 글이다. '수신제가치국평천하'의 큰 뜻을 가진 사람이 갖추어야 할 것은 정성스러운 마음과 올바른 뜻이다. 만약 이러한 자격이 없다면 애초에 큰 뜻을 펼칠 자격조차 미달이다. 따라서 옛 선비들은 스스로를 지키기 위해 끊임없이 자신을 수양하고 가다듬었다. 그중의 핵심은 사람이 보지 않을 때의 몸가짐이다.

"마치 악취를 싫어하는 것처럼 악을 싫어하고, 마치 아름다움을 좋아하는 것처럼 선을 좋아하는 것, 이를 '自謙(자겸), 스스로 만족함'이라고 부른다. 그러므로 군자는 반드시 그 혼자 있을 때를 삼간다."

악취를 싫어하고 아름다움을 좋아하는 것은 본성이다. 설사 악인이라고 해도 악취를 싫어하고, 세상에 아름다움을 싫어하는 사람은 없기 때문이다. 하지만 악인은 마음에 거리낌이 있어도 악행을 저지른다. 자신의 이익을 위해, 욕심을 채우기 위해 선한 본성을 거스르는 것이다. 사이코패스나 정신 질환이 있지 않은 이상 이러한 악행을 즐겁게 행하는 사람은 없다. 이는 아무리 악인이라고 해도 자신의 자녀에게는 '착하게 살라'고 가르치는 것을 보면 알 수 있다.

'스스로 만족한다'는 것은 사람이 자기 선한 본성을 따를 때 자연스럽게 우러나는 감정이다. 외적인 자극이나 조건이 아닌 스스로 선한 길을 갈 때 사람들은 자기 속에서 당당함과 굳건함을 가질 수 있다. 특히 군자는 남에게 보여 주고 과시하기 위함이 아니라 자기 스스로 자랑스러워하며 흔연히 기뻐하는 것이다.

하지만 옛 선비들은 여기에 그치지 않고 한 단계 더 높은 차원을 추구한다. 혼자 있을 때도 변함없이 자신을 지켜 낸다. 옛 선비들의 최고 수양의 단계라고 하는 '신독(愼獨)'이 여기서 나온다. 이것을 옛 선비들은 군자의 자격으로 보았고, 수양의 목적으로 삼았다. 최소한 남들이 보지 않을 때의 자기 처신이 자신의 본모습이라는 것을 분명히 인식했던 것이다. 이어서 실려 있다.

"소인은 한가롭게 있을 때 선하지 않은 무슨 일이든 하다가, 군자와 마주치면 슬그머니 그 선하지 않음을 감추고 선한 것을 드러낸다. 하지만 상대방에게 이미 그 사람의 마음이 드러나니 그것이 무슨 이득이 있겠는가? 이를 일러 안에 있는 것이 밖으로 드러난다고 한다. 따라서 군자는 그 홀로 있을 때를 삼간다."

설사 악인이라고 해도 자신이 악인인 것을 드러내는 것은 부끄러워한다. 남이 보지 않을 때, 어두운 밤이 되었을 때는 나쁜 짓을 하더라도 남들이 보는 환한 대낮에는 자신의 악한 행동을 감춘다. 이는 악행이 남에게 발견되어 처벌을 받는 것에 대한 두려움도 있지만, 스스로 자신의 악행을 부끄러워하기 때문이다. 하지만 아무리 감추려고 해도 악한 행동은 결국 드러난다. 《대학》의 저자 증자가 했던 말이다.

"수많은 눈길이 주시하고 있고, 수많은 손이 가리키고 있으니 이 얼마나 준엄한가?"

아무리 숨어서 악행을 저지르더라도 그것은 언젠가 드러나고 만다. 아무리 은밀히 행했더라도 수많은 사람의 시선에서 자유로울 수 없기 때문이다. 이것은 《중용》에 실린 "막현호은 막현호미(莫見乎隱 莫見乎微)"라는 구절이 잘 말해 준다. 아무리 작고 미세하더라도 결국 밝혀진다는 뜻이다. 당장은 모른 채 지나가더라도 시간이 흘러서 밝혀질 때도 많다. 하지만 옛 선비들이 스스로 양심을 지키는 것에는 이보다 더 큰 이유가 있다. 더 본질적인 이유라고 할 수 있을 것이다. 바로 도입 예문에 있는 '스스로를 속이지 않는다'이다.

다른 사람을 속이는 것은 남에게 해를 끼치는 것이지만, 자신을 속이는 것은 자신에게 해를 끼치는 것이다. 선한 일이 무엇인지 알면서도 악한 일을 행하는 것, 목적을 이루기 위해 불법과 편법을 저지르는 것, 자신이 행했던 잘못을 인정하지 않고 거짓말로 호도하는 것은 모두 자기 자신을 속이는 행동이다. 맹자는 다음과 같이 말했다.

"하늘의 재앙은 피할 수 있지만, 스스로 만든 재앙은 살아날 수 없다."

天作孽猶可違 自作孽不可活

천작얼유가위 자작얼불가활

바라는 이상이 있고 이루고 싶은 뜻이 있다면 바른길을 가야 한다. 그 근본이 스스로에게 솔직한 것이다. 자신에게 솔직하지 않은 사람은 무엇에도 진실할 수 없다. 존재 자체가 위선이기 때문이다.

06

마음이 바로 서야
나아갈 힘을 얻는다

"마음이 거기에 있지 않으면 보아도 보이지 않고, 들어도 들리지 않으며 먹어도 그 맛을 모른다. 이를 두고 자신을 닦는 것은 마음을 바르게 하는데 달려 있다고 하는 것이다."

心不在焉 視而不見 聽而不聞 食而不知其味 此謂修身 在正其心
심부재언 시이불견 청이불문 식이부지기미 차위수신 재정기심

《대학》,〈전문〉, 제7장

"사람은 자신이 보고 싶은 것만 본다."

이 문장은 인지 심리학의 유명한 명제인데, 이것을 실감 나게 보여 주는 실험이 있다. 잘 알려진 '보이지 않는 고릴라 실험'이다. 실

험자들은 피실험자들에게 농구 시합의 영상을 보여 주면서 패스의 수를 세어 보라고 지시했다. 그리고 영상에 고릴라를 등장시켰는데, 무려 50퍼센트의 사람들이 고릴라를 보지 못했다. 고릴라가 무려 9초나 그곳에 머무르며 가슴을 두드리는 등의 행동까지 했지만, 지시 사항인 패스의 수를 세는 데 열중한 나머지 전혀 알아채지 못했던 것이다. 나중에 비디오를 보며 사람들은 큰 충격에 빠진다. 마음이 다른 곳에 가 있어 눈앞에서 벌어지는 사실조차 깨닫지 못한 상황에 당황하며 놀랐던 것이다.

'무주의 맹시(inattentional blindness)'로 불리는 이 착각을 밝혀낸 실험이나 이론처럼 명확하지는 않지만, 고전에서는 오래전부터 이러한 현상에 대해 말하고 있었다. 바로 도입의 예문이 그것이다.

"마음이 없으면 보아도 보이지 않고 들어도 들리지 않고, 먹어도 그 맛을 모른다."

도입의 예문은 원래 '수신제가치국평천하'에서 수신의 전 단계인 '정심', 즉 '바른 마음'에 대해 말한 것이다. 수신을 하려면 바른 마음이 필요한데, 그것을 위해서는 반드시 온 마음을 다해 집중해야 한다는 것이다. 만약 마음이 없다면 어떤 일이 벌어져도 그것을 인식하지 못한다. 눈앞에서 고릴라가 춤을 추어도 보지 못하고, 천둥번개가 울려도 듣지 못한다. 심지어 산해진미를 먹어도 그 맛을 알지 못한다는 통찰이다.

이러한 사소한 일조차 깨닫지 못하는데, 세상에 나갈 준비를 하는 '수신'이라는 중차대한 일에서는 어떻겠는가? 마음을 바로 세우지 않으면, 바른 마음으로 곧게 서지 않으면 세상에 나갈 자격을 얻을 수 없다.

다산 정약용은 《대학강의》에서 위의 글을 이렇게 풀이했다. 홍문관 제학 서유린과의 대화에서 했던 말이다.

"사슴을 좇는 사람은 태산을 보지 못한다. 마음이 사슴에 있기 때문에 보아도 보이지 않는 것이다. 좌선을 하는 사람은 우레 소리를 듣지 못한다. 마음이 화두에 있기에 들어도 들리지 않는 것이다. 공자가 '소(韶) 음악을 듣고 고기 맛을 몰랐던 것'은 마음이 음악에 있었기에 그 맛을 몰랐던 것이다."

도입의 예문과 같은 뜻의 말이지만 더 알기 쉽다.

공자와 맹자가 강조한
두 가지 덕목

어른의 공부인 《대학》에서 가장 핵심은 '수신제가치국평천하'이다. 큰 꿈을 가진 사람이라면 누구나 나라를 잘 다스리고 천하를 평안히 하는 데 뜻을 둘 것이다. 하지만 그것을 위해서는 반드시 거쳐야 할 단계가 있다. '격물치지성의정심'이 바로 그것이다. 많은 경험과 공부로 사물의 이치를 알고, 그것을 바탕으로 정성스러운 마음과 바른 마음이 있어야 수신의 단계에 이를 수 있다. 그리고 정심, 즉 바른 마음의 핵심은 '감정을 바르게 다스리는 것이다. 도입의 예문과 함께 실린 글의 전문을 보면 잘 알 수 있다.

"이른바 몸을 닦음이 마음을 바르게 함에 있다는 것은 몸은 노여워하고 원망하는 바가 있으면 바름을 얻지 못하고, 두려워하는 바가 있으면 바름을 얻지 못하고, 좋아하고 즐기는 바가 있으면 바름을 얻지 못하고, 근심하고 걱정하는 바가 있으면 바름을 얻지 못한다는 것이다. 마음이 거기에 있지 않으면 보아도 보이지 않고 들어도 들리지 않으며 먹어도 그 맛을 모른다. 이를 두고 자신을 닦는 것은 마음을 바르게 하는 데 달려 있다고 하는 것이다."

여기서는 바른 마음을 갖기 위해 피해야 할 네 가지 마음의 상태를 말하고 있는데, 원문으로 '忿懥(분치)', '恐懼(공구)', '好樂(호락)', '憂患(우환)'이다. 비슷한 뜻을 가진 두 가지 말이 겹쳐 있는 것은 그만큼 강력하다는 의미이다. 이러한 마음들이 있다면 희로애락(喜怒哀樂)의 감정을 다스리지 못해 바른 마음을 가질 수 없고, 수신의 길로 갈 수 없다. 따라서 옛 선인들은 마음을 다스리고 감정을 절제하는 것을 진정한 공부라고 여겼던 것이다.

공자는 노나라 임금 애공이 "배우기를 좋아하는 제자가 누구입니까?"라고 묻자, 수제자 안회(안연)를 말하면서 그 이유를 이렇게 말했다.

"노여움을 남에게 옮기지 않고, 같은 잘못을 두 번 저지르지 않았습니다."

不遷怒 不貳過

불천노 불이과

잘못을 두 번 저지르지 않는다는 것은 자신의 잘못을 철저히 반성하고 그것을 되풀이하지 않는 자세이다. 노여움을 남에게 옮기지 않는 것은 자신의 화로 인해 다른 사람에게 피해를 주지 않는 것이다. 설사 그 분노가 다른 사람으로 인해 기인했다고 해도 스스로를 절제함으로써 분노의 전염을 막는 것이다. 그것을 가능하게 하는 것이 바로 배움을 좋아해서 공부를 계속하는 자세라는 것을, 공자의 대답에서 알 수 있다.

맹자 역시 다음과 같이 말했다.

"학문의 길은 다른 데 있는 것이 아니라 잃어버린 마음을 찾는데 있다."

學問之道無他 求其放心而已矣

학문지도무타 구기방심이이의

물질을 추구하는 욕심과 절제하지 못하는 감정 때문에 잃어버린 마음을 찾는 것이 진정한 공부라는 것이다.

위대한 두 학자가 말하는 공부가 바로 '정심'과 '수신'이다. 이 두 가지 공부는 사람을 이끄는 지도자에게 반드시 필요한 덕목이다.

권력과 권한을 가진 지도자가 감정을 절제하지 못할 때 그 폐해는 자신뿐 아니라 이끄는 조직에 심각한 악영향을 끼친다. 함부로 분노를 발산하고, 그 분노를 사람들이 다 알게 하고, 작은 위기 앞에서 두려워 떨고, 쾌락과 방탕으로 시간 가는 줄 모르고, 작은 일에도 걱정과 근심이 떠나지 않는다면 그 지도자를 누가 진심으로 믿고 따를 수 있겠는가.

나라를 다스리는 큰일뿐만 아니라 어른이라면 반드시 젊은이들의 거울이 되기 위해 바르게 서야 한다. 감정과 욕심에 자신을 잃어버리는 사람에게는 후배들이 따르지 않는다. "마흔, 쉰이 되어서도 뚜렷한 성취가 없다면 그런 자를 두려워할 것이 없다"라고 공자는 말했다.

진정한 어른은 자신이 바르게 설 뿐 아니라 후배들에게도 선한 영향을 미쳐야 하는 책임이 있다. 바로 이러한 어른을 후배들은 한 마음으로 따른다.

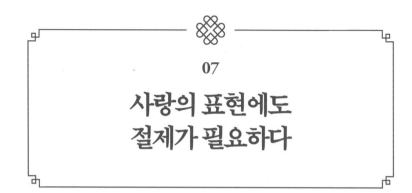

07

사랑의 표현에도
절제가 필요하다

"사람들은 자식의 나쁜 점을 알지 못하고 자기 논의 싹이 자람을 알지 못한다."

人 莫知其子之惡 莫知其苗之碩

인 막지기자지악 막지기묘지석

《대학》, 〈전문〉, 제8장

공자는 《논어》에서 자식 사랑의 예시를 보여 준다. 공자는 부모를 향한 자식의 도리에 대해서는 가끔 말했지만, 자식 사랑에 대해서는 거의 말하지 않았는데, 드물게 실린 귀한 글이다.

"공자가 일찍이 뜰에 홀로 서 있을 때 아들 리가 종종걸음으로 지나가자 공자는 '너는 시를 배웠느냐?' 하고 물었다. 리가 '아직 못했습니다' 하자, 공자는 '시를 배우지 않으면 남들과 말을 할 수 없다'고 가르쳤다. 리는 물러나 시를 공부했다. 다음 날 또 홀로 뜰에 서 있었는데 리가 종종걸음으로 지나가자 공자는 '너는 예를 배웠느냐?' 하고 물었다. 리가 '아직 못했습니다' 하자 공자는 '예를 모르면 몸을 바르게 할 수 없다' 하므로 리는 물러나 예를 공부했다."

《논어》, 〈계씨〉편에 실린 이 대화는 원래 공자의 제자 진항이 공자의 아들 백어, 리와 나눈 것이다. 진항이 "당신은 아버지께 특별한 가르침을 들은 것이 있습니까?"라고 묻자 백어가 대답한 말이다. 진항은 이 대화를 나눈 후에 물러나서 기뻐하며 말했다.

"하나를 물어서 세 가지를 알게 됐다. 시에 대해 듣고 예에 대해서 들었으며, 군자는 자기 자식에게 거리를 둔다는 것을 알게 되었다."

이 대화에서 진항의 마음이 드러나지는 않았지만, 그 의도를 짐작할 수는 있다. 먼저 공자가 아들에게는 특별한 가르침을 주었을 거라고 생각하고, 그것을 알고 싶은 마음이었을 것이다. 또 하나는 성현의 자식 사랑은 어떠한지 배우고 싶었을 것이다. 여기서 진항은 두 가지 모두에 대한 해답을 얻는다. 공자의 아들을 향한 가르침은 제자들을 가르칠 때와 같이 오직 인간의 도리일 따름이고, 아들을 편애하는 것이 아니라 오히려 거리를 두고 가르침을 준다는 것이다.

《맹자》, 〈이루상〉편에는 자녀 교육의 방법이 좀 더 구체적으로 실려 있다.

제자 공손추가 "군자가 아들을 직접 가르치지 않는 것은 무엇 때문입니까?"라고 묻자, 맹자가 대답했다.

"현실적으로 어렵기 때문이다. 가르치는 사람은 반드시 바른 도리로 가르칠 텐데, 그래도 통하지 않으면 화를 내고 감정이 상하게 된다. 아들도 아버지가 화내는 모습을 보며 '아버지는 나에게 바른 도리를 가르치면서 아버지의 행동은 바르지 않은 것 같다'고 생각한다. 이처럼 부자간에 서로 감정이 상하게 되는데 이는 옳지 않은 일이다."

아무리 뛰어난 군자라고 해도 자녀 사랑에는 예외가 없다. 객관적이고 공정하게 대하려고 노력해도 마음이 기우는 것을 이겨 내기 어렵다. 사랑이 큰 만큼 더 큰 기대를 하게 되고, 가르침을 제대로 따르지 못하는 자식에게 화를 내게 된다. 물론 더 잘되기를 바라는 마음이지만, 순간적인 감정을 참기 어려운 것이다. 아버지가 감정을 절제하지 못하는 것을 보면 자식도 감정이 상하게 되고 부자간에 틈이 벌어지게 된다. 맹자는 그 해법을 이렇게 제시했다.

"옛날에는 아들을 서로 바꾸어 가르쳤다. 그리고 부자간에는 서로 잘하라고 책망하지 않았다. 책망하면 멀어지게 되고 멀어지면 이보다 더 큰 불행은 없다."

맹자가 말했던 것처럼 자녀를 서로 바꿔서 가르치는 것은 오늘날의 현실과는 맞지 않다. 하지만 맹자가 말하고자 했던 의도는 요즈음의 현실에도 바로 적용될 만큼 생생하다. 실제로 자녀를 직접 가르치다가 감정을 주체하지 못했던 경험이 다들 있을 것이다. 배움에 적극적이지 않은 태도를 보이거나, 쉬운 문제를 이해하지 못하는 자녀를 보며 자기도 모르게 화를 내는 것이다. 좋은 마음으로 시작했던 공부가 결국 서로 마음을 다치며 끝난다. 물론 이 모두는 자녀를 사랑하는 마음이 있기에 일어나는 일이지만, 부모가 감정을 절제하지 못하는 모습을 보이면 자녀에게는 상처가 깊이 새겨질 수 있다.

또 한 가지 자녀를 무조건 사랑하는 마음 때문에 생기는 문제는 판단력이 흐려지는 것이다. 일방적인 사랑의 시각으로 보면 자기 자식은 무조건 착하고 바르리라 생각하고 자녀의 잘못은 제대로 보지 못한다. 공공장소에서 아이가 잘못을 저질렀는데도 꾸짖지 않는 경우가 바로 그것이다. 공중도덕을 지키지 않는 아이를 귀엽게만 바라보고, 그것을 꾸짖는 어른을 오히려 못마땅하게 여긴다.

자녀가 사랑스러운 만큼
한 걸음 물러날 것

도입의 예문은 〈전문〉, 제8장, 〈제가〉에 함께 실린 글인데, 전문을 소개하면 이렇다.

"집안을 바로잡는다는 것이 수신에 달려 있다는 말은 이렇다. 사람이 자신을 가까이 여기고 좋아하는 사람에게 치우치고, 자신이 천히 여기고 싫어하는 사람에게 치우친 마음을 갖게 되고, 자신이 두려워하고 존경하는 사람에게 치우치고, 자신이 불쌍히 여기고 동정하는 사람에게 치우치며, 자신이 오만하고 나태하다고 여기는 사람에게 치우친다. 그리하여 좋아하면서도 그 사람의 나쁜 점을 알고, 싫어하면서도 그 사람의 좋은 점을 아는 자, 천하에 드물다. 그러므로 '사람들은 자식의 나쁜 점을 알지 못하고 자기 논의 싹이 자람을 알지 못한다'라고 한다. 이를 일러 자신을 닦지 않으면 집안을 바로잡을 수 없다고 한다."

〈제가〉의 전문인데 여기서 집안을 다스리는 것은 오직 두 가지에 있다는 것을 알 수 있다. 하나는 편벽되지 않은 마음, 즉 공정한 마음이고 다른 하나는 자녀에 대한 욕심의 절제이다. 공정과 절제는 세상을 바르게 살아가는 데 필요한 덕목이지만 집안을 다스리는 데 있어서도 마찬가지다.

하지만 오늘날 많은 사람이 자녀 교육에 대해 잘못된 생각을 가지고 있는 것 같다. 특히 사회 지도층 인사들이 무조건적인 자녀 사랑으로 오히려 그들의 길을 막는 경우가 많다. 한때 화제가 되었고, 최근에도 많이 들려오는 자녀의 입시나 취업에 자신이 지닌 권위와 권세를 이용해 깊이 개입하는 경우다. 이들은 결국 자녀의 앞길을 막고 자신의 명예까지 더럽히고 만다. 수신이 되지 않은 사람이 '치국평천하'에 나섰을 때 일어나는 결과다.

사람들이 지도자에게 권위와 권세를 준 것은 사람들을 위한 헌신과 봉사의 의무를 함께 준 것이다. 하지만 이들은 자기의 이익, 자녀의 이익을 위해 그것을 사용하기에 더욱 비난받아 마땅하다. 그리고 더 큰 문제는 그것을 부끄러워하지 않는 것이다. 부끄러움을 모르는 모습인데, 맹자는 부끄러움을 알지 못하면 '사람이라고 할 수 없다'고 말했다.

자녀가 잘되기를 바라는 것은 모든 부모의 바람이다. 자기가 가진 것을 모두 쏟아부어도 아까운 사람은 없을 것이다. 하지만 분명한 것은 반드시 지켜야 할 선이 있다. 자녀가 사랑스러울수록 한 걸음 물러서서 볼 수 있는 인내와 지혜가 필요하다. 감정을 절제할 수 있어야 하고, 부모의 욕심을 자녀에게 대입해서는 안 된다. 자녀에게 줄 수 있는 진정한 사랑은 무조건적인 사랑이 아니라 절제하는 사랑이다. 직접 길을 열어 주는 것이 아니라 길을 열 수 있는 지혜를 길러 줄 때 아이의 미래가 열린다.

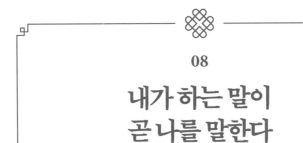

08

내가 하는 말이
곧 나를 말한다

"한마디 말이 큰일을 그르치고, 한 사람의 힘이 나라를 바로 세운다."

一言僨事 一人定國

일언분사 일인정국

《대학》, 〈전문〉, 제9장

"천명을 알지 못하면 군자가 될 수 없다. 예를 알지 못하면 세상
에 당당히 설 수 없다. 말을 알지 못하면 사람을 알 수 없다."

　　不知命 無以爲君子也 不知禮 無以立也 不知言 無以知人也

　　부지명 무이위군자야 부지에 무이입야 부지언 무이지인야

《논어》의 맨 마지막에 실린 구절이다. 모든 문장의 시작이 '부지 (不知)', 즉 '알지 못하면'으로 시작하기에 '삼부지'라고 부른다. 부정 문으로 쓴 것은 그 뜻과 의도를 특별히 강조한 것이다. "무엇을 하려면 ~해야 한다"는 것을 "하지 않으면 안 된다"라고 강조했다.

공자의 가르침과 일화들을 제자들이 특별한 순서 없이 모아 둔 《논어》이기에 책의 맨 마지막이라고 해서 특별한 의미는 없다. 하지만 의도했든 아니든 이 구절은 《논어》의 결론으로 삼을 만하다. 천명과 예 그리고 사람에 대한 공부가 《논어》의 핵심이기 때문이다. 그중에서도 맨 마지막인 "말을 알지 못하면 사람을 알 수 없다"라는 구절은 사람 공부에 관한 것이지만, 말의 중요성을 함께 말해 준다. 사람을 알기 위해서는 그 사람이 하는 말을 듣고 알고 이해하고 통찰할 수 있어야 한다는 것이다. 잘 알려진 명제, '말은 곧 사람이다'와 같다.

따라서 《논어》에는 사람됨의 가르침과 함께 말에 대한 가르침도 못지않게 많이 실려 있다. 특히 말의 기법이나 능숙함을 가르쳐 주기보다 말의 품격에 관한 것이 대부분이다. 말의 신중함, 적절함, 상대에 대한 배려가 그것이다.

리더의 품격은
말에서 나온다

도입의 예문은 《대학》, 〈치국〉 제9장에 실린 구절로 역시 사람과 말의 중요성에 대해 말하고 있다. 나라를 잘 다스리려면 반드시 올바른 사람을 위에 두어야 하고, 그 사람은 말에 대해 분명한 이해와 절제가 있어야 한다는 것이다. 이는 예문의 앞에 실린 구절이 잘 말해 준다.

"한 집안이 어질면 온 나라에 어짊이 일어나고, 한 집안이 겸양하면 온 나라에 겸양이 일어나며, 임금 한 사람이 탐욕스럽고 사나우면 온 나라에 난리가 일어난다. 그 기틀이 이와 같다. 이것이 '한마디의 말이 큰일을 그르치고, 한 사람의 힘이 나라를 바로 세운다'고 하는 것이다."

여기서 한 사람은 나라를 다스리는 최고 지도자, 즉 임금이라는 것을 알 수 있다. 그리고 말 역시 임금이 하는 말이다. 그의 마음에 있는 것이 말로 나오는 것이며, 모든 통치가 그가 하는 말로 이루어지기 때문이다. 《논어》, 〈안연〉편에 실린 고사를 보면 이해하기가 쉽다.

제자 번지가 '인'을 묻자 공자가 "사람을 사랑하는 것이다"라고 말했다. '지'를 묻자 "사람을 아는 것이다"라고 말했다.
번지가 그 뜻을 잘 이해하지 못하자 공자가 다시 가르쳤다.
"올바른 사람을 비뚤어진 사람 위에 앉히면 비뚤어진 사람이 바르게 된다."
번지가 곰곰이 생각해 보았지만 이해하지 못했고, 학문에 뛰어난 자하에게 찾아가 그 의미를 물었다. 자하는 이렇게 답했다.
"뜻이 깊고 넓구나, 그 말씀이여! 순임금이 천하를 다스리며 고요를 발탁하여 쓰니 비뚤어진 자들이 멀리 사라졌고, 탕임금이 천하를 다스리며 이윤을 발탁하니 비뚤어진 자들이 멀리 사라졌다."

자하는 역사에 있는 실례를 들어 번지가 쉽게 이해하도록 했다.
《대학》에서도 역시 같은 뜻의 말을 하는데, 그 긍정적인 사례와 반대되는 사례를 대비하며 말해 준다.

"요임금과 순임금이 어짊으로 천하를 거느리자 백성들은 그들의 어짊을 그대로 따랐다. 걸왕과 주왕이 포악함으로 천하를 거느리자 백성들은 그들의 포악함을 그대로 따랐다. 그 명령하는 것이 그 자신이 좋아하는 것과 반대되면 백성은 따르지 않는다. 그러므로 군자들은 자신에게 있게 한 후에야 남에게 그것을 요구하고, 자기에게 그것을 없이 한 후에야 남에게 그르다고 가르친다. 자신에게 미루어 나아가지 않고서는 남에게 깨우쳐 줄 수 있는 사람은 없다. 그러므로 나라를 다스리는 것은 그 집안을 바르게 하는 데 있다."

이 구절의 핵심은 바로 유교의 핵심 덕목인 '반구저기(反求諸己)'와 '서(恕)'의 정신이다. 지도자는 반드시 먼저 스스로를 가다듬은 후에 백성들을 가르쳐야 한다. 그리고 반드시 자신에게 미루어 백성을 대해야 한다. '반구저기'와 '서'는 이미 많은 고전에서 임금의 덕목으로 강조하고 있는데, 오늘날에는 일반적으로 '어른'의 덕목으로 강조될 수 있다.
한 가정은 그 가정의 가장이 어떻게 집안을 이끄느냐에 따라 달라진다. 아무리 공부 잘하는 자식을 키우고 싶어도 매일 술만 마시고 폭언을 일삼는 가장이라면 그 밑에서 자란 자식은 명석하게 자라기 어렵다. 마찬가지로 한 조직이 지도자를 잘못 만나면 그 조직은 발전할 수 없다. 한 사람의 지도자가 조직을 살리기도 하고 조직을 혼란에 빠뜨리기도 하는 것이다.

지도자는 목숨을 걸고 나라를 혼란에서 건져 내야 하는 의무를 가지고 있다. 우리 역사에도 단 한 사람의 영웅이 나라를 구하고 지켜 낸 사례가 많다. 하지만 오늘날 우리의 형편을 돌아보면 많이 안타깝다. 한 사람의 바르지 못한 지도자와 그를 맹목적으로 따르는 추종자들이 사태를 안정시키기보다 나라의 혼란과 문제를 일으키고 있기 때문이다. 그들은 대부분 현란하게 말하는 능력을 가지고 있다. 말로 사람들을 현혹시키고, 잘못된 길로 사람들을 이끈다.

사람을 이끄는 리더, 지도자의 위치에 오른 사람에게는 인격과 함께 말의 품격도 반드시 갖추어져 있어야 한다. 오늘날은 말도 화장을 하고 성형을 하는 시대이다. 많은 사람이 멋지게 말의 외양을 꾸미고 달콤하게 유혹하지만, 그 말에 진실함은 없다. 하지만 거짓의 말은 곧 드러나고 사람을 파멸로 이끈다. 그 자신도 마찬가지다. 막말과 허언 때문에 추락한 사회 지도층의 모습이 이것을 잘 말해 주고 있다.

말은 자신의 내면을 채우고 있는 충실함과 사람에 대한 이해를 기반으로 흘러나오는 것이다. 내면의 충실함이 말의 품격을 이루고, 사람에 대한 이해가 상황에 적절한 말의 능력으로 나타난다. 하

지만 말은 단기간에 배우는 지식이나 기술처럼 짧은 시간에 익힐
수는 없다. 오랫동안 나에게 체화되어 있던 습관처럼 자연스럽게
배어 나오는 것이다. 지금 리더의 자리에 올랐거나, 지도자를 꿈꾸
는 사람이라면 꾸준히 시간을 두고 품격 있는 '어른의 말'을 공부해
야 하는 이유이다.

근본이 바로 서면
재물은 따른다

"덕은 근본이고 재물은 말단이다."

德者本也 財之末也

덕지본야 재지말야

《대학》,〈전문〉, 제10장

　　한비자는 한나라의 여러 공자 중의 한 사람으로서 형벌이나 법에
능통한 학자이다. 철저히 실용주의적인 그의 학설을 담은《한비자》
에는 이렇게 실려 있다.

　　"마차를 만드는 사람은 사람들이 부귀해지기를 바라고, 관을 짜
는 사람은 사람들이 죽기를 바란다. 이것은 마차를 만드는 사람은

선하고 관을 짜는 사람이 악해서가 아니다. 마차를 만드는 사람은 사람들이 부자가 되어야 마차가 많이 팔리고, 관을 짜는 이는 사람들이 죽어야 관이 팔리기 때문에 많이 죽기를 바랄 뿐이다."

한비자는 이러한 사상을 가지고 있었기에 사람과의 모든 관계는 이해타산에 의해서 좌우되고, 심지어 부자 관계는 물론 군주와 신하와의 관계도 모두 이해타산이 지배한다고 주장했다.

이에 반해 유가의 시조인 공자는 "군자는 의리에 밝고 소인은 이익에 밝다"라고 했다. 심지어 "이익에 따라서 행동하면 원망을 사는 일이 많아진다"라고 하며 인간관계가 이해타산에 좌우되면 결코 원만해질 수 없고, 오히려 원한을 사는 일이 생길 뿐이라고 했다.

맹자는 공자의 이러한 생각을 국가 운영의 관점으로 확대했다. 그의 책 《맹자》의 맨 앞에 실린 양혜왕과의 대화에서 양혜왕이 "어르신께서 천 리 길을 멀다 않고 오셨으니 장차 우리나라에 이롭게 할 만한 것이 있는지요?"라고 물었을 때 맹자는 이렇게 대답했다.

"왕께서는 하필이면 이익을 말씀하십니까? 오직 인의만이 있을 뿐입니다."

맹자는 그 이유를 양혜왕에게 이렇게 말한다.

"왕이 자기 이익만을 생각하면 그 밑의 대부도 자기 집안의 이익을 생각하고, 선비와 평민은 '어떻게 해야 나에게 이익이 될 것인지'

를 생각한다. 윗사람과 아랫사람이 서로 자기 이익만 생각하면 나라는 혼란에 빠지고 결국 왕도 나라를 빼앗기고 만다."

논리적으로 비약은 있지만 나라를 찬탈당하는 일이 비일비재했던 전국 시대인 만큼 왕을 설득하기에는 충분했을 것이다.

더러운 돈을 가질 것인가, 깨끗한 돈을 가질 것인가

예문도 역시 나라를 다스리는 일에서 왕이 갖추어야 할 재물과 덕에 대한 올바른 가치관을 말해 준다. 예문 앞에 실린 글이다.

"그러므로 군자는 먼저 덕을 신실하게 한다. 덕이 있으면 사람이 있게 되고, 땅이 있으면 재물이 있게 되고, 재물이 있으면 쓰임이 있게 된다."

공자는 《논어》에서 "덕은 외롭지 않으니 반드시 이웃이 있다"라고 말했다. 덕을 행하는 사람은 당장은 손해를 보는 것 같으나 사람을 얻을 수 있으니 오히려 더 큰 이익이 될 수 있다는 말이다. 덕이 있는 지도자에게는 반드시 훌륭한 사람, 능력 있는 사람이 모인다. 예나 지금이나 '사람'이 가장 크고 중요하기 때문이다.

하지만 재물을 소중히 여기면 사람이 흩어진다. 재물을 두고 서로 경쟁하기 때문이다. 임금에게 재물이 모인다는 것은 백성에게서 재물이 멀어진다는 것과 같다. 백성의 창고에 있는 것을 임금의 창고로 옮기는 것은 백성의 것을 약탈하는 것이다. 반대로 임금의 창고에서 재물이 흩어지면 백성의 재물이 쌓인다. 이때 임금은 백성의 마음을 얻게 되고, 세상의 훌륭한 사람이 그의 덕성을 사모하여 모이는 것이다.

이처럼 고전에서 덕과 재물에 대해 강조하는 것은 재물에 대한 생각이 바로 그 사람의 가치관을 말해 주기 때문이다. 하지만 이는 옛날의 나라를 다스리는 사람에 관한 것으로, 오늘날 그대로 우리 삶에 적용하기는 부담스러울지도 모른다. 아무리 바르게 살려고 하는 사람이라고 해도 재물에 대한 욕심이 없을 수는 없고, 재물의 뒷받침 없이 삶을 영위하기는 어렵기 때문이다.

단지 우리가 가져야 할 것은 재물에 대한 바른 가치관이다. 그것 역시 고전에서 얻을 수 있다.

먼저 재물을 구하는 방법이다. 바로 '견리사의'가 말하는 바와 같다. 이익을 구하지 말라는 것이 아니라 이익을 추구할 때 반드시 의로운 방법으로 하라는 것이다. 돈을 벌기 위해, 이익을 얻기 위해 수단 방법을 가리지 않으면 편법과 불법을 일삼기 마련이다. 흔히 돈을 보고 '추하다'고 말한다. 하지만 돈 자체는 추하지도, 더럽지도 않다. 나쁜 방법으로 벌어들인 돈이 더러울 뿐이다.

그다음은 정의롭게 추구해서 쌓은 부를 나누는 방법이다. 우리 속담에 "개처럼 벌어서 정승처럼 쓰라"라는 말이 있다. 하지만 이 말은 '정승처럼 벌어서 정승처럼 쓰라'는 말로 바꾸어야 한다. 품격 있게 벌어서 품격 있게 써야 한다.

다산 정약용이 아들을 가르친 말이 좋은 기준이 된다.

"재화를 비밀리에 숨겨 두는 방법으로 남에게 베푸는 것보다 더 좋은 것은 없다. 도둑에게 빼앗길 염려도 없고, 불에 타버릴 걱정도 없고, 소나 말이 운반해야 할 수고로움도 없다. 자기가 죽은 뒤까지 가지고 가서 천년토록 꽃다운 명성을 전할 수 있으니, 세상에 이보다 더 큰 이익이 있겠느냐? 재물은 더욱 단단하게 붙잡으려 하면 더욱 미끄럽게 빠져나가는 것이니 재화야말로 메기와 같은 것이다."

오늘날 재물 앞에서 흔들리지 않는 사람은 없을 것이다. 물질주의가 만연한 시대인 오늘날, 재물 없이 삶을 영위하기란 불가능하기 때문이다. 따라서 부의 가치관에 대해 생각해 보는 시간이 필요하다.

"부가 구해서 얻을 수 있는 것이라면 말채찍이라도 잡겠다. 하지만 추구해서 얻을 수 없다면 나는 내가 좋아하는 일을 하겠다."

《논어》에서 공자가 했던 말이다. 공자에게 더 높은 가치는 학문과 수양이었고, 그에게는 학문과 수양을 통해 평안한 세상을 만들고자 했던 열망이 있었다. 우리도 마찬가지다. 부를 좇을지 아니면 다른 무엇을 구할지는 우리 자신에게 달려 있다. 물론 부를 추구하는 일 그 자체가 부도덕한 것은 아니다. 단지 올바른 부, 정직한 부가 되어야 추구할 가치가 생긴다.

이러한 논어의 가르침을 일본의 금융 왕으로 불리는 시부사와 에이치는 '도리가 뒷받침되지 않는 부귀를 얻는 것보다 빈곤한 것이 낫지만, 올바른 도리를 다하고 얻은 부라면 부끄러워할 필요가 없다'고 해석했다. 또한 '열심히 노력해서 부를 얻고, 그것을 아름답고 귀한 일에 아낌없이 사용하면 된다'고 덧붙였다.

오늘날에도 적용되는 좋은 지침이 되는 말이다. 열심히 벌자! 그리고 아름답게 나누자!

10

내 마음의 잣대로
배려를 행한다

"군자에게는 혈구지도가 있다."

君子有絜矩之道也

군자유혈구지도야

《대학》, 〈전문〉, 제10장

'絜矩之道(혈구지도)'는 군자의 덕목을 목수 일을 하는 장인의 예를 들어 알기 쉽게 말해 준다. '絜(혈)'은 '헤아리다', '재다'의 뜻을 지닌 단어다. '矩(구)'는 '곱자'를 말한다. 굽어 있는 육면의 상자를 재는 도구가 혈구, 그 법칙이 바로 혈구지도이다. 굽어 있거나 기울어지고, 불룩하거나 움푹 파이기도 한 모서리와 면을 바르게 하는 데에는 반드시 혈구가 필요한 것이다. 그리고 목공이 어느 것 하나 빈틈없이 고치고 다듬을 수 있도록 하는 것이 바로 '혈구지도'이다.

따라서 옛 선비들은 자신의 학문과 수양의 도리를 이러한 장인의 일에 비유해서 말했다. 《논어》에 실린 다음의 구절이 말하는 바와 같다.

"유능한 장인은 반드시 먼저 자신의 연장을 손질한다. 마찬가지로 어떤 나라에 살든지 그 나라의 대부 중 현명한 사람을 섬기고, 그 나라의 선비 중 인한 사람과 벗해야 한다."

제자 자공이 인을 행하는 방법을 묻자 공자가 대답해 주었던 말이다. 자신의 핵심 철학인 '인'을 기술자의 일하는 모습에 비유해서 알기 쉽게 말해 준 것이다.

내가 싫은 것을
다른 사람에게 건네지 말라

《논어》에는 임금에 대한 이야기는 많이 기록되어 있지 않다. 공자가 직접 가르침을 준 몇몇 사람에 한정될 뿐이다. 하지만 능력이 뛰어나지도, 인격이 훌륭하지도 않은데 유난히 많이 등장하는 사람이 있다. 그의 이름을 딴 《논어》, 〈위령공〉편에 등장하는 위나라의 영공이 바로 그 사람이다.

위나라 영공이 공자에게 진법(陳法)에 대해 묻자, 공자가 대답했다.

"제사에 관한 일은 일찍이 들어 알고 있지만, 군사에 대한 일은 배우지 못했습니다."

그리고 그 다음날 공자는 위나라를 떠나 버렸다.

공자는 인의예지로 나라를 다스려 이상적인 국가를 만들려는 사람이었는데, 위 영공은 자신의 관심사인 전쟁과 다툼으로 다른 나라를 정복하는 꿈을 꾸는 사람이었다. 그래서 위 영공은 공자에게 전쟁하는 법을 물었고, 공자는 그의 무도함을 알고 위나라를 떠나 버렸던 것이다. 이처럼 영공은 정치적으로도 한심했지만, 수신제가도 제대로 하지 못했던 인물이었다.

영공은 탕녀였던 남자(南子)를 아내로 두었는데, 그 역시 음란함에 있어서는 아내 못지않은 위인이었다. 《한비자》의 유명한 고사, 미소년 미자하의 이야기가 영공의 실상을 잘 말해 준다. 영공은 미소년 미자하를 총애하여 곁에 두고 국정을 농단토록 했던 한심한 왕이었다. 하지만 한심한 영공에게도 남다른 장점이 있었는데, 그 장점이 있었기에 위나라는 망하지 않고 영속할 수 있었다. 그에게는 뛰어난 신하들을 발탁하고, 그들의 장점을 살려서 잘 이끄는 자질이 있었다.

다음은 《여씨춘추》에 실려 있는 고사다.

위 영공이 추운 겨울에 못을 파는 공사를 시작하려 하자 완춘이 간하여 말했다.

"날씨가 추울 때 공사를 일으키면 백성이 다칠까 염려됩니다."

영공이 "요즘 날씨가 춥단 말이오?"라고 의아하다는 듯이 묻자 완춘이 말했다.

"폐하께서는 여우 털 갖옷을 입으셨고, 가죽 자리를 깔고 앉으신 데다가 방 안 구석구석에 아궁이가 끓고 있으니 당연히 춥지 않으십니다. 하지만 백성은 옷이 해어져도 깁지 못하고, 신발이 터져도 꿰매지 못하고 있습니다. 폐하께서는 춥지 않으셔도 백성은 춥습니다."

영공이 "옳은 말이오" 하고 공사를 중단시켰다.

이 고사는 완춘이라는 뛰어난 신하에 대한 것이지만, 도입의 예문에 있는 '혈구지도'에 대해서도 잘 말해 준다. 그리고 위 영공이 왜 나라를 잃지 않았는지, 또 하나의 이유를 말해 준다. 영공에게는 원래 혈구지도가 없었다. 심지어 자신이 따뜻하니 날씨가 추워서 백성이 고생하는지조차 몰랐다. 하지만 영공은 신하 완춘의 간언에 자신의 부족함을 깨달았고, 즉시 자신의 잘못을 고쳤다. 어떤 방식이든 자기 잘못을 깨닫고, 그것을 즉시 실천하는 사람은 잘못되지 않는다.

《대학》에는 도입의 예문에 대한 예를 이렇게 들고 있다. 예문에 이어서 실린 글이다.

"윗사람에게서 내가 싫은 것으로 아랫사람을 부리지 말고, 아랫

사람에게서 내가 싫은 것으로 윗사람을 섬기지 말고, 앞사람에게서 싫은 것으로 뒷사람에게 행하지 않으며, 뒷사람에게서 싫은 것으로 앞사람을 따르지 않는다. 오른쪽 사람에게서 싫은 것으로 왼쪽에 건네지 말고, 왼쪽에게서 싫은 것으로 오른쪽에 건네지 말라. 이것을 일러 '혈구지도'라고 한다."

여기서 보면 '혈구지도'란 특별히 지위가 높은 사람이 아니라 모든 사람에게 해당하는 것을 알 수 있다. 바로 사람과 사람 사이의 올바른 도리를 말하는 '인'의 철학인 것이다.

우리의 삶은 모두 사람과 사람의 관계로 이루어진다. 특별히 은둔 생활을 하지 않는 이상 사람과의 관계는 피할 수 없다. 그 관계를 바르게 그리고 원만하게 만드는 것이 바로 혈구지도이다. 하지만 오해하지 말아야 할 것은 혈구지도란 무조건 양보하거나 희생하는 것이 아니다. 상대를 배려하면서도 반드시 바른 도리를 기반으로 하는 것이고, 스스로 솔선수범함으로써 따르게 하는 것이다.

사람에게는 누구나 자신만의 잣대가 있다. 그 잣대를 사용하는 방법은 각기 다르다. 자기 잣대에 무조건 따르기만을 바라는 사람이 있고, 다른 사람의 잣대에 무조건 맞추는 사람도 있다. 전자는 자기 지위나 권세를 이용해 강탈하는 사람이고, 후자는 비굴하게 소신을 굽히는 사람이다.

혈구지도가 말하는 것은 공정과 배려다. 공정하게 하되 거칠지 않게, 배려하되 비굴하지 않게 하는 것이다. 그 중심에 두어야 할 것이 바로 '사랑'이다.

7장

왜 지나치지도
모자라지도 않아야 하는가

《중용》에서 찾은 균형의 힘

세상에 휩쓸리지 않는
정성의 힘을 이야기하다

《중용》은 《논어》, 《맹자》, 《대학》과 함께 '사서(四書)' 중의 하나로 정통 유학의 맥을 잇는 책이다. 공자의 손자 자사가 할아버지의 학문을 잘 정리한 책이라고 할 수 있다. 《중용》은 원래 《대학》과 함께 《예기》에 속한 한 편이었는데, 한(漢) 대에 와서 별도의 책으로 편찬되어 독립적으로 읽히기 시작했다.

책의 첫 문장인 다음의 구절이 《중용》 전체의 맥을 꿰뚫는다.

"하늘이 명한 것을 본성이라고 하고, 본성을 따르는 것을 도라 하고, 도를 닦는 것을 가르침이라고 한다."

하늘이 준 선한 본성을 잘 따르고 그것을 함양하기 위해 노력하는 것이 바로 중용의 가르침이다.

중용에서 '중(中)'은 '편벽되거나 치우치지 않고 지나치거나 모자람이 없다'는 뜻이다. '용(庸)'은 '시간적으로도, 공간적으로도 변함없는 도리'다. 따라서 중용은 한쪽으로 치우치지 않는 올바른 도리이자 시간과 상황에 따라 변하지 않는 일상의 도리라고 할 수 있다.

모든 덕목에는 반드시 그에 따른 단점이 있기 마련이다. 용기가 있다고 자부하는 사람은 자칫 과격해질 수 있다. 신중함이 지나친 사람은 결단력이 부족하기 마련이고, 무엇이든 빨리 이루려는 사람은 조급함 때문에 일을 그르치기도 한다. 검소함은 좋은 덕목이지만 지나치면 쩨쩨한 사람이 되기도 한다. 세상의 모든 일이 그러한데, 바로 이런 일들의 균형을 잡아 주는 것이 중용이다. 하지만 중용이란 결코 쉬운 일이 아니기에 공자는 끊임없이 중용을 강조했고, 중용의 덕을 가진 사람이 없음을 안타까워하기도 했다.

《중용》에는 이렇게 실려 있다.

"평범한 부부의 어리석음으로도 알 수 있으나, 지극한 이치에 이르러서는 설사 성인이라도 모르는 것이 있다. 평범한 부부도 행할 수 있으나, 지극한 이치에 이르러서는 설사 성인이라도 행할 수 없는 것이 있다."

이처럼 쉽고도 어려운 이치가 담겨 있지만, 다행스럽게도 《중용》은 그 해답을 단 한 글자로 말해 준다. 바로 '성(誠)'이다. 온 마음을 다해 정성을 다한다면 중용에 이룰 수 있다는 것이다. 정성은 중용뿐만이 아니라 그 어떤 일이든 이루는 비결이기도 하다.

중용을 이루기 위해서는 반드시 온 정성을 다해야 한다. 이는 중용뿐 아니라 삶의 모든 부분에 해당한다. 자신의 삶과 일에 정성을 다할 때 반드시 성장하고 일은 이루어진다. 날마다 성장하고 주위의 사람들에게까지 선한 영향을 끼쳐 함께 성장하는 사람. 삶의 짙은 향기를 풍기는 사람이다.

01

길을 잃었을 때는
선한 양심을 따라가라

"하늘이 명한 것을 본성이라고 하고, 본성을 따르는 것을 도라고 하고,
도를 닦는 것을 가르침이라고 한다."

天命之謂性 率性之謂道 修道之謂教
천명지위성 솔성지위도 수도지위교

《중용》, 〈제1장〉

《중용》, 〈제1장〉은 '중용'의 뜻과 의미를 말해 주는 핵심이라고
할 수 있다. 예문은 그중에서도 맨 앞에 실린 글로, 짧지만 그 의미
는 깊다. 중용은 옛 군자들의 가장 높은 경지이자 그것에 이르기 위
한 수양의 목표이다. 하지만 중용의 실천은 일상에서부터 시작해
야 한다. 공자가 말했던 '하학이상달', '평범한 일상에서 배우고 실

천하여 높은 경지에 도달하는 것'이 바로 중용이기 때문이다. 그래서 가장 어려우면서도 가장 쉽다.

이를 잘 말해 주는 것이 《중용》, 〈제12장〉에 실려 있다.

"군자의 도는 넓고도 은미하다. 평범한 부부의 어리석음으로도 알 수 있으나, 지극한 이치에 이르러서는 설사 성인이라고 해도 모르는 것이 있다. … 군자의 도는 평범한 부부에서 시작되지만, 그 지극한 데에 이르면 하늘과 땅에서 드러난다."

여기서 평범한 남자가 아닌 부부라고 한 것은 중용의 이치는 사람의 구분 없이 적용되는 것이기 때문이다. 남녀노소, 모든 사람이 지켜야 하고 또 지킬 수 있는 것으로 그만큼 쉽다는 것을 말한다. 오늘날 우리도 역시 일상에서 중용을 실천하는 것은 쉽다. 예전에 큰 관심을 모았던 책, 《내가 정말 알아야 할 모든 것은 유치원에서 배웠다》에서 말하는 것과 같이 사람이 지켜야 할 가장 기본적인 도리를 말하기 때문이다. 일상의 기본에 충실히 할 때 비로소 삶의 가장 깊은 이치에 도달할 수 있다.

선함을 잃어버리면
즉시 돌이킨다

도입의 예문은 가장 평범하면서도 가장 심오한 중용의 이치를 담고 있다. 동시에 평범한 우리가 심오한 이치를 깨달을 수 있는 삶의 방법이기도 하다.

"하늘이 명한 것을 본성이라고 하고, 본성을 따르는 것을 도라고 하고, 도를 닦는 것을 가르침이라고 한다."

예문은 셋으로 구분되는데, 먼저 '天命之謂性[하늘이 명한 것을 본성이라고 한다]'는 구절은 사람의 본성은 원래 선하다는 것을 말해 준다. 《중용》의 저자인 자사의 학문을 이어받은 맹자의 '성선설'이 말하는 바와 같다. 맹자는 사람은 누구나 하늘로부터 선한 마음을 부여받았다고 했다. 하지만 살아가면서 받는 여러 가지 영향 때문에 점차 그 선함을 잃어버린다고 하며 두 가지 예를 든다.

먼저 고자와의 대화에서 맹자는 이렇게 설파했다.

"사람의 본성이 선한 것은 물이 아래로 흐르는 것과 같습니다. 사람은 선하지 않은 이가 없고, 물은 아래로 흐르지 않는 것이 없습니다. 지금 물을 쳐 튀어 오르게 해서 이마를 스치게 할 수도 있고, 그것을 막아 역류시킬 수도 있습니다. 하지만 그것이 물의 본성입니까? 그 형세가 그렇기 때문입니다. 지금 사람을 선하지 않게 하는 것은 그 사람의 본성 역시 이 물과 같기 때문입니다."

이는 물의 이치에 사람의 선한 본성을 빗댄 것으로, 언어의 달인답게 알기 쉽고, 공감할 수 있다게 설명했다.

또 하나는 나무의 이치다.

"우산의 나무는 원래 울창했지만 사람들이 도끼도 베어 냈으니 울창할 수 있었겠는가? … 사람에게 어찌 인의의 마음이 없었겠는가? 사람이 양심을 잃는 것은 또한 도끼와 나무의 관계와 같다. 날마다 그것을 베어 내는데 어찌 무성해질 수 있겠는가?"

사람에게는 마치 우산의 나무처럼 선한 마음이 풍성했지만, 이익을 좇는 욕심 때문에 선한 마음을 잃어버린다는 것이다. 하지만 사람이라면 욕심과 이익을 좇는 마음이 없을 수 없다. 이러한 한계에서 자신을 지키려고 노력하는 것이 바로 '도'다. 이는 "본성을 따르는 것이 바로 도다"라는 두 번째 구절이 말하는 바와 같다.

'도'란 춘추 전국 시대의 모든 학파를 통틀어 이루고자 하는 수양과 학문의 정점이었다.

노자의 도는 《도덕경》, 〈제1장〉에 등장하는 문장이 말해 준다.

"도라고 할 수 있는 도라면 그것은 참된 도가 아니다."

하지만 이 말로는 도의 실체를 명확히 알 수 없다. 형이상학적이고 추상적인 경지로, 비현실적이라고 느낄 것이다. 공자의 유가에서 도는 '사람이 추구하는 올바른 도리 혹은 진리'의 개념으로, 좀 더 현실적이다.

도입의 예문에서의 도는 자신의 본성인 선한 마음을 따르는 것으로 보았다. 도덕과 선한 양심에 따라 사는 것이 도를 따르는 것이다. 사람들은 세상을 살아가면서 자신의 선한 양심과 따라야 할 도덕을 잃어버릴 때가 많다. 앞서 말한 우산의 비유처럼 더 많은 것을 얻고자 하는 욕심과 사람과의 관계에서 일어나는 감정에 치우침으로써 자신의 선한 양심을 잃어버리는 것이다. 따라서 우리에게는 배움이 필요하다. 마지막 구절 "도를 닦는 것을 가르침이라고 한다"라는 구절이 그것을 말한다. 우리는 살아가면서 길을 잃어버릴 때가 많다. 바르고, 선하게 살려고 노력하지만 세상의 많은 유혹과 상황이 원하지 않는 곳으로 우리를 이끄는 것이다. 이때 필요한 것이 바로 '가르침'이다.

길을 잃었을 때 이정표가 필요하듯이 인생에서 길을 잃었을 때는 가르침이 필요하다. 이 가르침은 인간의 도리에 대해 말해 주며 시간과 세상의 변화에도 변함이 없는 고전에 있다고 생각한다. 고전이 우리를 바로 세우고, 바른 곳으로 이끌어 주는 진정한 가르침이다.

나의 본성의 선함을 믿고, 그 선함을 따르기 위해 노력하고, 잠시 선함을 잃어버렸을 때는 깨닫는 즉시 돌이킨다. 만약 자신이 길을 헤매고 있다고 느낄 때, 혼미하다고 느낄 때, 자신의 행동으로 마음이 부끄러울 때 그때가 바로 돌이킬 때이다. 잠시 멈춰서 자신을 성찰하고, 흔들리는 자신을 바로 세우고, 무너져 가는 나의 인격과 가치관을 바로 세워야 한다.

나의 삶은 내가 가진 지위나 부가 아니라 내가 삶에서 추구하는 것과 내가 삶에서 반드시 이루고자 하는 목적으로 결정된다. 바로 나의 가치관과 삶의 소명이다.

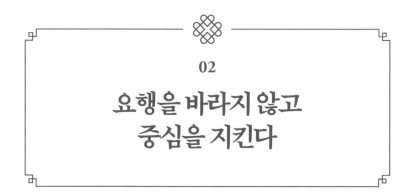

02

요행을 바라지 않고
중심을 지킨다

"군자는 처해 있는 자리에 따라 할 일을 행할 뿐 그 밖의 일은 욕심내지 않는다."

君子素其位而行 不願乎其外
군자소기위이행 불원호기외

《중용》, 〈제14장〉

공자가 위나라 영공의 무도(無道)함을 말하자, 계강자가 물었다.

"그런데도 어찌 망하지 않습니까?"

공자가 대답했다.

"중숙어가 나라의 손님을 접대하고, 축타는 종묘의 제사를 담당하고, 왕손가는 군대를 맡고 있습니다. 이러한데 어찌 그가 망하겠습니까?"

《논어》, 〈헌문〉편에 실린 고사다. 위 영공은 공자 시대에 무도한
왕으로 손꼽히던 인물이었다. 공자 자신도 몇 번에 걸쳐 그로부터
수모를 당한 적이 있을 정도였다. 보통 이러한 인물이 다스리는 나
라는 얼마 못 가 망하기 마련인데, 노나라의 실권자 계강자는 그 나
라가 유지되고 있는 비결이 궁금했다. 공자는 그 이유를 중숙어와
축타 그리고 왕손가와 같은 뛰어난 인물이 있기 때문이라고 말한
다. 뛰어난 인물을 찾아서 적재적소에 일을 맡기면 아무리 왕이 어
리석어도 나라는 잘 유지될 수 있다는 것이다.

그리고 이 고사에서 얻을 수 있는 또 한 가지 교훈이 있다. 각자
가 잘할 수 있는 일을 맡아서 거기에 전념해야 한다는 것이다. 아무
리 뛰어난 인물을 모아 놓아도 그들이 서로 경쟁하고 다투고 암투
를 벌인다면 그 나라는 잘될 수 없다. 흔히 뛰어난 인물들은 다재다
능한 경우가 많다. 다른 사람의 일하는 것을 보면 판단하고, 지나칠
때는 그 사람의 일에 관여하는 경우가 많다. 특히 남다르게 뛰어나
거나 왕의 총애를 받으면 이러한 일이 더 쉽게 일어난다. 하지만 아
무리 뛰어나도 한 사람의 전횡이 있으면 반드시 나라는 흔들린다.
결국 나라가 패망하게 되는 것이다.

전국 시대 말기에 그것을 말해 주는 고사가 있다.

진시황이 죽은 후 황제가 된 호해는 능력이 없어서 환관 조고의
손에 농락당하게 되고 끊임없는 반란에 시달리다 집권 4년 만에 완

전히 망하고 만다. 우리가 알고 있는 '지록위마(指鹿爲馬)', 즉 '사슴을 가리켜 말이라고 한다'의 고사를 보면 그 당시 조고의 전횡이 어땠는지를 잘 알 수 있다. 황제에게 사슴을 바치면서 말이라고 하자 주위에 있던 신하들까지 조고의 보복이 두려워서 바른말을 하지 못했다. 일개 환관이 권력을 믿고 전횡을 일삼자 왕과 신하 모두가 굴종했던 것이다. 결국 얼마 후 나라는 비참하게 망하고 말았다.

하루하루 충실하면
반드시 기회는 온다

자기가 맡은 일에 충실하고 여기저기 흔들리지 않는 것이 바로 '중용'의 덕이다. 고사에서는 나라를 예로 들었지만 개개인의 처신도 마찬가지다. 중용의 도는 그 처지와 상황에 따라 지나치거나 모자라지 않게 본분을 지켜 나가는 것이다. 이는 도입의 예문의 구절이 말하는 바인데, 《중용》에는 예문에 이어서 이렇게 실려 있다.

"부귀에 처해 있으면 부귀한 위치에서 자기 일을 하고, 빈천하면 빈천한 대로 자기 할 일을 한다. 오랑캐의 위치에 있으면 그 위치에서 자기 할 일을 하고, 환란 중에 있으면 그중에서도 자기 할 일을 한다."

지금 하는 일이 무엇이든, 처해 있는 상황이 어떻든 최선을 다하면 그곳에서도 반드시 배움을 얻는다. 그리고 더 큰 꿈과 이상이 있다면 그것을 향해 한 걸음 더 나아갈 수 있다. 이어지는 말이 핵심을 찌른다.

"군자는 어떤 처지에 들어가서도 스스로 얻지 않음이 없다."
君子 無入而不自得焉
군자 무입이부자득언

이미 많은 역사적인 인물이 이 말을 증명했다. 사마천이 자신의
저서 《사기》에서 말한다.

"옛날 주문왕은 감옥에 갇혀 있는 동안 《역경》을 만들었다. 공자
는 진나라에서 어려움에 처했을 때 《춘추》를 만들었다. 굴원은 초
나라에서 추방되자 《이소경》을 만들었다. 좌구명은 장님이 되고
서 《국어》를 만들었다. 손자는 다리가 끊기고서 《병법》을 만들었
다. 여불위는 촉나라에 귀양을 가서 《여람》을 만들었다. 한비는 진
나라에 사로잡힌 몸으로 〈세난〉, 〈고분〉 등의 문장을 만들었다. 시
300편도 거의가 현인, 성인들의 발분으로 만들어진 것이다. 이렇듯
이 모두가 한스러운 마음의 소치이며, 그 한을 풀 길이 없어 과거를
돌이켜 보고 미래를 굽어보게 된 것이다."

사마천은 인생 최악의 역경 속에서 훌륭한 명작을 남긴 사람들
을 거론하면서 자신 역시 감당키 어려운 고초 속에서도 책을 남겨
후세에 전하고 싶다는 심경을 말하고 있다. 주어진 상황에서 절망
하지 않고, 거기서 오직 자기가 이루고자 하는 바에 전념할 때 위대

한 일이 이루어지는 것이다.

이러한 이치는 역사적인 인물에게만 해당하는 것은 아니다. 우리 평범한 사람들도 얼마든지 가능하다. 단지 우리가 무엇을 꿈꾸고 간절히 바라는가에 달려 있다. 도입의 예문이 실린 구절의 마지막 부분이 정확하게 그 방법을 제시해 준다.

"그러므로 군자는 평이한 곳에 머물면서 천명을 기다리고, 소인은 위험한 일을 행함으로써 요행을 바란다."

어떤 현실이든 무조건 받아들이고 잠자코 있으라는 말이 아니다. 또한 지금 상황이 마음에 들지 않는다고 아무런 계획도 없이 무조건 뛰쳐나가 새로운 일을 추구해서도 안 된다. 그것이 바로 요행을 바라는 것이다. 다른 사람이 가진 것을 넘보며 탐욕을 부리는 것도 부끄러운 일이다.

사람의 진정한 가치는 가진 부로, 권세로, 지위로 드러나지 않는다. 많은 것을 가졌다면 그것을 얼마나 유익하게 사용하는 지가 그 사람을 말해 준다. 가진 것이 없다고 해도 맡은 일에 정성과 최선을 다하며 노력하면 된다. 비록 힘든 상황에 처해 있어도 하루하루 충실하며 성찰의 자세로 자신을 돌아보고, 하루하루 성장해 나간다면 반드시 기회는 온다. 내가 뜻하지 않은 방식으로라도 말이다.

03

혼자 있을 때
더 경계하고 조심하라

"도라는 것은 잠시라도 떠날 수 없다. 떠날 수 있다면 그것은 도가 아니다. 그러므로 군자는 다른 사람이 보지 않는 곳에서도 경계하고 삼가며, 다른 사람이 듣지 않는 곳에서도 두려워한다. 어두운 곳보다 더 잘 드러나는 것은 없고, 미세한 것보다 더 잘 나타나는 것은 없다. 그러므로 군자는 혼자 있을 때 삼간다."

道也者 不可須臾離也 可離 非道也 是故 君子戒愼乎其所不睹 恐懼
乎其所不聞 莫見乎隱 莫顯乎微 故君子愼其獨也
도야자 불가수유이야 가리 비도야 시고 군자계신호기소부도 공구
호기소불문 막현호은 막현호미 고 군자신기독야

《중용》, 〈제1장〉

'중용'은 옛 선비들이 중요하게 여겼던 덕목인 만큼 많은 유학자가 그 의미와 실천 방법을 거론하고 있다.

먼저 《서경》, 〈우서〉편에서 고요는 아홉 가지 덕을 말하면서 삶에서 실천하는 중용의 이치를 말해 준다.

"너그러우면서도 엄격하고, 부드러우면서도 꿋꿋하고, 성실하면서도 공경하며, 다스리지만 존경하는 마음으로 하고, 온순하지만 굳건하고, 곧으면서도 부드럽고, 간략하면서도 세심하고, 억세면서도 충실하며, 강하면서도 의로운 것. 이러한 것들이 뚜렷하고 한결같으면 훌륭한 사람이다."

皐陶曰 行有九德 寬而栗 柔而立 愿而恭 亂而敬 擾而毅 直而溫 簡而廉 剛而塞 彊而義 彰厥有常吉哉

고요왈 행유구덕 관이율 유이립 원이공 난이경 요이의 직이온 간이렴 강이새 강이의 창궐유상길재

그다음 《서경》, 〈순전〉편에서는 순임금이 음악 대신인 기에게 고관대작의 맏아들에게 음악을 가르치라고 했던 이유를 말해 준다. 미래의 지도자들이 음악을 통해 중용의 덕을 갖추게 하라는 것이다.

"너를 전악으로 임명하니 고관대작의 맏아들을 가르쳐. 그들의 성격을 곧으면서도 온화하고, 너그러우면서도 엄정하고, 강하면서도 포학함이 없으며, 대범하면서도 거만함이 없도록 하라."

여기서 보면 중용이란 주로 일상에서 실천하는 태도와 자세를 말한다는 것을 알 수 있다. 사람들은 제각각 타고난 본성이 있다. 성품이 부드러운 사람이 있는가 하면, 강직한 사람도 있다. 단순한 성품이 있는가 하면 세심한 성품도 있다. 용기가 있는 사람도 있고, 소심해서 소극적인 사람도 있다. 이들의 성품을 잘 다스려 적절하고 균형 있게 만드는 것이 바로 중용인 것이다.

하지만 중용은 겉으로 드러나는 일상의 태도와 자세에 국한되지는 않는다. 사람들과의 관계에서만이 아닌, 자신만의 시간에도 중용은 지켜져야 한다. 혼자만의 시간이 바탕이 되지 않으면 일상에서 중용의 실천은 헛된 것이 될 뿐이다. 진정한 모습이 아닌 거짓이 될 수 있고, 지나치면 위선이 되기 때문이다.

혼자만의 공간에서도
양심을 지키며 행동할 것

도입의 예문은 혼자만의 시간에 가져야 할 중용의 자세다.

맨 앞의 구절 '도라는 것은 잠시라도 떠날 수 없다. 떠날 수 있다면 그것은 도가 아니다'가 잘 말해 준다. 여기서 도는 추상적이거나 지극히 어려운 경지를 말하는 것이 아니다. 하늘이 부여한 본성 즉 선한 마음으로, 우리가 알고 있는 양심이나 바른 도덕성이 바로 그것이다. 양심이란 올바른 삶을 지키는 사람이라면 누구나 지키는 것이다. 설사 욕심이나 감정 때문에 잠깐 흔들리더라도 곧 돌아온다. 사람들과의 관계에서는 이러한 양심이 있기에 질서가 지켜지고, 개인적으로는 윤리적인 삶을 살 수 있다. 그렇기에 양심은 혼자 있을 때도 지켜야 한다.

두 번째 구절 '군자는 다른 사람이 보지 않는 곳에서도 경계하고 삼가며, 다른 사람이 듣지 않는 곳에서도 두려워한다'가 말하는 바와 같다. 다른 사람이 보지 않고, 다른 사람이 듣지 않는다는 것은 시간과 공간의 개념을 모두 포함한다. 혼자 있을 때, 혼자 있는 장소에서 자신을 지키는 것이다.

그 이유를 예문은 '세상에는 비밀이 없다'는 말로 설명한다. '어두운 곳보다 더 잘 드러나는 것은 없고, 미세한 것보다 더 잘 나타나는 것은 없다'가 바로 그것이다. 설사 다른 사람이 모르는 자신만이 아는 비밀이라고 해도 언젠가는 밝혀진다. 당장은 모를지라도 시간이 지나면 밝혀지기 마련이다. 그리고 사람은 몰라도 하늘은 반드시 안다.

《시경》에서는 이를 두고 이렇게 말한다.

"그대가 군자들과 사귀는 것을 보니 안색을 온화하고 부드럽게 해서, 혹 허물을 짓지 않을까 삼가는구나. 그대가 방에 홀로 있을 때 살펴야 하니 이때는 방구석에도 부끄러움이 없어야 한다. 드러나지 않는 곳이라 하여 보는 이가 없다고 하지 말라. 신이 이르는 것은 헤아릴 수 없으니, 어찌 게을리할 수 있겠는가?"

여기서 방구석이란 옛날 신줏단지를 모셔 두는 곳이다. 신이 머무는 곳이기에 혼자만의 행동이라고 해도 하늘이 보고 있다는 경고다. 내 마음이 알고, 하늘이 알고 있다면 그것은 더 이상 비밀이 아니다.

　옛 선비들이 '신독'을 중용의 핵심이자 가장 중요한 수양의 목표로 삼은 것은 그 시간이 단지 혼자만의 시간에 국한되지 않기 때문이다. 혼자만의 시간에 경건의 시간을 가짐으로써 앞으로 남은 삶을 더욱 신실하고 충실하게 살고자 하는 다짐이자 단련의 시간이라고 할 수 있다. 일상에서 올바른 삶을 살려고 한다면 반드시 혼자만의 근신이 담보되어야 한다. 조용한 시간을 보내며 오늘을 돌아보며 성찰하고, 앞으로의 다가올 삶을 예비한다면 흔들리지 않는 어른의 삶을 살 수 있다.

　또한 혼자만의 시간은 가장 솔직한 자신과 대면하는 시간이다. 번잡한 일상과 많은 관계에서 벗어나 조용히 자신과 대면하며 마음의 소리를 듣는다면 자신이 머물러 있는 곳과 나아갈 삶의 방향이 보일 것이다.

04

평범함을 지킬 때
위대함이 이루어진다

"순임금은 대단히 지혜로웠을 것이다. 묻기를 좋아하고, 평범한 말들을 살피기를 좋아했고, 다른 사람의 나쁜 점은 숨겨 주고, 좋은 점은 널리 알렸다. 두 끝을 잡고 그 중도를 사용해 백성에게 베풀었으니, 이 점이 순임금이 된 까닭이다."

舜 其大知也與 舜 好問而好察邇言 隱惡而揚善 執其兩端 用其中於
民 其斯以爲舜乎
순 기대지야여 순 호문이호찰이언 은악이양선 집기양단 용기중어
민 기사이위순호

《중용》, 〈제6장〉

《채근담》에는 "문장이 경지에 이르면 별다른 기발함이 있는 것

이 아니라 다만 적절할 뿐이고, 인품이 경지에 이르면 별다른 특이함이 있는 것이 아니라 자연스러울 뿐이다"라고 실려 있다. 뛰어난 문장에 대해 말했던 것이지만 이 말에는 중용의 이치도 함께 담겨 있다. 뛰어난 경지의 사람, 즉 중용에 이른 사람은 겉보기에는 평범하게 보인다. 하지만 그 깊이와 내공은 보통 사람이 가늠하기 힘들다. 그래서 중용을 '평범한 부부도 알 수 있지만, 그 깊은 이치는 성인이라도 알기 어렵다'고 말하는 것이다.

가장 쉬워 보이는 것에 어려움이 있고
가장 평범해 보이는 것에 위대함이 있다

《중용》에는 중용을 실천하기 어렵다는 말이 거듭해서 실려 있다.

"중용의 덕이여, 그것은 지극하구나. 그것을 행할 수 있는 사람이 드문지 이미 오래되었다."

《중용》, 〈제3장〉에 실린 글로, 중용의 사람을 찾기 어렵다고 공자가 한탄하며 했던 말이다. 공자는 이미 《논어》에도 같은 말로 안타까운 마음을 토로했다. 공자는 심지어 중용을 행하는 사람을 찾기 어렵다면 그 바로 아래 차원의 사람이라도 찾았으면 좋겠다고 말했던 적도 있었다.

"중도를 실천할 수 있는 사람과 함께할 수 없다면, 반드시 뜻이 큰 사람(광자)이나 고집스러운 사람(견자)과 함께할 것이다. 뜻이 큰 사람은 진취적이고, 고집스러운 사람은 하지 말아야 할 것을 반드시 지킨다."

공자는 중용을 행하는 사람과 간절히 함께하기를 바랐다. 하지만 평생을 두고 찾아도 찾기가 어려워 포기해야 했고, 차라리 그 기준을 낮추어야겠다고 생각할 수밖에 없었다. 이에 부합하는 사람이 바로 광자와 견자이다.

광자(狂者)는 뜻은 크지만 언행이 그에 따르지 못하는 사람이다. 큰 뜻을 가졌지만 능력이 미치지 못하기에 아쉬운 점이 있지만, 공자는 그 진취적이고 적극적인 자세를 좋게 여겼다. 시도도 하지 않는 사람보다는 중간에 좌절하더라도 과감하게 시작할 수 있는 사람을 바랐던 것이다.

그다음 견자(狷者)는 고집스럽게 자기 뜻을 견지하는 사람이다. 비록 적극성이 부족하지만 나쁜 짓은 결코 하지 않는 뚜렷한 신념이 있다.

〈제5장〉에서는 "도가 행해질 수 없을 듯하다"라며 현실적으로 중용이 불가능한 세태를 한탄했다. 그리고 〈제7장〉에서는 "사람들은 모두 자기가 지혜롭다고 말하지만, 중용을 택하고서는 한 달도 그것을 지키지 못한다"라며, 중용을 말로만 쉽게 택하고, 금방 포기해버리는 사람들의 행태를 한탄했다. 또한 〈제9장〉에서의 비유는 더욱 신랄하다.

"천하 국가를 평정하여 다스리는 것도 가능하고, 시퍼런 칼을 밟고 서는 것과 가능하나 중용을 행하는 것은 불가능하다."

중용이란 높은 권세를 가지고 천하를 다스리는 일과 특출한 개인적인 능력을 추구하는 것이 아니라 선한 마음과 양심을 기반으로 살아가는 것이다. 하지만 공자는 그것이 가장 어려운 일이라고 여겼다. 사람들은 누구나 이익과 영달 앞에서 선한 마음과 양심을 팽개쳐 버리기 때문이다. 이처럼 어려운 중용의 경지에 도달했다고 공자가 인정한 사람은 둘이 있다.

먼저 공자는 수제자 안회에 대해 이렇게 말했다.

"안회의 사람됨은 이렇다. 중용을 택하여 좋은 이치를 하나 얻으면 마음에 잘 간직하여 잃지 않는다."

중용이란 반드시 스스로 택하는 것이다. 바로 '자발성'을 말한다. 그리고 중용은 작고 사소한 행동 하나하나에서 실천해야 하며, 작은 일에서 선함을 택했다면 마음에 잘 간직하여 잃지 않아야 한다. 이것이 바로 중용의 '영속성'이다. 다른 사람들은 한 달도 채 간직하지 못하지만, 안회는 그것을 잘 간직하여 마음에 두고 실천했다. 그렇기에 공자는 안회를 중용의 사람으로 인정한 것이다.

공자가 인정했던 또 다른 사람은 바로 순임금이다. 순임금은 고대 중국의 황제로서, 그에 앞선 황제인 요임금과 함께 가장 추앙받는 인물이다. 도입의 예문은 공자가 순임금을 중용에 이른 사람으로 인정했던 이유다.

"순임금은 대단히 지혜로웠을 것이다. 묻기를 좋아하고, 평범한 말들을 살피기를 좋아했고, 다른 사람의 나쁜 점은 숨겨주고, 좋은 점은 널리 알렸다. 두 끝을 잡고 그 중도를 사용해 백성에게 베풀었으니, 이 점이 순임금다운 바이다."

순임금은 중국에서 가장 존경받는 황제인 만큼 무언가 특별한 자질이나 치적이 있을 거라고 생각되지만 공자의 생각을 보면 다르다. 그는 순임금의 지극히 평범한 장점을 말하며 그를 지혜로웠다고 인정한다. 먼저 '묻기를 좋아하고, 평범한 일상의 말을 허투루 넘기지 않았다'는, 대화를 통해 화합을 이끌어 내는 자질을 말한다. 순임금은 자신의 황제라는 지위를 내세우지도 않고, 누구보다도 뛰어났던 지혜를 내세우지 않았다. 특별하지 않은, 뛰어나지도 않은 보통의 사람의 말도 귀담아들어 그 속에서 배움을 얻었고, 여러 사람의 말을 두루 들어 그중에서 극단적인 의견을 제외하고 중도를 택했다.

현대는 특출함과 특별함을 추구하는 세상이다. 남다른 것, 남들이 생각하지 못하는 것을 창의적이라고 생각한다. 하지만 그 어떤 특별함도, 창의성도 평범함에 바탕을 둘 수 있어야 한다. 상식을 벗어난 특이함을 추구하는 사람은 설사 세상 사람들로부터 비범한 사람으로

칭해지더라도 중용을 행하는 사람은 그것을 추구하지 않는다.

"지극히 고상함은 지극히 평범함에 있고, 지극히 어려움은 지극히 쉬운 것에서 비롯된다."

《채근담》에 실린 말이다. 진정으로 탁월한 사람이 되고 싶다면 지금 하고 있는 일에, 평범한 일상에 최선을 다해야 한다. 그리고 이루고 싶은 단 한 가지 일에 집중할 수 있어야 한다. 위대함은 차근차근 쌓인 노력의 결실이다.

05

진정한 강함은
흔들리지 않는 것이다

"군자는 조화를 이루면서도 휩쓸리지 않으니 대단히 강하지 않은가.
중도에 서서 치우치지 않으니 대단히 강하지 않은가. 나라에 도가 있
으면 궁색할 때 지키던 원칙을 바꾸지 않으니 대단히 강하지 않은가.
나라에 도가 없으면 죽음에 이르러서도 원칙을 바꾸지 않으니 어찌
강한 것이 아니겠는가."

君子 和而不流 强哉矯 中立而不倚 强哉矯 國有道 不變塞焉 强哉矯
國無道 至死不變 强哉矯
군자 화이불류 강재교 중립이불의 강재교 국유도 불변색언 강재교
국무도 지사불변 강재교

《중용》, 〈제10장〉

자로는 정치에 뛰어나 '공자의 뛰어난 10명의 제자(孔門十哲)'로 꼽힌다. 하지만 자로는 공자의 문하에 있던 다른 제자들과는 성향도 출신도 많이 달랐다. 칼을 차고 거들먹거리며 동네의 불한당 생활을 하다가 공자의 권유로 제자가 되었다. 공자의 문하에 들어온 이후로 학문과 수양에 큰 진전을 보였지만, 그 타고난 성향을 완전히 버리지는 못했다. 거칠고 적극적인 본성과 건달이라는 출신 성분으로 인해 자로의 관심은 주로 용기와 강함에 있는 경우가 많다. 공자는 용기와 강함 역시 군자의 덕목에 있지만, 반드시 올바르게 적용이 되어야 한다는 것을 끊임없이 자로에게 깨우쳐 주었다.

도입의 예문도 공자가 '강함'을 묻는 자로에게 진정한 강함이 무엇인지 말해 준 것이다.《중용》에 실린 대화의 전문은 이렇다.

자로가 강함에 대해 여쭈었다. 공자가 말했다.

"남방의 강함을 말하느냐? 북방의 강함을 말하느냐? 아니면 너의 강함을 말하느냐? 너그럽게 교화하고 무도한 자에게 보복하지 않는 것이 남방의 강함이니, 군자는 그런 강함에 머문다. 창이나 칼을 베개 삼고 투구나 갑옷을 자리 삼고, 싸우다 죽어도 여한이 없음이 북방의 강함이니, 용사는 그런 강함에 머문다."

먼저 공자는 자로에게 강함에는 두 가지가 있다고 말해 준다. '군자의 강함'과 '용사의 강함'이다. 그리고 자로가 생각하는 강함이 어떤 것인지 물어본다. 물론 군자의 강함와 용사의 강함은 모두 중요하지만, 그 어떤 강함이든 반드시 의로움이 뒷받침되어야 한다. 용사의 용기는 나라를 지켜야 한다는 의로움이 바탕에 있어야 하고, 군자의 강함은 덕을 기반으로 해야 한다. 이 둘의 강함에는 모두 중용의 도리가 뒷받침되어야 하는 것이다.

그리고 예문의 구절을 덧붙이는데, 비록 용맹한 성품이기는 하지만 군자의 길을 선택해서 가고 있는 자로에게 군자의 강함에 대해 설명해 준 것이다. 아마 공자의 생각은 이럴 것이다.

'너는 비록 용맹한 성품이기는 하지만, 이미 학문과 수양의 길에 들어섰으니 군자의 강함을 취해 수양하도록 하라.'

진정한 용기는 휩쓸리지 않고 치우치지 않는 태도다

원문에서 '和而不流(화이불류)', '조화를 이루면서도 휩쓸리지 않는다'는 문장은 굳은 의지와 뜻을 지키는 용기를 말한다. 《논어》의 '화이부동'과 비슷한 뜻이다. 하지만 미묘한 차이가 있다.

화이부동이란 '조화를 이루되 같음을 추구하지 않는다'는 뜻으로 사람들과 조화로운 관계를 이루되 자신의 개성을 살려 나가야 한다는 뜻이다. 사람들은 누구나 제각각의 개성과 특징과 장단점이 있다. 조화를 이룬다는 것은 다양한 사람이 모여 자신의 개성과 능력을 발휘하여 전체의 목적을 이루어 나가는 것이다. 지도자는 부하들에게 자기 생각만을 강요하는 것이 아니라 부하들의 다양한 개성과 능력을 마음껏 발휘하게 해야 한다.

'화이불류'는 이보다 한 단계 더 나아간다. 설사 많은 사람이 같은 생각을 하고, 같은 행동을 하더라도 말과 행동에서 분명히 자신의 소신과 생각을 지키는 것이다. 그 기준은 옳고 그름에 관한 분명한 판단이다. 모든 사람이 옳다고 해도 그르다는 생각이 들면 "아니다!"라고 분명히 자기 생각을 말하는 사람이 이에 속한다. 하지만 이러한 사람에게는 반드시 많은 비난이 따른다. 소위 '왕따'를 당하는 경우도 있다. 따라서 '화이불류'에는 용기가 필요하다. 공자는 이를 두고 '군자의 강함', 즉 진정한 용기라고 말했다.

'중도에 서서 치우치지 않음'은 어느 한쪽에 치우치지 않는 균형 잡힌 자세를 말한다. 사람과의 관계만이 아니라 삶의 모든 순간에도 중도에 서서 흔들리지 않는 자세라고 할 수 있다. 특히 중요한 결정의 순간 친소(親疏)에 따르지 않고, 감정에 따라 흔들리지 않고 오직 올바름을 추구하는 꿋꿋함은 내면이 강한 사람만이 취할 수 태도이다.

'나라에 도가 있으나 없으나 변하지 않음'은 상황에 따라 변하지 않는 소신을 말한다. 흔히 평안한 세상에서는 자기 뜻을 이루려고 하지만, 세상이 혼란스럽고 어지러울 때는 몸을 숨겨 자기 안위를 꾀하려고 한다. 하지만 진정한 용기가 있는 사람은 세상이 위험하고 혼란스러울 때 오히려 자기 목숨을 걸고 세상의 평안을 지키기 위해 나선다. 이들은 세상이 평안할 때는 뜻을 펼치되 올바른 도덕성에 기반을 둔다. 도덕이란 상황에 따라 변하는 것이 아니기 때문이다.

이렇게 보면 강함이란 우리가 흔히 알고 있는 용기와는 다르다.

어떤 상황과 위협에서도 흔들리지 않고 올바름을 지켜 나가는 것이 진정한 강함이다. 아무 때나 자기 힘을 과시하거나, 순간의 감정을 이기지 못해 과격한 행동을 하거나, 과감하다고 자부하며 무모한 행동을 하는 것은 용기가 아니라 만용일 뿐이다.

《도덕경》에는 "勝人者有力 自勝者强[남을 이기는 사람은 힘이 있는 사람이고, 자신을 이기는 사람은 강한 사람이다]"라는 구절이 실려 있다. 이 구절이 진정한 강함을 잘 말해 준다. 힘이 세다고, 남에게 이길 능력을 가지고 있다고, 아무 때나 그것을 과시하며 자랑한다면 진정한 강함이 아니다. 단지 힘이 남보다 센 사람일 뿐이다. 감정과 욕심에서 스스로 절제하고, 미래를 위해 오늘을 희생할 수 있고, 많은 세상의 소리에도 굳건하게 자기 소신을 지켜나가는 사람이 바로 중용의 사람이며 진정으로 강한 사람이다.

06
가까이에 있는 것을
가장 소중히 여길 것

"도란 사람에게 멀리 있지 않다. 도를 행하되 사람에게서 멀리하면 도라고 할 수 없다."

道不遠人 人之爲道而遠人 不可以爲道
도불원인 인지위도이원인 불가이위도

《중용》, 〈제13장〉

주자학의 창시자 주자는 '중용'에 대해 이렇게 해석했다.

"'중'은 편벽되지 않고, 치우치지 않고, 지나침과 모자람이 없는 것이다. '용'은 평상시의 도리다."

주자학에 이론적 근거를 제공했던 이정 형제(정자)의 해석도 비슷하다.

"편벽되지 않음을 중이라 이르고 변치 않음을 용이라 이른다."

모두 중용을 정의한 말들이지만, 이 말에서 중용의 또 다른 의미를 찾을 수 있다. 중용은 평생 지켜야 하며, 어떤 순간에도 떠날 수 없는 선비의 최종적인 수양의 목표라는 것이다. 만약 어떤 상황에서라도 중용을 떠난다면 그는 군자가 아닌 소인이 될 수밖에 없다. 이는 〈제2장〉에 실린 "군자는 중용을 따르나, 소인은 중용에 어긋난다"라는 구절이 잘 말해 준다.

지금 주어진 시간, 지금 곁에 있는 사람에게 최선을 다할 것

어떤 시간, 어떤 장소, 어떤 상황에서도 중용을 지킬 때 비로소 소인이 아닌 군자가 될 수 있다. 사람들과 함께 있을 때는 물론 혼자 있을 때도 마찬가지다. 바로 '신독'의 시간이다. 하지만 신독이란 반드시 시간적, 공간적으로 혼자 있는 시간을 말하는 것은 아니다. 자기 자신만이 알고 있는 자신의 마음속에서도 반드시 신독을 지켜야 한다. 따라서 중용은 혼자만의 시간, 혼자만의 공간, 남이 모르는 자기 마음속 모두에서 지켜야 한다.

다산 정약용이 《심경밀험》에서 했던 말이다.

"원래 신독이라는 것이 자기 홀로 아는 일에서 신중을 다해 삼간다는 것이지, 단순히 혼자 있는 곳에서 삼간다는 것을 말하는 것이아니다. 사람이 방에 홀로 앉아서 자신이 했던 일을 묵묵히 되짚어보면 양심이 드러난다. 이것은 방 안 어두운 곳에 있으면 부끄러움이 드러난다는 것이지, 어두워 보이지 않는 곳에서 감히 악을 행해서는 안 된다는 뜻이 아니다. 사람이 악을 행하는 것은 늘 사람과함께 하는 곳에서다. 요즘 사람들이 '신독' 두 글자를 인식하는 것이분명하지 않기 때문에, 때로 어두운 방에 있으며 옷깃을 바르게 하고 단정히 앉아 있을 수 있다고 해도 매번 다른 사람과 교제하는 곳에서는 비루한 거짓과 모함을 행한다. 그러면서도 '사람들이 모르고 하늘이 듣지 못한다'고 말하니 어찌 '신독'이 그와 같겠는가?"

평범한 우리로서는 그 수양의 엄격함에 말문이 막힐 지경이다. 누구나 마찬가지일 것이다. 다행히 도입의 예문과 함께 〈제13장〉에 실려 있는 글들에서 조금의 여지를 얻을 수 있다. 〈제13장〉은 중용의 실천에 대한 글로, 많은 인용과 비유 그리고 공자의 솔직한 고백까지 다양하게 중용을 말하고 있다. 이 글을 통해 우리는 평범한삶에서 어떻게 중용의 삶, 품격 있는 삶을 살 수 있는지에 대해 그해답을 얻을 수 있다. 긴 글이지만 그 전문을 소개해 본다.

"도란 사람에게 멀리 있지 않다. 도를 행하되 사람에게서 멀리하면 도라고 할 수 없다. 《시경》에서 '도낏자루를 자르네 도낏자루를자르네, 그 방법은 멀리 있지 않네'라고 말한다. 그러나 도낏자루를 쥐고 도낏자루를 자르면서도 곁눈질하며 그것이 멀리 있다고 여긴다. 그러므로 군자는 사람의 도로 사람을 다스리다가 잘못을 고치면 멈춘다. '충'과 '서'는 도에서 멀지 않다. 나에게 베풀어지기를 원치 않는 것을 남에게 베풀지 말라. 군자의 도는 네 가지가 있는데 나는 한 가지도 제대로 못 했다. 자식에게 요구하는 것으로 내 부모를 섬기지 못했고, 신하에게 요구하는 것으로 내 임금을 섬기지 못했다. 아우에게 원하는 것으로 형을 섬기지 못했다. 벗에게 원하는 것으로 내가 먼저 베풀지 못했다. 일상의 덕과 일상의 말을 삼가서 부족함이 있으면 힘을 다하고, 그것들에 남음이 있어도 여지를 남겨 둔다. 말은 행동을 돌아보고, 행동은 말을 돌아보니 군자가 어찌 독실하지 않겠는가?"

중용의 도리는 먼저 가까이 있는 사람, 곁에 있는 사람에게 최선을 다하는 것이다. 삶에서 높은 이상을 품고 귀한 뜻을 이루고 싶은 사람이 있다면 그것을 이루기 위한 첫걸음은 바로 곁에 있는 사람에게 최선을 다하는 데에서 시작해야 한다. 일상에서 사람됨의 도리를 다하지 않는다면 그 어떤 훌륭한 이상도 허상에 불과할 뿐이다.

만약 나무를 잘하기 위해 도낏자루를 준비해야 한다면 자신에게 가장 맞는 도낏자루를 만들어야 한다. 아무리 좋은 품질의 도끼, 최고로 훌륭한 도끼라도 자신에게 맞지 않으면 제대로 쓸 수 없다. 주어진 현실에 충실하지 않으면서 더 좋은 상황과 여건을 바란다면 아무것도 이루기 힘들다. 그리고 이 모든 것은 '인'으로 귀결된다.

공자가 바랐던 최선의 덕목인 '인'은 그 실천 방법이 바로 충과 서다. 충은 자신을 바르게 하는 것이고, 서는 다른 사람에게 나를 대하는 마음과 같이 베푸는 것을 말한다. 하지만 이 모든 것은 쉽지 않다. 하물며 공자와 같은 성인의 반열에 오른 사람조차 제대로 하지 못한다고 고백하고 있지 않은가? 단지 우리는 하루하루 주어진 일상에서 최선을 다할 뿐이다. 마지막 구절이 바로 핵심이다.

우리는 말과 행동을 통해서 사람을 대하고 우리가 하고자 하는 일을 행한다. 때로는 내 생각을 주장하기 위해, 내 일을 이루는 데 마음이 치우쳐 다른 사람에게 상처를 준다. 또한 다른 사람이 알지 못해도 바르지 못한 말과 행동을 함으로써 부끄러움을 느끼기도 한다.

그때마다 자신을 돌아보아야 한다. 다른 사람에게 상처를 주었다면 바로 마음을 풀어 주고, 내 마음이 부끄럽다면 돌이켜 성찰하고 고쳐 나가야 한다. 우리는 도덕과 수양에 있어 완벽한 삶을 살수는 없다. 높은 이상은 있더라도 현실은 한없이 부족하고 초라하다. 단지 하루하루 나아지는 삶, 최선을 다하는 삶을 살아가면 된다. '오늘 하루를 마치는 시간', 부끄러운 과거를 씻고 깨끗한 내일을 다짐하는 가장 중요한 순간이다.

그리고 세상에서 가장 소중한 사람은 바로 내 눈앞에 있는 사람이다. 세상이 사랑으로 가득 차기를 원한다면 먼저 내 눈앞의 사람에게 최선을 다해야 한다. 현재는 영어로 'present'라고 한다. 여기에는 '선물'이라는 뜻도 있다. 누구도 값을 치르고 '현재'를 '선물'로받는 사람은 없다. 값 없이 주어진 이 선물을 눈앞의 사람을 위해 아낌없이 사용한다면 가장 소중한 선물이 될 것이다.

07

정성을 다하는 사람에게
선물이 주어진다

"천하에 두루 통하는 도리는 다섯 가지가 있고, 그것을 행하는 것은
셋이다. 군신, 부자, 부부, 형제, 친구의 사귐이 다섯의 도리이고, 지식,
사랑, 용기가 셋이다. 다섯 가지는 천하에 두루 통하는 도이고 셋은 천
하에 통하는 덕인데, 이를 행하는 것은 하나이다."

天下之達道 五 所以行之者 三 曰 君臣也 父子也 夫婦也 昆弟也 朋友
之交也 五者 天下之達道也 智仁勇 三者 天下之達德也 所已行之者
一也

천하지달도 오 소이행지자 삼 왈 군신야 부자야 부부야 곤제야 붕우
지교야 오자 천하지달도야 지인용 삼자 천하지달덕야 소이행지자
일야

《중용》, 〈제20장〉

공자는 '인의예지', 네 가지 덕목에 충실한 삶을 강조했다. 사랑과 의로움과 예의 그리고 지식의 네 가지를 갖추어야 사람다운 삶을 살 수 있다는 것이다. 맹자는 이를 이론으로 정립했다. 사람의 본성은 선하다는 '성선설'을 기본으로, 하늘로부터 부여받은 네 가지 선한 마음에서 인의예지가 삶에서 드러날 수 있다고 주장했다. 공자의 손자인 자사가 지은 《중용》에서는 이러한 덕목을 삶에서 실천할 수 있는 방법을 제시했다. 그 핵심이 바로 도입의 구절이다.

천하에 통하는 다섯 가지 도리란 사람과의 관계를 말한다. 군신이란 나라에 대한 충성이다. 옛날에는 절대 군주인 임금에 대한 충성을 말했지만, 오늘날은 나라에 대한 충성이다. 그다음 부모에 대한 도리, 부부간의 도리, 어른에 대한 존경, 친구 간의 우정에 대해서는 아무도 그 가치를 부정할 수는 없다. 누구든 간에 이 도리는 지켜야 하며 이러한 기본적인 도리가 지켜지지 않는 사회는 혼란에 빠진다.

유혹, 근심, 두려움을 이기는 세 가지 덕목

《논어》에는 "本立而道生(본립이도생)"이라는 말이 실려 있다. '근본이 바로 서면 길이 열린다'는 뜻으로, 여기서 말한 근본이 바로 '사람의 도리' 즉, 《중용》에서 말하는 다섯 가지 도리를 말한다. 이러한 사람됨의 도리를 《중용》에서는 '세상에 통하는 도'라고 했고, 논어에서는 '길이 열리는 방법'이라고 했다. 사람들은 흔히 어려움에 처했을 때, 혹은 해결하고 싶은 일이 있을 때 "근본으로 돌아가서 생각하라"라고 말한다. 이는 자신에게도 당연히 통하는 말이다. 삶이 제대로 풀리지 않는다면 내가 근본, 즉 '사람됨의 도리'를 다하고 있는지 돌아보아야 한다.

《중용》에서는 이를 위해 세 가지 덕목인 '지(智), 인(仁), 용(勇)'을 갖추어야 한다고 말한다. 지식과 사랑 그리고 용기는 막힌 길을 뚫고, 가야 할 곳을 모를 때 올바른 방향을 제시해 줄 수 있는 덕목이다.

《논어》, 〈자한〉편에는 "지혜로운 자는 미혹되지 않는다. 인한 자는 근심하지 않는다. 용감한 자는 두려워하지 않는다"라는 성어가 실려 있다. 누구나 느끼겠지만 인생을 살아가면서 가장 큰 걸림돌이 되는 것은 욕심과 허영을 자극하는 유혹, 세상과 내 삶에 대한 근심 그리고 불안정한 현실과 알지 못하는 미래에 대한 두려움이다.

먼저 유혹을 이겨 낼 수 있는 방법은 '지식'이다. 맹자는 지식을 옳고 그름을 아는 능력, 즉 '시비지심(是非之心)'이라고 불렀다. 사람들이 유혹에 빠지는 것은 옳고 그름에 대한 판단이 잘못되었기 때문이다. 무엇이 진실이고 거짓인지, 어떤 길을 가는 것이 올바른지 잘못되었는지를 안다면 유혹에 빠지지 않는다. 세상의 모든 거짓된 자는 사람들의 욕심과 감정을 건드려 유혹에 빠뜨린다. 이것을 이길 힘이 바로 지식이다. 그리고 지식을 바르게 행할 수 있는 실천이 필요하다. 만약 알고도 실천하지 않는 사람은 구제 불능이 될 수밖에 없다. 맹자가 말했던 스스로 포기한 사람, '자포자기'의 사람인 것이다.

그다음 근심과 걱정은 우리 삶에서 떠날 수 없을 정도로 밀접하다. 사람들은 누구라도 근심과 걱정에서 자유로운 사람은 없다. 노

먼 빈센트 필이라는 철학자는 심지어 이렇게까지 말했다.

"근심 걱정이 없는 곳을 찾으려면 공동묘지로 가라."

동양의 철학자 맹자도 또 하나의 해법을 제시한다. 자신의 책 《맹자》, 〈이루하〉편에서 다음과 같이 말했다.

"하루아침의 물거품 같은 근심을 하지 말고, 일생을 두고 할 의미 있는 근심을 하라."

君子有終身之憂 無一朝之患也

군자유종신지우 무일조지환야

어차피 근심을 떠날 수 없다면 일상의 사소한 근심이 아닌 일생을 두고 이루어야 할 소중한 꿈을 위해 근심을 하라는 것이다. 《중용》에서는 이러한 근심과 걱정을 이길 해법을 말해 주는데, 바로 '인', 즉 '사랑'이다. 사랑이라는 크고 위대한 덕목을 가진 사람은 사소한 근심을 하지 않는다. 큰 꿈이 있기에 일상의 작은 일들은 근심 거리가 될 수 없다.

마지막으로 평범한 사람들이 겪는 두려움은 '용기'로 이겨 낼 수 있다. 여기서 용기란 그 어떤 것도 무서워하지 않는 것이 아니다. 정말 두려워해야 할 것은 두려워하되 용기 있게 그 상황을 이겨 내라는 것이다. 맹자는 "스스로 돌이켜 보아 바르지 않으면 거칠고 더러운 옷을 입은 천한 사람도 두렵지만, 스스로 돌이켜 보아 바르면 설사 천만 대군이 앞에 있다고 해도 나는 당당히 맞설 것이다"라고 말했다. 진정한 용기란 그 어떤 상황에서도 담대하게 의로움을 따르는 것이다.

'지, 인, 용', 천하에 통하는 이 세 가지 덕목을 행할 수 있는 방법은 한 가지다. 탁월하고 위대한 사람이 아닌, 평범한 사람들도 할 수 있는 방법이다. 그것은 바로 '성', 정성이다. 그 어떤 일을 하든 정성이란 일을 이룰 수 있는 비결이다. 《중용》에서는 성에 대해 이렇게 말한다.

"성은 하늘의 도요, 성하고자 하는 것은 사람의 도다."

하늘은 사람에게 정성을 다하라는 명을 주었고, 그에 따라 정성을 다하는 것은 사람의 도리다. 하늘은 정성을 다하는 사람에게 '성취'라는 선물을 주었다.

08

온 힘을 다했다면
모두 값진 성공이다

"어떤 이는 태어나면서 알고, 어떤 이는 배워서 알고, 어떤 이는 곤란을 겪어서야 알지만, 그 앎에 이르러서는 모두 같다. 어떤 이는 편안하게 행하고, 어떤 이는 이롭다고 여겨 행하고, 어떤 이는 힘써 행하지만, 그 공을 이루는 데 이르러서는 모두 같다."

或生而知之 或學而知之 或困而知之 及其知之 一也 或安而行之 或
利而行之 或勉强而行之 及其成功 一也
혹생이지지 혹학이지지 혹곤이지지 급기지지 일야 혹안이행지 혹
이이행지 혹면강이행지 급기성공 일야

《중용》, 〈제20장〉

"지혜로운 사람은 가르치지 않아도 완성되고, 우둔한 사람은 가르

쳐도 소용이 없으며, 평범한 사람은 가르치지 않으면 알지 못한다."

《안씨가훈》에 실린 글이다. 여기서는 배움의 수준과 방법에 따라 사람을 세 가지 단계로 나누고 있다. 지혜로운 사람은 타고난 천성과 기질이 뛰어난 사람을 말한다. 어리석은 사람은 아무리 가르쳐도 변하지 않는 사람이다. 평범한 사람은 가르침이 있으면 배움을 얻는다. 그리고 그 배움으로 무난한 삶을 살아갈 수 있다. 여기서 중용이란 옛 선비들의 높은 수양을 말하는 것이 아니라, 평범한 보통 사람을 뜻한다. 바로 우리와 같은 사람들이다.

《논어》, 〈계씨〉편에도 역시 비슷한 말이 실려 있다. '生而知之(생이지지)', '學而之知(학이지지)', '困而學知(곤이학지)', '困而不學(곤이불학)'의 네 종류 사람이다.

먼저 '생이지지'는 말 그대로 '날 때부터 아는 사람'이다.

배우지 않아도 아는 경지로 성인에 속한 사람이다.

그다음 '학이지지'는 어린 나이 때부터 올바른 배움을 얻어 삶의 길을 잘 걸어가는 사람이다.

특히 학교를 졸업하고도 독서와 자기 계발로 자신을 성장시켜 나가는 사람은 모두 여기에 속한다. 사회에서 성공하기 위한 공부는 물론 인격과 교양을 함양하기 위한 공부도 모두 이에 속한다.

'곤이학지'는 평소에는 배움의 필요를 느끼지 못하다가 곤궁에 빠져서야 뒤늦게 배우는 사람이다.

배움을 통해 난국을 헤쳐 나가고 어려움을 타개하려고 하는 이들이 세 번째 차원의 사람이다.

맨 마지막 차원인 '곤이불학', 최하등의 사람은 곤란을 당해도 배우려고 하지 않는 사람이다.

이들은 상황을 타개하기 위해 노력하기보다는 걱정만 하며 핑계만 댄다. 다른 사람을 탓하고, 환경을 탓하고 심지어 하늘의 탓도 한다. 이들은 끝까지 고난을 벗어나기 어렵다.

이러한 글들은 사람들에게 배움에 대해 깊은 깨달음을 주고, 평범한 사람들이 배움에 대한 열망을 갖게 한다. 비록 '상지'나 '생이지지'의 사람이 될 수는 없지만 배움을 통해 더 나은 삶을 살려는 마음을 갖도록 긍정적인 영향을 준다. 오늘날 지식이 삶의 수준을 결정하기에 당연한 일이다.

하지만 이 글들에도 아쉬운 점이 있다. 사람들의 기질과 자질을 세 가지 혹은 네 가지로 분류해 놓은 것이 바로 그것이다. 타고난 기질과 자질에 따라 배움에 대한 태도가 달라지고, 그 사람의 삶이 결정된다는 것은 사람이 가진 능력과 가능성을 지나치게 제한하는 것이나 다름이 없기 때문이다.

만약 사람의 기질이 타고난 것이라서 변할 수 없다면 그 사람의 어리석음을 탓할 수 없다. 타고난 것이 그렇기에 꾸짖는다고 달라질 것이 없고, 당연히 그 사람은 억울해서 부모를 원망할 수밖에 없을 것이다. 만약 기질에 따라 사람을 구분한다면 10등분, 100등분을 해도 모자랄 수밖에 없다. 사람의 기질은 천차만별이기 때문이다.

하지만 다행스럽게도 어떤 기질을 타고났든 노력 여하에 따라서 사람은 얼마든지 바뀔 수 있고, 배움에 따라 누구든지 달라질 수 있다. 그것을 잘 말해 주는 구절이 바로 도입의 예문이다.

정도를 밟지 않는 성공은 쉽게 무너진다

타고난 천성에 따라 방법이나 노력의 정도는 다를지 몰라도 일단 배움을 얻고 나면 다 똑같다. 의미와 가치에 차등을 둘 수 없고, 두어서도 안 된다. 오히려 남들보다 타고난 자질이 부족한 사람이 이룬 성공의 가치는 더 높다. 만약 스스로 타고난 자질이 부족하다고 느끼는 사람이라면 《중용》에 실린 글에서 큰 힘을 얻을 것이다.

《중용》에는 배움에 대한 서두의 글뿐 아니라 행함, 즉 실천에 대한 글도 함께 실려 있다. 일의 성취와 인생의 성공에 대해서도 말해 주기에 더 공감할 수 있다.

"어떤 이는 편안히 행하고 어떤 이는 이롭게 여겨 행하고 어떤 이는 어렵게 행하지만 성공에 이르러서는 똑같다."

사람에 따라 그 성공의 방법이나 과정은 다 다르다. 순탄하게 성공하는 타고난 자질의 사람이 있는가 하면, 어렵고 힘든 과정을 거쳐서 겨우 성공할 수 있는 사람도 있다. 하지만 어떤 과정을 거쳤든 그 성공은 모두 값지다. 오히려 순탄하기보다는 고난을 겪고 난 후의 성공이 더 소중하다. 하지만 어떤 과정을 거쳤든 성공에는 반드시 필요한 한 가지가 있다. 바로 정성이다. 자신이 이루고자 하는 일에 정성을 다하면 반드시 그 일은 이루어진다. 만약 힘들고 어려운 과정에 있다면 그것은 성취에 이루기 전에 거쳐야 할 과정일 뿐이다. 어떤 상황에 있는 자기 일에 정성을 다하고 있는 사람은 언젠가는 뜻을 이룬다.

오늘날 사람들은 누구든지 빠른 성공을 원한다. 남보다 빨리 성취하기 위해 수단과 방법을 가리지 않는 사람도 많다. 하지만 정도를 밟지 않은 성공은 한순간 사람들의 갈채를 받을 수 있을지언정 그 영광은 오래가지 못한다. 기본이 부실하기 때문에 쉽게 무너지는 것이다.

비록 더디더라도 기초를 다지고 정도를 지키며 차근차근 실력을 쌓아 가는 사람들만이 흔들리지 않는 진정한 성취를 누릴 수 있다. 이들은 결국 사람들의 존경을 받게 되고, 그 존경은 쉽게 사라지지 않는다.

09

그만두지 않으면
결국 일은 이루어진다

"남이 한 번에 능하거든 나는 백 번을 하고, 남이 열 번에 능하거든 나는 천 번을 한다."

人一能之 己百之 人十能之 己千之

인일능지 기백지 인십능지 기천지

《중용》, 〈제20장〉

《중용》에서 '중용'의 덕목과 함께 가장 중요하게 여기는 단어는 '성'이다. 〈제25장〉에 실린 글을 보면 잘 알 수 있다.

"성이라는 것은 사물의 처음이요 끝이니, 성이 없으면 사물이 없는 것이다."

聖者物之始終 不誠無物

성자물지시종 불성무물

그러므로 군자는 성을 소중히 여긴다. 스스로를 완성할 뿐 아니라 남을 이루게 하기 때문이다.

흔히 성이란 정성으로 해석된다. 참되고 진실한 마음이라는 뜻이다. 하지만 《중용》에서의 성은 더 심오한 뜻이 있는데, 바로 '하늘의 도'를 뜻한다. 하늘의 뜻에 따라 정성을 다할 때 내 삶이 완성될 뿐 아니라 사물을 완성할 수 있다는 것이다. 여기서 우리는 삶을 살아가는 데 아주 중요한 이치를 하나 얻을 수 있다. 일을 이루는 방법, 성공의 비결이다.

가장 쉬우면서도 어려운
유일한 성공의 법칙

일을 이루기 위한 조건에는 두 가지가 있다. 우선 반드시 그 일을 시작해야 하고, 그다음은 이루어질 때까지 포기하지 않아야 한다. 이렇게 보면 성공하는 방법은 참 쉬우면서도 어렵다. 일이 이루어질 때까지 그만두지 않으면 뜻을 이룰 수 있지만, 그 과정은 참으로 힘겹기에 보통 노력으로는 계속하기 어렵다. 심지어 가치 있는 일일수록 더 힘들기에 일을 시작하기도 전에 지레 포기하는 사람도 많다.

《논어》, 〈옹야〉편에 실린 공자와 제자 염유의 고사가 이를 잘 말해 준다.

"스승님의 도를 좋아하지 않는 것은 아니지만 힘에 부칩니다"라고 염유가 말했다. 도전하기도 전에 지레 물러서는 염유의 소극적인 성향이 안타까웠던 공자는 "하다가 지치면 쓰러지게 된다. 어쩔 수 없이 물러서게 되는데 너는 도전할 생각조차 하지 않는구나!"라며 한탄했다.

여기서 공자가 가르친 바는 설사 중간에 쓰러져 포기하더라도 일단 도전해 보라는 것은 아니다. '안되면 말고'식의 조언이 아닌 것이다. 공자가 소극적이고 기회주의적인 성향의 염유에게 가르친 것은 쉽게 해볼 만한 것이 아니라 높은 이상에 도전해야 한다는 것이다.

바로 공자가 추구했던 '도', 가장 높은 수준의 수양과 학문이다. 따라서 그 과정은 당연히 쉽지 않다. 몇 번이나 포기하고 싶고, 실제로 넘어지기도 하겠지만 결코 포기해서는 안 된다. 그것을 이루지 못하면 삶의 의미와 가치가 사라지기 때문이다.

《중용》, 〈제11장〉에서 공자가 말했던 것이 핵심이다.

"군자가 도를 따라 행하다가 중도에 포기하는 이도 있지만, 나는 그만두지 못하겠다."

君子尊道而行 半道而廢 吾弗能已矣
군자존도이행 반도이폐 오불능이의

중도에 포기하는 것은 그 사람의 몫일 뿐이고, 공자 자신은 결코 포기하지 않겠다는 분명한 의지를 말하고 있다. 《논어》, 〈자한〉편에서도 공자는 같은 뜻을 비유를 통해 말하고 있다.

공자가 말했다.

"비유컨대, 산을 만들 때 한 삼태기의 흙을 더 붓지 않아 산을 이루지 못하고 그만두는 것도 내가 그만두는 것이다. 비유컨대 산을 만들기 위해 평탄한 땅에 한 삼태기의 흙을 쏟아붓고 나아가는 것도 내가 나아가는 것이다."

子曰 譬如爲山 未成一簣 止 吾止也 譬如平地 雖覆一簣 進 吾往也

자왈 비여위산 미성일궤 지 오지야 비여평지 수복일궤 진 오왕야

한 삼태기의 흙을 붓지 않아 산을 이루지 못하는 것은 성공 직전에 포기하는 것이다. 평지에 한 삼태기의 흙을 부어 산을 만들기 시작하는 것은 성공을 위해 과감히 시작하는 것이다. 비록 그 시작이 미약하더라도 포기하지 않고 나아가면 일을 이룰 수 있다는 가르침이다. 여기서 핵심은 '일을 이루고 이루지 못하는 것은 모두 자신에게 달렸다'는 것이다.

《중용》, 〈제20장〉에 실린 도입의 예문은 정성을 다하는 방법을 말하고 있는데, 이는 평범한 사람이 일을 이루는 가장 확실한 방법이다. 도입의 예문이 함께 실린 글에는 배움은 물론 삶에서 가장 소중한 이치를 담고 있다. 길지만 전문을 소개하면 좋겠다.

"정성은 하늘의 도요, 정성을 다하는 것은 사람의 도다. 정성을 다하는 자는 힘쓰지 않아도 도에 부합되고, 생각하지 않아도 도를 얻으니 중용에 부합하는 자다. 그는 성인이요, 선을 선택하여 굳게 잡은 자다. 널리 배우고 자세히 살펴 물으며, 신중하게 생각하고, 밝게 변별하며, 독실하게 행한다. 배우지 않은 것이 있으면 그것을 배우되 다 배우지 못했으면 그만두지 않는다. 묻지 않은 것이 있으면 그것을 묻되 알지 못했으면 그만두지 않는다. 생각하지 못한 것이 있으면 그것을 생각하되 얻지 못했으면 그만두지 않는다. 변별하지 못한 것이 있으면 그것을 변별하되, 다 밝히지 못했으면 그만두지 않는다. 행하지 못한 것이 있으면 그것을 행하되 독실하지 못하면 그만두지 않는다. 남이 한 번에 능하거든 나는 100번을 하고 남이 10번에 능하거든 나는 1,000번을 한다."

먼저 어떤 노력이든 시작하기 전에 그것이 옳은 것인지, 선한 것인지를 판단할 수 있어야 한다. 바른길로 가기 위한 첫걸음이다. 그다음은 일을 이루기 위한 중요한 법칙이다. 공부는 물론 그 어떤 일을 하든지 이 과정이 반드시 필요하다. 참 어렵고 힘든 과정이기에 너무 부담이 되어서 시작하기도 어렵고, 중간에 포기하고 싶은 마음이 들 때도 있다. 하지만 괜찮다. 설사 재능이 부족하고 자질이 못 미쳐도 일을 이룰 수 있다. 바로 도입의 예문이 뜻하는 바다. 집요할 정도로 매달리고 끈질기게 계속한다면 일은 이루어진다. 그리고 그 과실은 그 모든 힘든 과정을 잊을 만큼 귀하고 소중하다.

"설사 우매하더라도 반드시 밝아질 것이고, 설사 유약하더라도 반드시 강해질 것이다!"

오랜 수고의 소중한 결실이다. 어떤 상황에 있더라도 귀하고 빛나는 인생을 만드는 비결이 여기에 있다. 내 인생의 소중한 의미와 가치를 찾는 일이 쉬울 수는 없을 것이다. 하지만 모든 고난과 어려움을 이기고 쟁취했을 때 그 열매는 달다. 그 어떤 어려움도 이겨내며, 끝까지 쟁취하는 사람이 진정한 자기 인생의 주인이다.

10

어떤 상황에서도
여유로운 사람의 비밀

"모든 일은 미리 준비하면 성공하고, 준비하지 않으면 실패한다."

凡事豫則立 不豫則廢

범사예즉립 불예즉폐

《중용》, 〈제20장〉

다음은 《장자》에 실려 있는 고사다.

공자가 광 땅에서 곤궁에 처했다. 송나라 사람이 그가 머문 집을
여러 겹으로 포위해 위협했다. 하지만 공자는 거문고 타며 노래하
기를 멈추지 않았다. 그러자 다혈질인 제자 자로가 따졌다.

"어찌 선생님께서는 이 상황에서 즐길 수 있습니까?"

공자가 대답했다.

"곤궁에는 운명이 있다는 것을 알고, 형통에는 때가 있음을 알며, 큰 어려움에 처해도 두려워하지 않는 것은 성인의 용기다."

그리고 자로를 다독거렸다.

"유야(자로의 이름), 가만히 있어라. 내 운명에는 다스림이 있다."

실제로 얼마 후 군중의 지휘자가 와서 말했다.

"당신을 도적 양호로 알고 포위했습니다. 지금 아닌 것을 알았으니 사죄를 청합니다."

사람들은 기대하지도 않았고, 전혀 예상치 못했던 고난이 닥치면 당황한다. 바로 자로의 모습이다. 만약 이러한 사람이 곁에 있으면 덩달아 불안하고 어쩔 줄 모르게 된다. 하지만 공자는 자로를 다독이면서 불안해하지도, 조급하지도 말고 잠잠히 때를 기다리라고 말한다. 그러면 조만간 해결해 나갈 방법이 생겨난다는 것이다.

공자의 달관한 모습을 말해 주는 것이지만 이 고사는 '미리 대비하여 준비하는 태도'의 유익에 대해 말하고 있다. 우리가 살아가는 인생은 아무도 경험하지 못한 길을 가는 것이다. 하루도 빠짐없이 새로운 상황에 부딪치고, 때로는 심각한 고난에 처하기도 한다. 이러한 상황에 닥치면 누구든 당황하고 불안해하지만, 그래도 그 어려움을 잠잠하게 잘 이겨 내는 사람이 있다. 비록 공자와 같은 차원이 아니지만, 평소에 삶의 의미를 생각하고, 마음을 다스리는 공부를 했던 사람이다. 바로 근본에 충실한 사람을 말한다.

근본에 충실한 사람은
위기에도 당황하지 않는다

《대학》에는 "덕은 근본이고 재물은 말단이다"라는 구절이 실려 있다. 덕이 든든히 서 있는 사람에게는 그 어떤 귀한 것도, 어려움도 말단일 뿐이다.

《중용》, 〈제20장〉에 실려 있는 도입의 예문은 나라를 다스리는 데 있어서 예비의 중요함을 말한다. 여기서 그 시작은 일상의 중요성인데, 모든 큰일은 작은 일에서부터, 일상에서부터 충실함을 지켜야 한다는 이치다.

《대학》에서 '수신제가치국평천하'를 말했던 것과 같은 의미다. 나라를 다스리고 천하를 평안하게 하려는 높은 이상이 있다면 반드시 자기 집안을 다스릴 수 있어야 한다. 집안을 잘 다스리려고 한다면 반드시 자기 자신을 닦아야 한다. 자신을 닦는 수신에도 반드시 지켜야 하는 근본이 있다. '격물치지성의정심'이 바로 그것이다. 폭넓은 공부와 경험 그리고 올바른 뜻과 바른 마음으로 자신을 단련해야 비로소 수신의 단계에 이를 수 있다. 그것을 실천하고 단련하는 것이 바로 일상이다. 도입의 예문과 함께 실려 있는 글이 그 이치를 잘 말해 준다.

"모든 일은 미리 준비하면 성공하고, 준비하지 않으면 실패한다. 할 말을 미리 예비하면 걸림돌이 없고, 할 일을 미리 준비하면 걸림이 없고, 행동이 미리 정해져 있으면 흠이 없고, 방법이 미리 정해져 있으면 곤란을 당하지 않는다."

우리는 살아가면서 많은 실수를 저지른다. 특히 사람과의 관계에서 말과 행동으로 실수를 저지르며 후회를 거듭한다.

'그때 그 말을 하지 않았으면 ….'
'그때 그 행동을 하지 않았으면 ….'

수없이 되뇌었던 말일 것이다. 예비의 원칙은 일상의 작은 일뿐 아니라 나라를 다스리는 큰일에도 적용된다.

"아래에 있는 사람이 위에 있는 사람의 신임을 얻지 못하면 백성을 다스릴 수 없다. 윗사람으로부터 신임을 받는 데에는 방법이 있다. 친구로부터 신임을 얻지 못하면 윗사람의 신임을 받을 수 없다. 친구의 신임을 얻는 데에는 방법이 있다. 어버이께 효성스럽지 않으면 친구의 신임을 받을 수 없다. 어버이를 따르는 데에는 방법이 있다. 자신을 돌이켜 보아 정성스럽지 않으면 효성스러울 수 없다. 자신을 정성스럽게 하는 데에는 방법이 있다. 선에 밝지 않으면 자신을 정성스럽게 할 수 없다."

결국 나라를 다스리든, 개개인의 일상이든 모든 일은 하나로 통한다. 바로 정성으로, 근본에 충실하는 것이다. 공자는 제자 증삼을 가르치면서 "나의 도는 하나로 통한다"라고 말했다.
공자가 말했던 도는 바로 공자의 핵심 철학인 '인'이다. 인은 군자의 모든 말과 행동에 사랑과 배려의 마음을 담아야 한다는 것으로, 중용의 '성'과 비슷한 의미다. 결국 미리 대비하고 준비하는 것은 어떤 일을 앞두고 계획을 잘 세우는 데에만 그치는 것이 아니다. 그것은 예비하는 것의 작은 의미일 뿐이고, 더 큰 의미는 바로 근본에 충실한 것이다. 근본에 충실한 사람, 평소에 내면을 든든히 확립했던 사람은 어떤 상황에서도 쉽게 흔들리지 않는다. 앞서 소개했던 고사에서 공자가 보였던 모습이다.

평상시의 모습을 보면 그 사람의 됨됨이를 알 수 있다. 평온하고 너그러운 사람은 대의를 좇는 사람으로, 더 크고 중요한 일에 뜻을 두고 있기에 눈앞의 작은 일과 이익에 연연하지 않는다. 눈앞의 이익에 집착하고, 일신상의 안전에만 온 관심을 집중하는 사람은 작은 일에도 쉽게 흔들리고 걱정에 싸이게 된다.

이 두 사람의 차이는 위기를 당했을 때 가장 확연하게 드러난다. 전혀 예상치 못한 위기가 닥치면 누구라도 두려움이 생기기 마련이다. 두려움 앞에서 잠깐 머물며 생각하는 사람, 흔들리지 않고 잠잠히 나아갈 길을 생각하는 사람이 '예비된 사람'이다. 그 힘은 평상시 쌓아 올린 내면의 힘에서 비롯된다.